깨어있는
자본주의

Woke Capitalism: How Corporate Morality Is Sabotaging Democracy
© 2022 by Carl Rhodes
All rights reserved.

Korean translation edition © 2025 by Yeomoonchaek
Published by arrangement with Bristol University Press
Through Bestun Korea Agency
All rights reserved.

이 책의 한국어 판권은 베스툰 코리아 에이전시를 통해
저작권자와 독점 계약한 도서출판 여문책에 있습니다.
저작권법에 따라 한국 내에서 보호를 받는 저작물이므로
어떠한 형태로든 무단 전재와 무단 복제를 금합니다.

WOKE CAPITALISM

깨어있는 자본주의

기업의 도덕성은 어떻게 민주주의를 저해하는가

칼 로즈 지음 ⊙ 오수원 옮김

요문책

오늘날 우리는 기업들이 도덕적 가치와 사회적 책임을 내세우며 공공 영역에 깊숙이 관여하는 현상을 목도한다. 이런 현상은 얼핏 보면 긍정적으로 여겨질 수 있다. 그런데 과연 그렇게 단순할까? 경제권력을 가지고서 정치권력까지 차지해 금권체제를 만들어냈던 부자와 기업들이 갑자기 '정의의 투사'나 '진보의 화신'으로 변신해서 캠페인을 벌이는 것을 액면 그대로 받아들이기는 어렵다. 칼 로즈 교수는 이 책에서 이런 현상 이면에 숨겨진 위험성을 날카롭게 지적한다.

책의 핵심 논지는 명확하다. '깨어있는 자본주의'가 자본주의의 병폐를 치유하고 신자유주의 경제 질서를 개선하는 것이 아니라, 오히려 기업 엘리트의 정치권력 집중을 더 강화하여 민주주의를 압박하고 신자유주의 체제를 공고히 하려는 교묘한 속임수라는 것이다. 소득과 부의 불평등이 자꾸 더 확대되는 현상은 신자유주의 경제 질서의 대표적 병폐인데, 이는 '깨어있는 자본주의' 전략 때문에 더욱 악화해 정점에 도달했다는 것이 로즈 교수의 진단이다.

로즈 교수에 따르면, 기업은 본질적으로 도덕과 민주주의적 가치를 따를 수 없다. 민주주의는 어디까지나 경제 외부에서 시민들이 연대해 지키는 것이므로, 기업들이 '깨어있는 자본주의'를 표방한다고 해봤자 '핑크빛 세탁'에 불과하며, 과도한 불평등이 자초한 성난 군중의 출현을 막아보려는 몸부림이라고 봐야 한다.

결국, 이 책은 "평등과 정의를 말하는 기업을 과연 신뢰할 수 있을까?"라는 질문을 던진다. 답은 '신뢰할 수 없다'이며, 진정한 변화는 기업이 아니라 시장 밖 깨어있는 시민들의 사회적 연대와 민주적 행동에서 시작된다. 이 책은 '깨어있는 자본주의'가 아니라 '깨어있는 시민'이 중요하다는 것을 설득력 있게 묘파한다. 12·3 내란 이후 깨어있는 시민의 역할과 각성이 어느 때보다 필요한 요즘, 이 책은 대한민국 국민의 필독서 목록에서 최고 위치에 배치돼야 한다.

— 전강수(대구가톨릭대학교 경제금융부동산학과 명예교수)

이 훌륭한 책은 이른바 '진보적' 기업이 인류와
민주주의, 환경에 가하는 위협을 폭로한다.
이 책은 우리에게 너무 늦기 전에
'깨어있는 자본주의'에 대해 각성하라며
강하고 다급하게 요구한다!
— 피터 블룸Peter Bloom, 에식스대학교

『깨어있는 자본주의』는 경영과 조직을 연구하는 학자들이
사회의 중요한 변화에 정통하며,
아니 어쩌면 그보다 앞서고 있으며,
그들의 지식을 관심 있는 대중과
공유할 준비가 되어 있음을 증언한다.
— 바버라 차냐우스카Barbara Czarniawska, 예테보리대학교

WOKE CAPITALISM

1장 깨어있는 자본주의의 문제 11
2장 기업 포퓰리스트 39
3장 깨어있음의 반전 61
4장 자본주의가 깨어나다 85
5장 주주 우선주의 111
6장 깨어있는 탈을 쓴 늑대 133
7장 반짝인다고 전부 녹색은 아니다 157
8장 CEO 행동가 181
9장 깨어있음을 향한 경주 203

차례

10장 인종 자본주의와 깨어있는 자본주의　227

11장 깨어있는 기업의 최선　251

12장 오른손이 줄 때　275

13장 깨어있는 자본주의에 대해 각성하기　301

감사의 말　315

미주와 참고문헌　318

찾아보기　366

일러두기

- 저자의 주석은 본문 말미에 미주로, 옮긴이의 주석은 본문 하단에 각주로 처리했다.
- 본문 중간의 대괄호 속 설명은 대부분 옮긴이가 단 것이다([……] 제외).
- 이 책의 핵심 용어인 'Woke'를 한 단어로 보아 '깨어있는'으로 옮겼음을 밝혀둔다.

1장

깨어있는 자본주의의 문제

"깨어있는 것이 아는 것이다If you're woke, you dig it." 이는 윌리엄 멜빈 켈리William Melvin Kelley가 1962년 『뉴욕 타임스』에 실었던 기사의 제목이다.¹ 이 기사에서 켈리는 당시 비트족 문화에서 쓰이는 언어들이 미국 흑인 어휘에서 빌려온 것이며, 원래의 창시자들이 더는 그 말을 쓰지 않게 된 후에 다른 의미로 전용된 경우가 많았음을 주목한다. 남자는 캣cat, 여자는 칙chick이었고, 힙hip하다는 멋있거나 세련되다는 말이었고, 어떤 것이 괜찮으면 쿨cool한 것이며, 무언가를 디그dig하는 것은 좋아하거나 이해한다는 뜻이었다.

흥미롭게도 켈리는 기사 제목에 '깨어있는woke'*이라는 단어를 썼지만, 정작 기사 내용에서는 그 뜻을 명확히 설명하지 않았다. 어쩌면 그는 백인들이 흑인 언어를 전용하는 행태를 비판하려는 생각에서 그 단어의 의미를 비밀로 남겨두려 했을지 모른다. 그 비밀스러움은 켈리가 전하려는 메시지의 일부였다. 노예제가 폐지되기 전 미국 흑인들은 자기들끼리 하는 말을 주인이 알아듣지 못하도

---

* 'wake'의 과거형이지만 형용사로도 쓰여 '깨달은', '사회적·정치적으로 의식이 있는'의 뜻이 있다.

록 그들만의 말을 만드는 법을 배웠다.

다시 시간을 돌려 2017년 6월로 가면, 'woke'라는 단어는 미국은 물론 전 세계에서도 널리 쓰이고 있었고, 결국 『옥스퍼드 영어 사전』에 추가되었다. 이 사전의 예전 항목에서 woke는 단순히 깨어나다는 의미로 언급되었으나 이제 더욱 현대적인 의미가 덧붙었다. 거기엔 "미국 흑인들이 쓰는 일부 변종 영어에서 woke가 분사로 사용되면서 형용사적 의미가 생성되었고, 이것이 최근 미국에서 매우 널리 쓰이고 있다"라는 주석이 달려 있다. 켈리가 이 단어를 처음 인용한 사람임을 인정하면서 이 사전이 내린 woke의 의미는 이제 어엿한 주류의 일부가 되어 '정통한' 또는 "인종적·사회적 차별과 불의에 경각심을 가진" 상태를 가리키게 되었다.[2]

앞서 켈리는 1962년의 기사에서, 미국 흑인들의 언어 사용이 갖는 유동적 성격에 관해서도 언급한 바 있다. 그는 "이미 쓰이고 있는 단어에 그와는 반대되는 의미를 부여하기 위해" 언어가 수정될 수 있다고 썼다. 예를 들어 "한때 자이브$_{jive}$*는 늘 좋은 의미로 쓰였지만, 지금은 나쁘거나 적어도 의심스러운 의미가 있다."[3] 오늘날 '깨어있는$_{woke}$'이라는 단어에도 이와 같은 의미 변화가 분명히 일어났는데, 아이러니하게도 정치적으로 반동적인 신념을 가진 사람들이 그 의미를 바꿔버렸다. 오늘날 관습적으로 쓰는 '깨어있는'이라

---

* 원래는 재즈와 스윙 음악의 활기차고 즉흥적인 언어, 속어를 가리키는 말이었으나, 시간이 지나면서 남을 속이는 말, 비웃는 말, 또는 대마초 등의 의미를 갖게 되었다.

는 단어에는 사회적 불의를 의식하고 경계한다는 뜻만 있는 게 아닙니다. 그보다는 거짓되고 피상적이며, 정치적으로 올바른 도덕성을 가진 척하는 사람을 가리키는 경우가 많다. 예를 들어 리어나도 디카프리오와 케이티 페리 같은 엄청나게 부유한 유명인들을 생각해보자. 그들은 시칠리아의 호화 리조트에서 구글의 후원으로 열리는 기후 정상회의에 참석하기 위해 전용 제트기를 타고 날아간다. 그들이 가진 정치적 견해의 진정성, 아니 적어도 일관성을 냉소적으로 바라보지 않기는 힘들다.[4] 그런 냉소주의는 다시 확장되어, 깨어있음이란 성차별주의·인종주의 등 여러 형태의 차별과 억압에 반대하는 운동과 관련해 겉보기에 급진적인 정치적 대의를 옹호하는 윤리적 유행 선언에 불과하다는 견해로 이어진다. 그 밖에도 깨어있는 대의라고 간주되는 것으로는 환경주의, 정신건강 인식, 성소수자 권리, 경제 불평등 등이 있다.

결정적으로, '깨어있는'이라는 단어를 부정적 의미로 언급할 때는 그렇게 진보적인 정치적 대의를 지지하는 사람들이 자신의 정치적 견해에 진실하지 못할 뿐 아니라 무능하기까지 하다는 암시가 있다. 누군가 당신을 '깬 사람woketard'이라고, 또는 '깬 행동가wokerati'의 일원이라고 부른다면, 환경보호부터 정체성 관련 정치 견해에 이르기까지 윤리적으로 옳다고 여겨지는 것에 집착한다며 당신을 비난하는 것이다. 또한 '깨어있음'이 멋있다고 생각하기 때문에 깨어있는 척한다며 당신을 비난하는 것이다. 심지어 문화평론가 서리나 스미스Serena Smith는 '워크피싱wokefishing'이라고 칭한 트렌드에 대한 보고서를 썼다.[5] 워크피싱이란 사람들, 보통은 남성이 성적 파트너의 마음을 사기 위해 깨어있는 사람인 척 자신을 내세우는 것을 의미한다. 그런 사람, 즉 '워크피시wokefish'는 자신이 가진 진짜 정치적 신념이 매력 없어 보일까 봐 두려워한다. 이를 만회하기 위해 그들은 "우선 윤리적으로 생산된 귀리 음료를 마시며, 오드리 로드Audre Lorde*의 모든 음악 목록을 두 번씩 읽는 시위 참석자, 성 긍정적인 반인종차별주의자, 상호교차성 페미니스트인 척 자신을 내세운다"라고 스미스는 설명한다.[6] 이들은 다른 신조어들도 능란하게 구사하면서, 진보적 정치 견해와는 완전히 상반되는 일련의 목표, 이 경우에는 약탈적인 성적 정복을 추구하기 위해 진보적 견해를 부당하게 활용하는 '진보 행세'를 한다.

 진보 행세에 대한 비판은 거짓되게 내세우는 성적 관계에만 적용되지는 않는다. 실제로 특정한 정치적 대의를 옹호하는 사람들이 특권적 위치에 있으면서 그렇게 목소리를 높일 때, 그리고 그들이 지지하는 정치적 사안에서 사실상 개인적인 이해관계가 없고, 피해나 차별을 받을 위험이 전혀 없을 때 그런 불만은 더욱 커지게 된다. 심지어 그런 사람들은 작가 마야 빈얌Maya Binyam이 인종차별에 반대하는 미국 백인들의 정치 견해를 통찰력 있게 조롱한 「깨어있는 올림픽」에서 우열을 다툴 수도 있을 것이다. 빈얌은 이렇게 쓴다.

---

* 1934-1992, 미국의 작가, 철학자, 민권운동가. 흑인이자 레즈비언으로서 평생을 인종차별과 성차별, 동성애 혐오에 맞서 싸웠다.

트위터에서 생중계하고, '깨어있는 의류' 같은 것들이 홍보하는 '깨어있는 올림픽'은 이런 게임들이 속한 다多라운드 토너먼트다. 이 게임에 참가한 선수들, 거의 모두가 백인인 그들은 '깨어있으라'는 구호의 제자들로, 이 구호는 인종차별이 나타나면 인종차별을 언급하도록, 또는 뒤처진 동료 백인들을 언급하도록 상기시킨다. [……] 최고의 선수들은 인종차별을 '하는' 사람의 이름이나 인종차별주의를 '담고 있는' 것들의 이름을 모으는 이들이다.[7]

빈얌이 말하는 요지는, 이 게임의 목적은 인종차별이나 불평등 같은 시급한 정치적 문제를 해결하기보다는 선수들의 정치적으로 올바른 도덕성을 확실하게 인증하는 데 있다는 것이다. 깨어있다는 것은 진실하지 못한 독선의 한 형태로 여겨진다. 깨어있다고 비난받는 사람들은 위선적이며 스스로가 주장하는 고귀한 도덕적 토양에 어울리지 않는 사람이라고 이야기된다. 그들은 전 세계에 내보일 올바름의 완장을 두르는 '미덕 과시'에 참여하는 것이다. 비평가들은 이들 깨어있는 사람들이 진정성 없는 자기 브랜딩과 이미지 관리에 애쓰기 때문에 자기 강박적이고 얄팍하다며 비난한다.

사람들에게 깨어있다는 꼬리표를 붙이는 것, 이는 주로 자유주의적 진보주의자와 반동적 보수주의자 사이에 벌어지는 문화전쟁의 일부다. 최근 몇 년 사이 진보적 대의들은 인종차별, 동성 결혼, 기후 변화, 동물 권리, 젠더 평등 같은 문제를 둘러싸고 크게 공론화된 논쟁을 통해 대중의 상상력을 지배해왔다. 이런 논쟁들은 견고하게 자리 잡은 사회적·정치적·환경적 대의에 대한 진지한 반응이다. 진보적인 대의를 믿지 않는 사람들은 조리 있게 반론을 제기하기도 하고, 그런 주장을 하는 이들의 진정성을 훼손하려고 시도하는 식으로 그에 반응하기도 했다. 멋있어 보인다는 이유로 진보적인 정치적 입장을 취하는 사람들도 더러 있을 수 있지만, 그렇다고 해서 그런 대의를 지지하는 사람들이 모두 진정성이 없거나, 그 대의 자체의 가치가 없어지지는 않는다. 깨어있다는 이유로 사람들을 깎아내리면서 그들이 옹호하는 정치적 입장에 대한 불신을 조장하는 것은 인신공격적 주장의 대표적인 예다. 그 문제에 대해 솔직하게 토론하기보다는 그 문제를 제기하는 사람의 신뢰성에 의문을 표한다. 그러나 인신공격적 주장이 당면한 실질적 문제를 사실상 다루지 않으면서도 자신의 요점을 알리는 거짓되고 음흉한 방법임은 잘 알려져 있다.

다음의 예는 '깨어있다'는 용어를 경멸적으로 쓰는 이 새로운 방식을 가장 잘 설명해줄 것이다. 미디어는 오래전부터 서식스 공작 해리 왕세자와 공작부인인 메건 마클에게 깨어있다는 비난을 하곤 했다. 재미를 추구하는 삶을 살다가 결혼 이후 급격히 바뀐 해리는 '워크 공Prince of Woke'이라는 별명을 얻었다. 영국의 타블로이드 신문에는 이런 기사 제목이 등장했다. "해리 왕세자, 아내 메건 마클과 함께 '깨어있는' 다양한 문제에 관심을 보이며 파티 생활을 접다."[8] 2020년 초에 이들 왕실 부부가 대담한 발표를 하면서 여론은 더욱 뜨거워졌다. 1월 8일, 마클은 인스타그램에 메시지

하나를 떠올렸다. 그녀와 그 남편의 웃는 얼굴 아래에는 이런 글이 있었다.

수개월 동안 고민하고 내부 논의를 거친 끝에, 우리는 올해를 전환점으로 삼아 이 제도 내에서 진보적이고 새로운 역할을 개척하기로 했습니다. 왕실의 '시니어' 성원으로서 우리는 뒤로 물러나고자 하며, [……이를 통해서] 우리 가족은 우리의 새로운 자선단체 출범을 포함해, 다음 단계에 집중할 공간을 확보하게 될 것입니다.

언론은 사납게 들끓었다! 그 발표 자체도 하나의 충격이었지만, 미디어가 쏟아내는 에너지의 적지 않은 부분이 마클 개인에 대한 공격에 집중되고 있었다. 마클은 항상 논란의 중심이었다. 미국의 혼혈 흑인과 유럽계 미국인 부모를 둔 미국의 이혼녀, 그녀는 2016년 해리와 사귀기 시작하자마자 편협한 보수파 중에서도 최악의 부류에게 분노를 샀다. 왕족과 결혼한 여성들이 언론의 괴롭힘에 시달리는 것이 어제오늘의 일은 아니었지만, 마클이 다인종 혈통이라는 사실 때문에 받은 학대는 웬만한 수준을 넘어섰다. 가장 혐오스럽고 미성숙한 인종차별적 표현 중 하나는 2019년 마클의 아들 아치가 태어났을 때 BBC의 한 라디오 방송 진행자가 트위터에 올린 사진이었다. 그 사진에는 한 부부가 침팬지를 마치 어린 아기인 양 안고 있었다. 그 밑에는 이런 설명이 달려 있었다. "왕실 아기 퇴원하다."[9]

미셸 루이즈Michelle Ruiz가 『배니티 페어Vanity Fair』에서 보고했다시피, 마클은 임신 기간 중에 백인이 압도적으로 많은 기자단에게 '노골적인 인종차별'을 당했다. 여기엔 "물론 '성난 흑인 여성'의 전형을 향한 노골적인 암시와 동화 같은 로맨스의 주인공이 된 유색인 여성에 대한 특정한 불편함도 포함되었다."[10] 2016년 당시엔 상황이 얼마나 심했던지 그해 11월 8일, 해리는 왕실 웹사이트에 공식 성명을 발표했다. 그는 성명서에서, 당시 여자친구 마클에 대해 "댓글들에 담긴 인종차별적 저의, 불온한 소셜 미디어 글과 웹 기사 논평의 노골적인 성차별과 인종차별"에 기댄 언론의 보도 행태를 비난했다.[11]

왕실의 공식 임무에서 물러난다는 발표가 나온 후 마클에 대한 공격은 새로운 유형의 악의를 띠었다. 라디오 진행자인 이먼 홈스 Eamonn Holmes는 그녀더러 "깨어있고, 나약하고, 조종에 능하고, 버릇없는"[12] 여자라고 혹평했다. 그는 이렇게 말했다.

> 그들은 ("우리가 하는 대로가 아니라 우리가 시키는 대로 하라"는 식의, 그들이 이미 그 지위에 끌어들인 터무니없고 위압적인 온갖 위선을 띠고서) 고도로 깨어있는 유명인사가 되고 싶어한다. 힘들고 지루한 일은 하지 않으면서, 왕실 생활의 온갖 장식을 두른 채 그 지위를 마음 내키는 대로 이용할 권리를 계속 유지하면서 말이다.[13]

해리 공작과 공작부인을 옹호할 만한 사람들도 깨어있다는 채찍을 피할 수 없기는 마찬가지였다. 영국의 타블로이드 일간지 『선*The Sun*』은 "우리는 메건과 해리를 비판하는 언론을 향해 인종차별이라 외치는 깨어있는 멍청이들에게 [……] 넌더리가 난다"라고 쏘아붙였다.[14]

결정적으로, 이 사례가 보여주는 것은 진보 좌파의 정치적 입장이 진실하지 못하다는 인식이다. 특정한 보수적 정치 질서 중에서도 자연스러운 질서라고 여겨지는 것을 진보 좌파가 방해할 때는 더욱 그렇다. 한편으로 해리 공작 부부는 왕실 성원으로서 영국 계급제도의 정점에 있다. 또 다른 한편으로 그들은 여성의 권리, 인종 평등, HIV/에이즈 행동주의나 깨끗한 물 보급 운동 같은 정치적 대의를 지지하는 것으로 잘 알려져 있다.[15] 하지만 우리 같은 사람들이 거의 가늠할 수 없는 수준의 부와 권력을 그들이 누리고 있다는 것은 사실이다. 왕실 성원으로서 그들은 여전히 영국 사회를 지배하는 구조적 불평등을 오랜 기간 지속시킨 계급제도를 상징한다. 실제로 이는 마클이 의심스럽게 여겨지는 또 다른 이유였다. 중간 계급 출신으로 성공한 그녀는 기득권을 위협하는 바로 그 계급 이동을 대표하고 있었다. 그럼에도 그런 왕족이 자신들의 특권을 부인하는 동시에 어떤 식으로든 그 특권을 방해하지 않는 정치적 견해를 옹호하는 듯한 모습은 매우 심각한 수준의 조롱을 샀다. 정확히 바로 그 때문에 그들은 깨어있다고 비난받았다.

불평등이 안겨준 혜택을 가장 많이 누리는 이들이 스스로 진보라고 자리매김하고 좌파 성향의 정치적 대의에 동조할 수 있다는 사실은 보수 전문가들이 깨어있음의 핵심 문제로 진단하는 것이 무언인지를 전형적으로 보여준다. '깨어있는'이라는 용어를 경멸적으로 쓸 때의 또 다른 차원은 깨어있는 정치 견해는 효율성이 없다는 인식과 관련이 있다. 깨어있는 사람들을 향한 불평의 이면에는 그들이 실질적 변화로 이어지는 정치에 참여하지 못한다는 속뜻이 숨어 있다. 이런 맥락의 주장이 단적으로 나타났던 것은 미국 전 대통령 버락 오바마Barrack Obama의 2019년 성명이었다. 오바마는 시카고에서 열린 오바마재단 서밋 연설에서 현재 미국 정치에 관해 이렇게 의견을 밝혔다.

순수함에 대한 이런 생각, 여러분은 절대 타협하지 않으며 정치적으로 늘 깨어있다는 생각, 그리고 그런 모든 것, 여러분은 이것들을 하루 빨리 극복해야 합니다. 세계는 혼란스러운 곳입니다. 모호성이 존재합니다. 정말 좋은 일을 하는 사람들도 흠이 있습니다. 여러분이 싸우고 있는 상대방도 자기 아이를 사랑하고 어떤 것은 당신과 공유하고 있을 수 있죠. [……] 특정 젊은이들 사이에서 제가 받는 느낌이 있는데, 소셜 미디어를 통해 그것이 가속화되고 있더군요. 그러니까 변화를 만드는 내 방식은 가능한 한 다른 사람에 대해 비판적이어야 한다는 것인데, 그것으로 그만입니다. 마치 여러분이 무언가를 제대로 하지 않거나 동사를 틀리게 쓰는 것을 보았을 때 제가 트윗이나 해시태그를 달고서는 스스로 꽤 괜찮은 사람이라고 느끼는 것과 비슷하죠. "자, 내가 얼마나 깨어있는지 봤지, 내가 당신을 비판했어" 하는 기분이 들 테니까요.

[……] 그것은 행동주의가 아닙니다, 그것은 변화를 불러오지 않습니다. 여러분이 하고 있는 일이 돌을 던지는 것뿐이라면, 아마도 여러분은 그렇게 멀리 가지 못할 것입니다.[16]

오바마의 발언은 사람들이 정치적 행동을 비판하면서 '깨어있다'고 말할 때 그 단어가 의미하는 것과 관련된 몇몇 근본적인 요소를 반영하고 있다. 이 설명에 따르면 누군가를 가리켜 깨어있다고 할 때, 그것은 말만 하고 행동은 하지 않는다는 뜻도 있지만, 깨어있는 본인의 고결한 느낌을 강화하는 것 말고는 별로, 아니 전혀 득이 되지 않는 피상적인 형태의 자기과시를 하고 있다는 뜻이기도 하다. 오바마가 보기에, 이런 깨어있음은 심각한 정치문제를 유의미한 방식으로 해결하거나 긍정적이고 지속적인 변화를 만드는 방법이 아니다.

그러나 깨어있음에 대한 이런 단순화된 비판의 이면에는 진보적 정치 견해와 관련해 훨씬 더 복잡한 권력관계가 숨어 있다. 정치분석가 대니 하이퐁Danny Haiphong은 뉴스 웹사이트「블랙 어젠다 리포트Black Agenda Report」에서, 오바마의 연설은 청년 행동주의와 정치적으로 각성한 새 세대의 등장에 대한 냉소주의를 반영한다고 비판한다. 하이퐁은 오히려, 깨어있음을 주류에 편입시키는 것은 정치적 행동주의를 무력화하려는 정치 기득권의 수단이라고 주장한다. 하이퐁의 비판은 인정사정없다.

'콜 아웃 컬처Call out Culture'*는 운동 문화를 상품화했으며, 행동가들이 가난한 사람들, 특히 흑인 빈민의 곤경에 관심을 표하기보다는 개인적 인정, 학문적 명성, 출세 제일주의를 부추기는 데 도움이 되는 표현 방식에 관심을 가지도록 이끌었다. [……] '깨어있음'과 '순수함'이 오바마의 맹비난을 받을 수밖에 없는 이유는 그것이 정치적 계급 관계자들, 즉 바닥을 향한 위대한 경주에서 지적인 리더십으로 찬사받기를 기대하는 오바마 같은 사람들의 정당성을 위협하기 때문이다.[17]

깨어있다는 말로 진지한 정치적 대의를 깎아내리는 것은 정치적 현 상태에 대한 저항을 희석하는 한 방법이다. 깨어있음을 비판하는 그런 행위는 확실히 보수적 기능을 한다. 그것은 기존 권력구조에 대한 비판의 방패막이가 되어줌으로써 실질적인 도전에 직면할 일이 없게 해준다.

깨어있음을 천박하고 이기적이며 도덕적이지만 진실하지 않은 것으로 바꿔버리는 이런 관행은 이 책의 중심 주제인 기업과 자본주의와 관련해 정점에 달한다. 실제로 2010년 중반부터 '깨어있는'이라는 용어는 영어에서 더욱 빈번하게 나타났고, 얼마 지나지 않아 사회적으로 진보적인 대의를 공개적으로 지지하는 기업들에도 그 용어가 적용되기 시작했다. 이런 현상은 전혀 긍정적이지 않았

---

* 시정하려는 의도가 있든 없든, 문제적 행동을 하는 사람의 잘못을 주로 소셜 미디어에서 공개 비판하는 관행을 가리킨다. 문제를 지적하고 구독이나 팔로우를 취소하는 '캔슬 컬처cancel culture'보다는 인간적인 반응이지만, 온라인 괴롭힘으로 여겨질 수도 있다.

는데, 반동적인 비평가들이 그런 기업에 망신을 주었기 때문이다. 비평가들은 사회운동에 동조하면서 이를 통해 광범위한 홍보와 광고활동을 하는 기업들, 특히 다국적 기업들이 점점 많아지자, 이들을 설명하기 위한 기술어로 '깨어있는 자본주의'라는 말을 쓰기 시작했다. 이들 거대기업은 깨어있는 척 세탁한다는 '워크 워싱woke washing' 혐의를 받는다. 워크 워싱이란 기업이 올바른 정치적 대의와 자사를 연관시킴으로써 소비자의 지지를 얻고 궁극적으로는 상업적 이익을 얻고자 하는 마케팅과 홍보활동을 말한다.

그런 예는 많다. 질레트는 유해한 남성성을 알리는 광고 캠페인을 했다는 이유로 "남성에 대한 전쟁을 영속시킨다는 비난부터 깨어있음의 탈을 썼다는 비난, 현재 우리 문화환경의 진보적 분위기를 이용해 돈벌이를 한다는 비난"까지 온갖 비난의 표적이 되었다.[18] 아이스크림 회사 벤앤드제리스Ben & Jerry's는 "트럼프 행정부의 퇴행적이고 차별적인 정책에 평화적으로 저항"하기 위해 피칸 레지스트 아이스크림을 선보였는데,[19] 당시 폭스 뉴스는 이렇게 보도했다. "벤앤드제리스가 저항에 바치는 새 아이스크림 맛을 선보였습니다. 저항 세력처럼, 거기에 너트nut(견과류 또는 얼간이)가 들어있네요." 이어서 그들은 이것을 "좌파가 모든 것에 정치를 주입하는 방식의 또 다른 예"로 일축해버린다.[20]

의류 소매업체 자라Zara는 성 중립적인 '언젠더드ungendered 의류' 컬렉션을 출시했다가 공공연한 비난을 받았다. 한 비평가는 이 옷들은 자라가 쿠키 한 조각 얻어먹기를 기대하며 거대한 메가폰에 대고 "보세요, 우리는 깨어있어요!!" 하고 말하는 방식이라고 매도했다.[21] 아디다스가 학교 스포츠팀들의 이름과 유니폼에서 아메리카 원주민 마스코트를 지우자는 캠페인을 벌였을 때는 "타인의 행동에 대해 잘난 척 미덕 과시"를 한다는 비난을 받았다.[22] 2021년 미국 조지아 주는 흑인 투표율 하락을 불러올 방식으로 투표법을 변경해 논란에 휩싸였다. 이에 대한 항의의 뜻으로, 미국메이저리그야구MLB협회는 연례 올스타전 개최지를 조지아 주의 주도인 애틀랜타에서 콜로라도 주 덴버로 변경한다는 결정을 내렸다. 필립 클라인Philip Klein은 보수 잡지 『내셔널 리뷰National Review』에 기고한 글에서 리그협회의 조치를 "깨어있는 자본주의의 발전에서 한 획을 긋는 순간"이라고 묘사했다. 코카콜라와 델타항공도 마찬가지로 그 투표법을 비난했다. 클라인은 이들 기업의 조치는 어떻게 "주요 기업들이 좌파들의 핵심적 문화 집행자로 성장했는지" 보여주는 사례 그 자체라며 비난했다.[23]

깨어있는 기업들이 나약하고 기회주의적이며 위선적이라고 비난받을 수 있지만, 지금까지 그런 비난에 못지않게 '깨어있는 자본주의'에 관한 수많은 공적 토론을 지배했던 것이 있다. 깨어있는 자본주의가 자본주의 자체에 나쁘다는 비판이다. 비평가들은 깨어있는 자본주의가 주주의 이익을 극대화한다는 기업 본분에 아무 도움이 안 되는 대의에 한눈을 팔기 때문에 번영과 경제 성장에 위협이 된다고 주장한다. 이들 보수적 험담꾼에 따르면, 기업은 깨어있는 척하는 단순한 워크 워싱을 넘어서는 방식으로 정치적으로 올바른 사회문제에 점점 더 마음을 뺏기고 있다. 보수주의자들이 두려워하는 것은 경영진이 자신의 깨어있음에 진지하다는 사실이다. 설상가상으로 경영진은 이런 진지함 때문에 그들 사업의 진정한 목적이어야 할 것을 희생하면서까지 깨어있는 대의를 추구할 수도 있다. 진보 정치와 보수 경제학은 양립할 수 없으며, 자본주의를 위해서는 혼합되어서도 안 된다.

정치평론가 로드 드레허Rod Dreher는 자유주의적 보수주의 색채의 아메리칸아이디어연구소American Idea Institute에서 발간하는 잡지 『아메리칸 컨서버티브The American Conservative』에 쓴 글에서, "깨어있는 자본주의는 우리의 적이다"라고 선언했다. 왜 그랬을까? 그가 하고 싶은 말은 이것이었다.

> 좌파 대 우파라는 친숙한 범주는 이제 우리의 문화 현실에 대한 신뢰할 만한 지침이 아니다. 문화적 좌파는 미국 기업들의 관료주의를 장악해 왔다. [……] 나는 기업들이 어떻게 정치적으로 올바른 일을 하려고 하는지 직접 보곤 했다. 그런 일들은 실제로 기업 비즈니스 모델에 해가 되지만, 그들의 사교 집단에서는 기업 경영진에게 찬사를 안겨준다. [그들의 주장으로는] 회사 문화의 전체적인 정치화가 비즈니스 성공에 매우 중요하다는 것이다……. [이는] 회사 내에 강력한 불안과 의심을 조장하는 방안이다. 그것은 불을 보듯 뻔하다. 합리적인 기업이 경쟁력에 해가 될 뿐인 이런 원칙과 기술을 왜 수용하는지, 독자들은 그 이유를 상상할 수 없을 것이다.[24]

드레허와 같은 이들이 깨어있는 자본주의를 비난하는 이유는 그것이 자본주의의 진정한 미덕을 모욕한다고 믿기 때문이다. 이들은 노벨상을 받은 미국의 경제학자 밀턴 프리드먼Milton Friedman의 1970년 격언인 "기업의 사회적 책임은 이익을 증대시키는 것"이라는 말을 방어책으로 자주 꺼내든다. 프리드먼이 설명했듯, "그 책임이란 그들의 욕구에 따라 사업을 수행하는 것으로, 일반적으로 법으로 구현되었든 윤리적 관습으로 구현되었든 사회의 기본 규칙을 준수하면서 가능한 한 많은 돈을 버는 것이다."[25] 여기서 글로 쓰여 있지 않은 가정이 있는데, 이 지배적인 '윤리적 관습'은 기업이 다른 이들에 대한 배려는 거의 없이 주주의 재정적 이익을 추구**해야 한다**는 생각과 상충하지 않는다는 것이다. 프리드먼의 입장은, 자본주의가 작동하는 사회는 공동체의 윤리적 관습과 자본 소유자의 재정적 이익 사이에 해결할 수 없는 긴장이 발생할 수도 있다는 가능성을 완전히 배제하는 규범적인 입장을 담고 있다. 여기에서 빠진 것은 윤리란 기업의 이익 추구 과정에서 해서는 안 되는 것을 제시하는 제한 조건 이상일 수 있음을 인정하는 것이다. 또한 윤리는 자본주의가 세워진 그 시스템 자체에 의문을 제기할 수도 있다.

프리드먼의 기본 입장, 즉 기업은 주주의 재정적 이익을 우선시해야 한다는 입장은 깨어있는 자본주의에 대한 많은 비판에서 여전히 큰 부분을 차지한다. 존 프리쳇John Pritchett과 에드 티리아키언Ed Tiryakian은 자유주의적 싱크탱크인 경제교육재단Foundation for Economic Education을 위한 글을 쓰면서, 그 입장을 이런 선언으로 요약했다. "밀턴 프리드먼의 기업 지침은 옳았다. 그리고 '깨어있는' 최고경영자CEO들은 주주에게 닥칠 위험을 무릅쓰고 그의 말을 무시한다." 이들이 두려워하는 위험이란, 깨어있는 자본주의는 기업의 주요 목적으로 여겨지는 것에 집중하지 못하게 하므로 '자본주의에 적대적'인 '기업 집단사고'의 형태를 띤다는 것이다.[26] 이렇듯 기업의 깨어있음에 관한 논쟁들은 정치적 선택이 서로 반대되는 두 입장에 국한되어 있다고 상상하는 경향이 있다. 한쪽은 기업이 사회의 이익을 위해 진보적인 정치적 대의에 적극적으로 참여해야 한다는 깨어있는 입장이다. 다른 한쪽은 기업은 정치에 관여해서는 안 되며 주주의 이익을 위해 상업적 성공을 확실히 하는 데 집중해야 한다는, 정치적으로 보수적인 입장이다.

진보적 정치 견해들을 이렇게 단순화한 그림에는 문제가 있다. 우파적 정치 견해를 가진 사람들이 자신이 믿는 경제적 현 상태의 가치를 굳게 다지기 위해 설정한 이 그림이 비록 효과적이기는 해도 허술하다는 것이다. 적어도 지난 40년 동안 확립된 이 상태는 기업권력의 엄청난 성장[27]과 함께, 불평등이 세계적으로 크게 확대되는[28] 과정을 초래했다. 이런 관점에서 본다면, 깨어있는 자본주의는 기업의 참된 경제적 사명으로부터 주의를 돌리는 과정에서 결과적으로 자본주의 자체를 희석시켰기 때문에 비판을 받는다. 만약 깨어있는 자본주의 대 보수주의라는 이 구도를 받아들인다면, 우리가 진보적이고 민주적인 정치에 대한 약속을 지키고 싶어하면서도 한편으로 자기 이익을 위해 끝없이 불평등을 생산하는 듯한 기업 자본주의 시스템의 부당함에 의문을 제기하고 싶을 때, 운신의 폭이 거의 없어진다.

기업이 깨어있음을 채택할 때, 보수 비평가들이 비난하는 것과는 정반대의 효과를 불러올 수 있지 않을까? 기업이 깨어나는 것이 자본주의의 죽음을 알리는 종소리가 아니라, 자본주의의 힘과 영향력을 매우 문제적인 방식으로 확장하는 역할을 하는 것은 아닐까? 그렇다는 것이 이 책의 핵심 아이디어인데, 만약 그렇다면 깨어있는 자본주의에 대해 민주적 기반에서 반대하고 저항할 필요가 있다. 깨어있는 자본주의는 세계 자본의 사적인 이해관계가 공공의 정치적 이해를 점점 더 많이 지배하도록 허용하기 때문이다. 이런 생각의 맥락을 따라간다면, 기업 자원의 상당 비중을 동원해 공공의 도덕성을 이용하는 경우가 생기기 때문에 결국 민주주의에는 문제가 발생한다. 우리의 도덕성 자체가 기업 자원으로서 포획되고 이용되게 되므로 기업 이기심과 거리가 멀다고는 할 수 없다.

독선적이고 종종 안이한 정치적 입장이 뿜어내는 환한 도덕의 빛 속에서 시민 토론과 민주적인 반대 의견은 가려지고, 번드르르하게 자축하는 마케팅과 홍보 캠페인이 그 자리를 대신 차지한다. 이런 일은 헬렌 루이스Helen Lewis가 "깨어있는 자본주의의 철칙"이라고 부른 것에 따라 종종 일어난다. "브랜드들은 진정한 개혁 대신에 저비용의 잡음 많은 신호를 향해 끌려갈 것이다." 그러는 동안, 루이스가 계속 설명했듯 대다수가 백인, 남성, 부자, 고학력자로 구성된 최상위의 사람들은 어떤 것이든 포기하라는 요구를 받지 않고 있다."²⁹ 루이스가 주장하는 것처럼, 우리는 기업들의 깨어있음이 무의미하다고 그냥 일축하는 것이 아니라 기업들이 사회적으로 불평등한 현 상태를 강화하는 데 개입하는 만큼, 특히 그 정치적 영향의 심각성에 주의를 기울여야 한다. 무엇보다도 깨어있는 자본주의가 민주주의의 미래에 미칠 영향은 상당하다. 평등과 자유, 참여하는 시민들의 목소리와 토론을 중시하는 민주적 전통이 선명한 몇 마디로 도덕성을 말하는 기업의 목소리에 묻혀버리기 때문이다.

이 책에서 독자는 중심 주제인 깨어있는 자본주의와 그 관행에 관한 폭넓은 탐구를 보게 될 것이다. 민주주의를 모욕하는 깨어있는 자본주의는 활기찬 민주주의 정신으로 대체되어야 한다. 여기서 우리가 '민주주의'라는 이 용어를 말하는 방식에 신중할 필요가 있다. 정치이론가 웬디 브라운Wendy Brown은 내게 민주주의의 개념을 현대 자유민주주의 국가 개념과 혼동해서는 안 된다고 상기시킨다. 브라운은 현재 우리의 역사적 시점에서 "평등, 자유, 포용, 입헌주의에 대한 민주 국가의 약속은 이제 경제 성장, 경쟁적 포지셔닝, 자본 강화 프로젝트에 종속되어 있다"라고 주장한다.³⁰ 이는 경제적 번영이 중요하지 않다는 말이 아니라, 민주주의를 지키기 위해서는 그 종속의 방향을 뒤집어야 한다는 얘기다. 민주적 이상의 관점에서 볼 때 경제 번영은 국민을 위한 것이지 그 반대가 아닐 것이다. 깨어있는 기업권력을 대신하는 진정한 민주주의는 국민 주권에 대한 근본적인 신념을 토대로 한다. 거대하고 여전히 성장하고 있는 기업권력, 그리고 현대 정치를 주무르는 그들의 장악력은 정치적 권한이 국민의 뜻이 아닌 경제적 강자에게 달려 있는 신新봉건주의를 향한 퇴행을 의미할 뿐이다. 미국의 헌법변호사 존 W. 화이트헤드John W. Whitehead는 대기업들이야말로 사회에 대한 지배권을 쥐고 민주 정부를 빠르게 대체하고 있는 새로운 엘리트라고 주장하면서 요점을 분명히 해준다. 정치적으로 이런 기업들이 자신들을 지배하게 될 법률을 결정하는 경우가 점점 늘고 있다. 경제적으로 이들은 경쟁을 제거하고 대규모 정부 계약을 확보해 지배력을 확대한다. 화이트헤드는 우리 시대가 "기업 국가 통치자들이 나머지 사람들을 지배하는 시기"라고 설득력 있는 주장을 펼친다.[31]

깨어있는 자본주의는 이처럼 가죽 갈이를 한 봉건주의의 확장판, 기업에 법적 권위뿐 아니라 도덕적·정치적 권위까지 양도하는 봉건주의다. 이 책은 깨어있는 자본주의의 윤곽과 표현을 탐구하고, 정치학 교수 야니스 스타브라카키스Yannis Stavrakakis의 말을 빌리자면, '민주주의의 탈민주화'로 가는 위험한 길을 짚어보려 한다.[32] 스타브라카키스가 설명하듯, 민주주의는 정치적 적대와 정쟁을 제도화함으로써 어떤 단일 권력이 영구적인 권력을 잡지 못하도록 요구한다. 전체주의와 권위주의 권력도 항상 존재하는 위협이다. 그들은 민주주의의 특징인 정치적으로 다른 형태들과의 논쟁을 부정한다. 민주주의가 갖는 핵심적 모호성이란 곧 적대적인 정치 견해를 가진 시민들의 연합 공동체를 통해 민주주의가 실행된다는 것이다. 스타브라카키스는 "민주주의 내의 모호성을 덮어버리는 것은 민주주의를 탈민주화하는 것"이라고 주장한다.[33]

기업의 정치권력 확장에서 깨어있는 자본주의는 그 권력의 구성 요소가 되는데, 여기서 정치가 공적인 정치 영역에서 사적인 경제 영역으로 이동할 때 탈민주화가 증폭된다. 이런 맥락에서 정치적 지배력은 공론장에서 벌어지는 정치적 견해들의 경쟁을 통해서가 아니라, 경제력을 가진 이들의 목소리 크기를 통해 추구되곤 한다. 다행히도 기업들이 주기적으로 그들의 말과 행동에 공개적으로 책임을 추궁당하는 일이 벌어지므로, 아직 탈민주화가 이루어진 것은 아니다. 그럼에도 깨어있는 자본주의가 걷고 있는 길은 탈민주화의 방향이다. 한마디로 민주주의가 약속하는 핵심 가치인 자유와 평등을 지키기 위해서는 깨어있는 자본주의에 저항해야 한다.

깨어있는 자본주의는 현대의 경제적·정치적 삶에서 자라나고 있고 문제가 되는 한 차원이며, 특히 우리 삶의 많은 측면을 지배하는 거대 다국적 기업들 사이에서 더욱 성장하고 있다. 이 위험한 추세에 비판적이어야 한다는 말은 반동적인 보수 전문가들에게 동조해야 한다는 얘기가 아니다. 그들은 깨어있음이 자본주의의 핵심인 이기적 이익 추구에 대한 모욕이라고 비난한다. 그러나 그와는 반대로, 깨어있는 자본주의의 진정한 위험성은 그것이 자본주의 체제를 허약하게 만든다는 점이 아니라, 기업 엘리트들의 정치권력 집중을 한층 더 강화한다는 점이다. 이런 추세가 계속된다는 것은 민주주의에 대한 위협이다. 이는 또한 평등, 자유, 사회적 연대의 가능성에 대한 희망을 붙들려는 진보 정치에 대한 위협이기도 하다.

이 위험성을 더 잘 이해하기 위해서, 이 책은 '깨어있는'이라는 용어의 의미를 설명하는 것부터 시작해, 기업이 공적 목적과 사회적 책임을 주장하면서 그 과정에서 막대한 이익을 얻을 때 드러나는 해결할 수 없는 아이러니를 탐구하고자 한다. 이어서 깨어있는 자본주의의 이질적인 조상이라 할 1950년대 기업의 사회적 책임부터 1980년대 신자유주의의 초기를 거쳐 현재에 이르기까지 짚어볼 수 있는 깨어있는 자본주의의 역사를 알아본다. 이런 기업사는 미국 흑인 문화에서 '깨어있는'이라는 용어가 등장해 주류 문화에서 채택·변형되고, 결국 2010년 말에 '깨어있는 자본주의'라는 형태로 기업 세계와 교차하는 과정과 나란히 짚어볼 수 있다. 이런 추적을 통해 깨어있는 자본주의의 새로운 의미를 알아보는 한편, 글로벌 자본주의에서 계속되어온 다양한 정치적 대의에 관한 토론을 살펴본다. 이를테면 성소수자의 권리, 결혼 평등, #미투, #흑인의생명은소중하다, 성희롱 방지 같은 예가 그것이다. 어쩌면 이와 관련해 가장 흥미로운 점은 소득과 부의 불평등, 노동운동, 법인세 회피 같은 사회적 대의를 위한 대기업의 지원은 찾아볼 수 없다는 사실일 것이다.

  중심 주제와 관련해서는 실제로 깨어있는 자본주의를 구성하는 구체적인 기업활동을 탐색한다. 정치적 행동주의는 특히나 중점을 둔 부분인데, 기업과 CEO가 어떻게 개인적으로 사회 정의라는 대의를 대변하게 되는지, 이것이 어떻게 기업과 사회권력을 융합하는 동시에 경영진과 그들이 이끄는 기업을 윤리적 영웅으로 만드는지 검토한다. 기업들은 마케팅·광고·홍보활동을 통해 상당한 권력을 휘두르고 있는데, 제품을 판매하기 위해서가 아니라 사회 정의라는 대의의 메시지를 전파하기 위해서다. 이 책은 그런 대의와 기업 제품 간의 브랜드 연관성이 민주주의에 어떤 의미를 갖는지 고찰한다. 또한 기업이 소비자의 도덕적 입장에 동조하고 영향을 미치고자 할 때 대중 정서의 변화 패턴을 어떻게 이용하는지에 대해서도 논의한다. 최근 몇 년 동안의 기업 자선활동과 그 규모나 범위의 확대와 관련해서도 비슷한 문제를 검토할 것이다.

이 책은 대기업, 보통은 다국적 기업들이 행하는 깨어있는 자본주의에 대해 명확하게, 의도적으로 비판을 확장한다. 분명히 밝히지만, 이 책의 의도는 기업의 행동 자체를 비난하려는 것이 아니다. 그보다는 비즈니스가 점점 더 최상층에서 이루어지는 방식 때문에 빚어지는 정치적 문제에 주목하려 한다. 기업은 무엇보다도 상품과 서비스 제공, 고용을 통해 사회에 크게 이바지한다. 또한 기업은 특히 공정한 세금 납부, 법치 준수, 불공정 경쟁 자제, 평등을 증진하는 적절한 임금 지불 등을 통해 민주주의를 지탱할 잠재력도 가지고 있다.

그러나 이런 식으로 행동하지 않는 기업이 너무 많다. 그들은 교묘한 방식으로 세금을 회피하고 심지어는 불법적인 탈세를 저지른다. 그들은 법을 왜곡하고 어기거나, 자신의 상업적 이익을 위해 법을 바꾸도록 정치인들에게 압력을 넣는다. 그들은 자신이 운용하는 시장을 독점적으로 통제하려 하며 악의적인 가격 폭리를 취한다. 노동자에게는 가능한 한 적은 임금을 지급하고, 공정한 임금에 반대해 로비를 벌이며, 가능한 한 가장 값싼 노동력을 얻기 위해 전 세계로 사업장을 옮긴다. 그리고 무엇보다 바로 이런 기업들이 스스로를 '목적 지향적'이며 '사회적으로 책임'이 있고, '주주 지향적'일 뿐 아니라 심지어 '윤리적'이라고 홍보하기도 한다.

깨어있는 자본주의는 기업의 도덕적 정당성과 자본주의적 불평등 사이의 타협을 깨뜨리려는 시도다. 여기서 핵심적인 부분은 기업의 사적 이익과 민주 국가의 공적 이익의 구별을 없앰으로써 기업이 자신의 목적에 맞게 정치권력을 전용할 수 있다는 점이다. 그러나 깨어있는 자본주의에 대한 지금까지의 반응은 지배적이면서 서로 반대되는 두 가지 방향으로 흐르는 경향이 있었다. 우파에서는 좌파 행동가들이 기업을 속여 진보 정치를 지지하게 했다고 주장한다. 기업의 깨어있음은 곧 자유주의 경제가 제공하는 번영의 종말을 알리는 한심한 형태의 미덕 과시라며 혹독하게 비난한다. 이들 비평가는 깨어있는 자본주의가 기업의 진정한 목적을 왜곡했다고 생각한다. 이 관점에 따르면, 깨어있는 자본주의는 폐기되어야 마땅하며, 기업은 주주의 수익을 극대화하는 본연의 목적으로 돌아가야 한다. 반면에, 진보적인 정치 성향을 가진 이들은 기업이 계몽된 자본주의의 새 시대에 참여하고 있으며 참여해야 한다고 생각한다. 기업에게는 직접적으로 해결해야 할 사회적 목적이 있으며, 사업은 사회적·정치적·경제적 문제를 비롯해 우리 모두가 직면한 환경문제와 관련해서도 선을 위한 힘이 될 수 있다. 이 설명에 따르면, '깨어있는 자본주의'라는 용어는 기업이 진보적인 정치 입장을 지지할 때의 도덕적으로 진실한 동기를 과소평가하고 있다.

이 책은 세 번째 입장을 제시하고자 한다. 즉, 깨어있는 자본주의의 문제는 민주주의라는 정치 영역에서 자본주의라는 경제 영역으로 권력 균형을 이동시킨다는 것이다. 이 목적을 위해서, 깨어있는 자본주의는 승산이 확실한 정치적 대의를 지지하며, 이로써 자본주의의 영향력이 은밀하게 확장되고 있음을 나타낸다. 기업의 의제와 이미지 위에 진보적인 정의로움을 덧댐으로써, 자본주의는 의심받기보다는 강화된다. 깨어있는 자본주의의 등장은 오히려, 오늘날 기업이 우리의 일상생활에 미치는 영향력이 방대하며 더욱 커져가고 있음을 상징한다. 대기업들은 더는 우리의 소비습관과 생활방식에 영향을 미치는 것에 만족하지 않고, 깨어있는 자본주의를 가지고 우리의 도덕적 신념 자체를 그들의 상업 전략 테이블에 올리고 있다. 이 책은 깨어있는 자본주의의 위험성과 그것이 민주주의적 자유의 미래에 어떤 의미를 갖는지 탐구하려 한다.

이 책 전반에서 여러 가지 사안과 관행을 다루고 있지만, 그 전체를 관통하는 의도는 깨어있는 자본주의의 기원, 작동방식, 약점을 떼어내어 더 잘 이해하려는 것이다. 일부 독자에게는 이것이 부정적이거나 냉소적인 기획으로 비칠 수도 있을 것이다. 그러나 이는 내가 의도하는 바가 아니다. 중요한 것은, 깨어있는 자본주의의 작용을 두 눈 부릅뜨고 지켜보는 것 자체가 최근 몇 년 사이 기업들의 행위 변화가 어떻게 민주주의의 약속 자체에 치명적인 위협이 되었는지와 관련해 하나의 경고 역할을 한다는 점이다. 정치권력이 부유한 엘리트가 아닌 모든 시민에게 있다는 것이 민주주의의 약속이다. 이는 또한 지배로부터의 자유, 지배하려는 자들을 비판할 권리, 연대와 시민의식의 가치에 대한 약속이기도 하다. 그러나 대기업과 억만장자들이 자신의 경제력을 이용해 정치 영역에 침투하고 통제할 수 있으므로 깨어있는 자본주의는 정반대를 제시한다. 민주주의의 이름으로, 그리고 다수의 이익을 위해서, 깨어있는 자본주의에 저항해야 한다.

2장

기업

포퓰리스트

이 책을 쓰기 시작한 것은 2020년 초, 내가 살고 일하는 곳인 오스트레일리아 곳곳을 맹렬한 산불이 휩쓸고 있던 때였다. 가슴 아플 만큼 엄청나게 파괴적인 사건이었다. 무자비한 화마의 습격으로 주택이 무너져 잿더미가 되는 바람에 집을 잃은 사람이 1,500명이 넘었다. 더욱 비극적이게도 화염 속에서 사망한 사람은 33명,[1] 연기 흡입으로 죽어가는 사람은 417명에 이르렀다.[2] 환경적인 영향은 어마어마했다. 1,200만 에이커의 땅이 불타면서 야생동물과 자연 서식지가 파괴되었다. 무려 10억 마리의 동물이 영향을 받은 것으로 추산되었다.[3] 얼마나 엄청난 화재였는지 1만 1,000킬로미터 떨어진 칠레에서도 연기가 보일 정도였다.[4]

오스트레일리아를 집어삼킨 기록적인 불지옥은 '세계적인 재앙, 세계적인 참사'로 묘사되었다. 그 참담한 이미지들은 종말의 장면처럼 보였다. 그동안 경고해왔던 기후 변화의 온갖 참상이 닥친 것만 같았다. 『뉴 스테이츠먼*New Statesman*』이 보도한 것처럼, 오스트레일리아는 인류가 초래한 기후 변화의 결과로서 "우리 모두를 기다리는 미래의 맨 끝자락"을 상징하게 되었다.[5] 그 사건은 국제적으로 주요 기사 제목을 장식했다. 『뉴욕 타임스』는 "오스트레일리아가 불

2장 기업 포퓰리스트 39

타고 있다"라고 보도했다. 『인도 타임스Times of India』는 "오스트레일리아, 화마의 습격으로 대피 명령"이라는 기사를 실었다. 런던에서는 『파이낸셜 타임스』가 "소방관들, 산불 재앙과 싸우다"라는 제목을 썼다. 걷잡을 수 없는 불길의 이미지, 종말처럼 핏빛으로 물든 정오의 하늘, 파괴된 주택들의 사진이 텔레비전 뉴스를 도배했다. 오스트레일리아는 마치 전쟁터처럼 보였고 그렇게 느껴졌다.

오스트레일리아에서 산불은 늘 있는 일이었지만, 이번에는 달랐다. 2020년의 산불은 많은 사람이 수년 동안 경고하던 것을 확인시켰다. 오스트레일리아 과학아카데미가 발표한 성명은 이 사실을 명확하게 설명한다. "과학적인 증거 기반은 인간이 유발한 기후 변화 때문에 세계가 따뜻해지면서 극한 기상 이변의 빈도와 심각성이 증가하고 있음을 보여준다."[6] 화석 연료를 태우며 촉진된 산업화 과정은 지구 온난화를 초래했고, 이는 2019년과 2020년의 산불 재앙을 일으킨 조건에 심각한 원인 하나를 제공했다. 오스트레일리아 정부의 산불 조사 보고서는 "분명한 것은 2019~2020년과 같은, 또는 잠재적으로 더 심한 화재 시즌이 다시 온다고 예상해야 한다는 것이다"라고 경고했다.[7]

시계를 거꾸로 돌려 1년 전쯤인 2019년 3월 15일은 전 세계 각지에서 약 1,400만 명의 어린이가 기후 변화에 대한 행동을 지지하며 학교 '파업'에 나섰던 날이다. 스웨덴의 16세 소녀 그레타 툰베리Greta Thunberg의 흔들림 없는 행동주의에 영감을 받은 150개국의 어린이들이 힘을 합쳐, 스스로를 파괴하는 것처럼 보이는 세계를 구하려면 무언가를 해야 한다고 요구했다.⁸ 오스트레일리아에서 그 파업은 특히 기후 변화를 철저히 부정하는 많은 정치인을 비롯해 정부의 암울한 미행동 기록을 겨냥하고 있었다. 오스트레일리아 전역에서 진행된 파업에 30만 명 이상의 학생이 동참했다. 이들은 "어른들이 배운 사람의 말을 듣지 않는데 우리가 왜 학교에 가야 하는가", "어른들은 늙어서 죽겠지만, 나는 기후 변화로 죽을 것이다", "기후 사실에 대한 고의적인 부정은 폭력 행위다"라는 등의 푯말을 들고 있었다.⁹

오스트레일리아 총리 스콧 모리슨Scott Morrison은 이 파업을 강경하게 비판했다. 그는 학생들이 민주적 시위에 참가하는 대신 학교에 머물기를 원했다. 그는 이렇게 공개 성명을 발표했다.

저는 오스트레일리아에서 자라는 어린이들이 미래에 대해 긍정적으로 느끼기를 바랍니다. 그리고 어린이들에게는 아름다운 나라와 살기 좋은 깨끗한 환경뿐 아니라, 살 만한 경제도 누리게 될 거라는 확신을 심어주는 것이 중요하다고 생각합니다. 우리 어린이들이 이런 문제로 불안하지 않았으면 합니다.¹⁰

기후 변화를 경시하거나 심지어 부정하는 말들은 세계 어디서나 오래전부터 노래 후렴구처럼 불리고 있었다. 주요 수출품목인 석탄의 수출액이 2019년에 696억 오스트레일리아 달러로 정점을 찍은 오스트레일리아에서는 특히 더 그랬다.¹¹ 이와 함께 모리슨 총리는 수년간 그 중심 무대에 있었다. 신재생 에너지 캠페인을 벌이는 정치인들에게 항의하면서 그가 의회에서 석탄 조각을 들어 올린 일은 많은 사람의 기억에 남아 있다. "두려워하지 마십시오. 겁먹지 마십시오. 이것이 여러분을 해치지는 않을 것입니다. 이것은 석탄입니다." 동료 의원들이 낄낄거리며 그 검은 덩어리를 서로 돌려보는 동안 모리슨은 그렇게 소리쳤다.[12] 그러나 시드니의 주택과 사무실에 매캐한 연기 냄새가 스며들 때 웃는 사람은 없었다. 파괴와 죽음을 남기며 국토를 휩쓰는 불길을 지켜본 오스트레일리아의 젊은이들이 어떤 불안을 느꼈을지 많은 사람이 궁금해했다.

이 모든 것은 '깨어있는 자본주의'와 어떤 관련이 있을까? 우리가 이미 탐색을 시작한 바와 같이, 깨어있는 자본주의는 '진보적' 정치 대의를 공개적으로 지지하면서 전통적으로 국가에 맡겨졌던 정치적 역할을 하는 기업들을 비판할 때 등장하는 용어다. '흑인의 생명은 소중하다' 시위 도중에 유명 모델인 켄달 제너Kendall Jenner가 경찰에게 차가운 콜라 캔을 건네는 펩시 광고는 깨어있는 자본주의라고 불린다.[13] 월마트 CEO 더그 맥밀런Doug McMillion이 인종 평등 지지를 위해 회사 자금 1억 달러 지원을 약속한 일도 깨어있는 자본주의라 불린다.[14] JP모건 체이스의 CEO 제이미 다이먼Jamie Dimon이 "더욱 건강한 사회, 포용적이며 더 많은 사람을 위한 더 많은 기회를 창출하는 사회를 만들기 위해, 자본주의는 수정되어야 한다"라고 공개적으로 선언했을 때, 이를 설명하기 위해서도 깨어있는 자본주의라는 말이 쓰였다.[15] 물론 그렇다고 해서 모든 기업이 말이나 행동에서 진보적인 방향으로 전환했다는 뜻은 아니다. 많은 기업이 공공연히 자본주의적 축적을 계속 추구하고 있으므로 그렇게 보기는 힘들다. 그럼에도 특히 글로벌 기업을 중심으로 깨어 있음을 향해 가는 추세는 뚜렷이 나타나고 있다. 이들 기업이 지지하는 정치적 대의로는 결혼 평등, 가정폭력 해결, 성희롱 퇴치, 인종차별 철폐, 성소수자 권리 보장, 장애인 평등 증진, 정신질환에 대한 인식 제고, 그리고 물론 기후 변화에 대한 조치 등이 있다.

때는 그 화마가 오스트레일리아를 황폐하게 만들고 있던 시절이었다. 당시의 오스트레일리아 정부는 기후 변화를 경시하거나 심지어 부정하기 위해 오랜 노력을 기울이고 있었고,[16] 많은 기업이 이를 지지했다. 예를 들어 억만장자 광산 재벌인 지나 라인하트Gina Rinehart가 기후 변화를 부정하는 우파 싱크탱크인 공공정책연구소 Institute of Public Affairs에 수백만 달러의 자금을 지원한 사실이 얼마 전에 밝혀진 상태였다.[17] 그렇다고는 해도 시대정신을 포착한 나머지 많은 단체는 오스트레일리아가 기후 변화에 맞서 싸울 태세를 갖춰야 한다고 촉구하고 있었다. 그 예로 라인하트의 광산 라이벌인 앤드류 '트위기' 포레스트Andrew 'Twiggy' Forrest는 산불 구호 사업에 7,000만 오스트레일리아 달러를 기부하기로 약속했다. 그는 산불과 기후 변화를 명시적으로 연관 짓지는 않았지만, 이런 성명을 발표했다. "제가 보기에 기후 변화는 현실이라고 분명히 말씀드리고 싶습니다. 저는 지구 온난화야말로 우리가 겪고 있는 재앙적 사건들의 주요 원인이라고 인정합니다."[18]

괜찮은 일이다. 그 기부를 꼼꼼히 뜯어보며 흠을 찾기 전까지는 말이다. 그가 기부한 7,000만 오스트레일리아 달러 중 1,000만 달러는 산불 피해자들에게 직접 쓰였고, 같은 금액이 복구 작업을 돕게 될 '지원군army of helpers'에게 돌아갔다. 나머지 5,000만 달러는 포레스트 자신의 민더루재단Minderoo Foundation이 수행할 '산불 완화' 연구에 투입되면서, 그 연구 결과가 기업 우두머리의 이익과 보조를 맞추게 되는 것은 아닌지를 두고 의문이 제기되었다.[19] 갑자기 그의 기부 행위가 오히려 투자처럼 보였다.

깨어있는 자본주의를 잘 보여주는 예는 또 있다. 2020년 1월 11일, 고급 주얼리 회사인 티파니앤드코Tiffany & Co.는 오스트레일리아 주요 일간지에 전면 광고를 게재했다. 티파니앤드코는 갑자기 극렬 기후운동가처럼 행동하기 시작했다. 그 광고는 스콧 모리슨 총리에게 기후 변화에 대한 조치를 요구하면서 이런 성명을 발표했다.

우리는 오스트레일리아와 함께합니다

모리슨 총리에게

지역사회와 야생동물을 파괴하는 산불에 맞서
용감한 오스트레일리아인들이 싸움을 계속하고 있는 지금
대담하고 단호한 기후 조치가 필요한 때입니다.

기후 변화의 재앙은 매우 현실적이며,
우리 지구와 우리 아이들에게 가해지는 위협은 너무 막대합니다.

티파니앤드코[20]

티파니앤드코는 왜 이런 광고를 했을까? 이 광고는 기업이 내보이는 관대함이 사리 추구와, 이 경우는 뻔뻔한 홍보와 밀접한 연관이 있음을 보여주는 깨어있는 자본주의의 대표적인 예다.[21] 티파니앤드코의 오스트레일리아 지사 책임자인 글렌 슐레후버Glen Schlehuber는 이 광고가 어떻게 그 회사를 자리매김하려는 의도였는지 명확하게 밝혔다. "저는 기후 변화에 기꺼이 맞서고 행동하는 조직에서 일하는 것이 매우 자랑스럽습니다."[22] 그는 회사의 광고비를 기후 관련 광고에 지출하는 것이 정치적 행동이라고 생각했던 것 같다. 이 광고가 티파니앤드코 브랜드를 강화하려는 목적으로 계산된 선전이라고, 정치적으로 올바른 메시지를 내밀며 실제 행동을 대신하려 한다고 일축하면서 냉소를 보내기는 쉬운 일이다. 오스트레일리아의 우파 타블로이드 신문 『데일리 텔레그래프*Daily Telegraph*』는 "콧대 높은 광물 소매업체 깨어나다"라는 제목의 주요 기사를 내보냈다.[23] 오스트레일리아의 다른 언론은 티파니앤드코가 "오스트레일리아인들에게 자신을 팔기 위해 산불 피해자들의 고통과 고난"을 이용했다고 주장했다.[24]

어쩌면 깨어있는 기업 행동주의를 표현하는 티파니앤드코의 방식이 썩 영리하지 못했다고 할 수 있겠지만, 그 기업만 그런 것은 아니었다. 소프트웨어 회사 아틀라시안의 억만장자 테크 기업가 마이크 캐넌 브룩스Mike Cannon-Brookes는 기후 변화에 대응해 행동하지 않는 정부를 공개적으로 비판했다. 그는 기후 변화를 해결하기 위한 혹독한 조치들이 '경제를 파괴'할 것이라고 주장하는 오스트레일리아의 기업들을 맹비난하기도 했다.[25] 한편, 오스트레일리아의 거대 광산업체인 리오 틴토Rio Tinto는 기후 변화에 대한 의식을 드높이는 데 긍정적인 입장을 취하도록 오스트레일리아 기업들을 공개적으로 압박했다.[26] 더욱 직접적인 조치의 예로, 주요 은행들은 집을 잃은 고객에게 보조금을 주었고, 슈퍼마켓들은 대피소에 물과 음식을 배달했으며, 전화 회사들은 소방관의 휴대전화 요금을 감면해주었다. 물론 이런 지원은 매우 환영할 만한 일이었지만, 기업들이 왜 이런 식으로 행동하려 했는지에 대해서는 여전히 의문이 제기된다.

오스트레일리아 산불은 심각한 정치적 무능을 뚜렷이 보여주는 신호였다. 기후 변화에 대처하기 위한 만족스러운 조치가 이루어지지 않은 까닭에 오스트레일리아는 더 큰 화재에 더 자주 노출되었고, 마침내 그 땅은 불길에 휩싸이게 되었다. 깨어있는 자본주의는 공적 문제에 대해 정부가 아무 조치도 취하지 않을 때, 이를 해결하기 위해 기업이 개입하거나 적어도 개입하는 것처럼 보일 때 작동하는데, 산불에 대한 대응은 이를 잘 보여준다. 어찌 보면 깨어있는 자본주의는 기업과 억만장자 사업주들이 물려받은 연대와 자선의 정신을 따르는 환영할 만한 일로 보일 수 있다. 그러나 다른 한편으로, 우리는 이것이 우리의 정치 시스템에 어떤 장기적 영향을 미칠지 질문해야 한다. 기업과 우파 보수주의자들이 서로 불가분의 관계를 맺고 있던 시절이 있었지만, 깨어있는 자본주의는 이 모든 것을 바꿔버렸다. 기업들은 자신이 진보적이며 정치적 행동을 한다는 것을 직접적으로 또 분명하게 광고하고, 종종 억만장자 CEO를 눈에 띄는 대변자 겸 (정치적) 액션 영웅으로 내세우기도 한다.

산불 사건에서 보았듯이, 주요 기업들은 한때 반反기업적 녹색 활동가들의 전유물로 여겨졌던 유형의 행동은 물론, 흔히 국가가 떠맡을 거라고 예상될 만한 재정 지원 활동까지 하고 있었다. 지금 우리가 있는 상황에서 기업과 경영 특수층은 자신들의 권력이 경제 영역뿐 아니라 정치 영역까지 포괄하도록 그 기반을 옮기고 있다.[27] 여기서 다양한 의문이 생겨난다. 많은 기업이 전통적인 좌파 성향의 정치 견해를 옹호하기 시작했지만, 과연 그들이 진정성을 가지고 있을까? 기업들은 왜 진보적 정치 대의를 지원하려고 할까? 기업들이 깨어있는 의제에 참여하도록 만든 변화는 무엇이었을까? 기업들의 이런 정치적 행동주의는 정치 자체에 어떤 영향을 미칠까?

산불이 여전히 타오르던 2020년 1월 21일, 세계의 엘리트들은 스위스의 알프스 휴양지인 다보스에 모였다. 전 세계 정치인들이 재계 거물들, 품격 있는 유명인사들과 만나서 어울렸다. 이들이 천명한 목표는 "지역적이며 산업적인 글로벌 의제 형성"이었다.[28] 그렇다면 이들은 어떤 형태를 모색하고 있었을까? 이들은 "결속력 있고 지속 가능한 세계를 위한 이해관계자들"의 중요성에 대해 열변을 토했다. 『뉴욕 타임스』에 따르면, "깨어있는 자본주의는······ 2020년 다보스의 지배적인 주제였다."[29] 다보스 회담은 기후 변화, 불평등, 포퓰리즘, 빅 데이터 남용 등 오늘날 전 세계가 맞닥뜨린 거대한 과제를 직접 해결하기 위해 대기업이 취해야 할 방식을 다루고 있었다. 미국의 싱크탱크인 브루킹스연구소Brookings Institution의 윌리엄 버크 화이트William Burke-White가 추측한 그대로였다. "정부는 기업 리더십이 없이는 우리가 직면한 문제를 해결할 의지나 능력이 없는 것처럼 보이므로, 우리의 공동 미래가 달린 변화를 주도하기 위해서는 권력과 부가 연합해야 할 것이다."[30] 버크 화이트의 글은 깨어있는 자본주의 상황에서 세계의 도덕적 의제를 정하고 세계의 문제를 해결해야 할 이들은 바로 대기업과 그 억만장자 소유주들이라고 요약하고 있다.

다보스 회담 당시 우리는 곧이어 코로나19가 불러올 세계적인 재앙에 대해서는 거의 알지 못했다. 오스트레일리아에서 산불이 보여준 재앙은 팬데믹 때문에 엄청난 규모로 확대되었다. 100만 명 이상이 바이러스에 목숨을 잃고 세계가 애도하는 가운데, 인간이 자연을 지배하고 통제할 수 있다는 생각은 너무나 인간 중심적인 오만함이었음이 분명해졌다. 적어도 산업혁명 이후 인류의 방향을 정해왔던 바로 그 오만함이었다. 또한 우리가 '진보'라고 여기게 된 것을 정의했던 그 오만함이었다. 이 '진보의 신화', 즉 비즈니스 기업이 인류의 이익을 위해 그 힘을 활용할 수 있고 또 그래야 한다는 생각의 필연적인 결과는 위험한 만큼이나 한심하다. 인류에게는 신과 같은 전능한 능력이 있어, 과학과 기술을 통해 물질적으로, 시장 자본주의를 통해 경제적으로도 긍정적인 발전을 끝없이 추진할 수 있다고 가정하는 것은 근거 없는 신화일 뿐이다.

2020년 코로나19가 불러온 급격한 인적·재정적 파괴로 말미암아 다보스에서 천명한 '더 나은 자본주의'에 대한 약속은 우스꽝스러워 보였다.[31] 다보스 신봉자와 지지자들은 기업들이 타인에 대한 진정한 관심으로 진보적인 정치적 대의를 지지할 것이라고 말했다. 그리고 정부가 손을 뗀 공공재 공급을 기업들이 대신하겠다고 약속했다. 그래서 코로나19가 터졌을 때 이 기업들은 어디에 있었는가? 이해관계자들에게 헌신하겠다던 약속을 지키기 위해 기업들이 열심히 나섰던가? 아쉬울 때만 친구인 척하는 이들처럼, 대기업은 유의미한 변화를 거의 보여주지 않았다. 깨어있는 자본주의 전사들의 지도자인 블랙록의 CEO 래리 핑크Larry Fink의 제스처는 특히나 시사적이다. 코로나19가 닥쳤을 때, 블랙록은 코로나 피해자를 위한 구호금으로 고작 5,000만 달러를 내놓았을 뿐이다. 그 혜택을 받은 사람들은 물론 고마워했을 것이다. 그렇지만 수조 달러 규모의 그 펀드 운용사나 억만장자 대표에게 그 액수는 새 발의 피도 못 된다. 어쨌거나 미국 정부는 수십억 달러의 자금을 증권시장에 투입했고, 이 덕을 크게 본 블랙록의 주가는 연초 대비 14퍼센트 올랐다.[32] 한편, 핑크 개인적으로는 동종업계에서 가장 높은 연봉을 받은 CEO라는 사실이 경제지를 통해 알려졌다. 이미 억만장자였던 그의 연간 보수는 2,530만 달러까지 증가했다. 미국 노동자 연봉 중간값의 500배가 넘는 액수다. 이는 코로나19가 어떻게 깨어있는 엘리트의 주머니를 불리고 수많은 보통 사람을 구호물자 수급 대열에 합류하게 만들었는지 보여주는 한 예일 뿐이다.

2020년 다보스 회담을 앞두고, 우파 논객들은 젠체하는 좌파에 기업들이 항복했다는 이유로 깨어있는 자본주의를 소리 높여 비난하고 있었다. 그들은 "깨어있는 자본주의는 우리의 적이다"라고 주장했다.[33] "깨어있는 자본주의가 기업을 부패시킨다"라며 한탄했다.[34] 보수 언론은 기업들이 '기업 사회주의'[35] 또는 '깨어있는 자본주의'[36]를 실행한다며 비방했다. 이런 주장은 기업가들이 상업적인 목표를 직접적으로 추구하는 데 집중해야 한다는 소리였다. 공적 목적, 정치적 대의, 사회 정의 등을 만지작거리는 것은 그냥 그들이 신경 쓸 일이 아니었다. 음모론자들은 '좌파의 의제'가 기업 세계를 장악했다고 주장했다.[37] 나머지 사람들은 기업들이 '진보 이데올로기에 굴복'해왔다고 말했다.[38] 반동적인 우파가 묘사하는 깨어있는 자본주의란 카페라테를 마시며 젠체하는 진보주의자들이 자본주의의 미래를 망치려 작정하고 침투한 것이었다.

그전까지는 분명하게 드러나지 않았다면, 2020년은 반동적 전문가들의 견해가 틀렸음을 보여준 해였다. 흐뭇함을 안겨주던 기업들의 도덕적 정의로움은 자본주의 의제의 핵심에 어떠한 실질적 변화도 일으키지 못했다. 오히려 강화하는 편이었다. 자본 소유자의 방향으로 부를 끌어모으는 것이 여전히 기업의 가장 중요한 목적으로 남아 있었다. 코로나19 위기에 대한 대응이 대표적인 사례였다. 깨어있는 자본주의의 대표 주자로 여겨지는 나이키는 2018년 콜린 캐퍼닉Colin Kaepernick을 등장시킨 광고 캠페인을 공개하면서 논란을 불러일으킨 적이 있는데, 캐퍼닉은 경찰이 흑인을 살해한 사건들에 항의했다는 이유로 미국내셔널풋볼리그에서 사실상 축출된 선수였다. 그 광고는 미국 내의 인종차별과 경찰의 폭력에 대한 공적 논쟁을 자극하는 중요한 역할을 했다. 그게 전부가 아니었다. 그 광고는 나이키라는 브랜드를 강화했고 그 기업의 시장가치를 60억 달러나 높여주는 마중물이 되었다.[39]

이와는 대조적으로, 2020년 나이키가 코로나19 대응에 기부한 2,500만 달러라는 금액은 한심한 수준이었다.[40] 시늉에 불과한 기부를 하는 글로벌 거대기업들의 목록은 딱할 정도로 길었다. 아마존은 2020년 3월 영국에서 390만 달러를 기부했다.[41] 이전 10년 동안 미화 1,000억 달러의 세금을 회피한 회사치고는 기가 막히다.[42] 이보다 후한 규모로 기부한 기업을 보면, 팬데믹이 더욱 기승을 부리면서 게이츠재단과 넷플릭스가 각각 1억 달러를 약속했다.[43] 페이스북 CEO 마크 저커버그Mark Zuckerberg는 바이러스 치료제 개발에 2,500만 달러를 내놓았다.[44] 이런 액수도 방대한 기업 자산을 고려하면 푼돈이다. 나이키의 주가는 팬데믹 기간에 급등해, 2020년 말에는 시가 총액이 37퍼센트 증가한 2,155억 달러에 이르렀다.[45] 팬데믹이 시작된 이후 2020년 말까지 마크 저커버그의 개인 자산은 370억 달러 증가했다.⁴⁶ 어느 경우든 코로나19가 끼친 보건 분야 문제와 경제적 영향을 해결하는 데 필요한 금액을 고려하면 기업의 기여는 극히 미미했다. 초기의 분석은 코로나 관련 문제 해결을 위한 금액이 미국에서만 최소 5조 달러가 될 것으로 추산했다.⁴⁷ 그게 전부가 아니다. 평등운동가 루크 힐디어드Luke Hildyard가 그 당시에 말했듯, 그때 이루어진 기부의 유형은 기부자의 관대함을 과대포장하는 역할을 할 수 있었다. "개인적으로 내는 후한 기부금은 전반적으로 부자들의 자선 기부가 매우 미미하다는 사실을 가려버릴 수 있다. 실제로 연구에 따르면, 가난한 사람들이 부자들보다 소득 대비 많이 기부하는 것으로 나타났다."⁴⁸

깨어있는 척하는 것과는 상관없이, 코로나19는 억만장자 계층에게는 은혜로운 기회였다. 노동자들이 실직, 고용 불안, 임금 정체로 고통받는 사이에 상위 1퍼센트의 사람들은 돈을 쓸어 담았다.⁴⁹ 국제자선단체 옥스팜은Oxfam은 이를 '팬데믹 폭리 취득'이라 부른다.⁵⁰ 그들은 다음과 같은 결론에 이르렀다.

코로나19 팬데믹으로 미국 내 수천만 명이 일자리를 잃고 공공 서비스가 파괴되고 수많은 중소기업이 파산하는 등 우리 경제 시스템이 낳은 심각한 체계적 불평등과 엄청난 실패가 고스란히 드러났다. 그러나 우리가 대공황 이후로 가장 심각한 경기 침체에 직면한 사이, 일부 기업은 극적인 초과 수익을 거둬들이고 있다. [······] 코로나19는 우리가 하나의 사회로서 해야 할 선택을 제시한다. 이미 부유하고 연줄 좋은 이들에게 경제적 자원을 계속 분배할 것인가, 아니면 코로나19에 맞서 100년에 한 번 있는 싸움과 그것이 초래하는 불평등에 이 돈을 재배치할 것인가?[51]

엄청난 승리자들이 나왔다. 2020년 3월부터 6월 사이에 아마존 창업자 제프 베이조스Jeff Bezos의 자산은 480억 달러 증가했다. 그 밖에도 상당한 혜택을 받은 이들로는 72억 달러를 벌어들인 테슬라의 일런 머스크Elon Musk, 157억 달러를 횡재한 마이크로소프트의 전 CEO인 스티브 발머Steve Ballmer 등이 있다.[52] 『포브스Forbes』가 집계한 그해의 세계 억만장자 명단에 오른 634명의 자산은 2020년 3월에서 4월 사이에 6,850억 달러 증가했다. 이는 약 25퍼센트 증가한 것으로, 무려 3조 7,000억 달러에 이른다.[53] 전반적으로 코로나19 시기에 전 세계 억만장자의 수는 2,189명으로 늘었고, 이들의 총자산액은 이전의 모든 기록을 깨뜨렸다.[54] 그러는 동안 노동자들은 점점 더 많은 빚을 지게 되면서 전 세계적으로 불평등이 확산되었다.[55]

여기서 진실은 코로나19로 수많은 노동자의 경제적 안녕과 안전이 황폐해지는 동안 이른바 깨어있는 자본가들은 엄청난 이익을 얻었다는 것이다. 이는 반동적 보수주의자들이 비난하는 것처럼, 깨어있는 자본가들이 가면을 쓴 사회주의자가 아님을 말해준다. 오히려 깨어있는 자본가들은 현대 자본주의가 지닌 매우 현실적이고 위험한 측면을 대표한다. 억만장자들은 진보적 대의에 귀를 기울임으로써 빠르게 기업 포퓰리스트가 되고 있으며, 대중 정서가 바뀌고 있다고 생각되면 그것에 호소하려 한다. 점점 더 많은 대기업 CEO들이 선량하고 사회적으로 책임감 있는 시민으로서 자신을 자리매김하고 싶어한다. 이런 가식은 완벽한 주의 분산시키기다. 점점 심해지는 불평등과 소득 불안에 허덕이는 세계에서 자신들의 부가 늘어나는 동안, 이들 CEO 억만장자는 진보적 가치를 깊이 고려한다고 공언하면서 자랑스럽게 서 있다. 코로나19가 불러온 대대적인 파괴의 중심에는 전 세계 수많은 노동자를 덮친 갑작스러운 실업이 있었다. 그 많은 사람이 겪은 경제적 재앙을 해결하기 위해 깨어있는 기업들은 어디를 바라보고 있었는가? 사람들을 일터로 돌려보내기 위한 새로운 고용 형태를 구축하는 작업에서 그들은 무엇을 했는가? 아무것도 하지 않았다. 좌파인 것처럼 들리는 상투어를 말하고 몇 가지 형식적인 기부를 하는 편이 훨씬 쉽다.

대기업과 억만장자 소유주, CEO들이 노력을 기울여 막대한 재정적 이익을 얻는다는 것은 그들이 옹호하는 사회 정의 의제와는 얼핏 상충하는 것처럼 보일 수 있다.[56] 어쨌거나 불평등은 우리 시대의 가장 심각한 사회적·정치적 문제 중 하나다.[57] 그러나 조금 더 깊이 들여다보면 거기에는 아무 모순이 없다. 포퓰리즘적인 깨어있는 자본주의의 중심 특징은 확대되는 경제적 불평등을 통해 이익을 얻으면서도 진보적인 정치 견해에 호소한다는 점이다. 나머지 부류의 포퓰리즘이 다 그렇듯 깨어있는 자본주의는 사람들의 불안감에 호소한다. 이 경우는 이기적이고 탐욕스러운 기업 엘리트들이 자신들을 위해 세계의 부를 쌓으면서, 그 과정에서 불타는 지구를 약탈하고 있다는 불안감이다. 이런 호소가 실제로 깨어있는 자본가들이 책임을 모면하는 데 도움이 된다는 것은 씁쓸한 아이러니입니다. 이해관계자 포용, 공유가치, 더불어 사는 자본주의 등등의 말들은 최근 좌파 성향의 기업들이 하는 헛소리라는 오해를 많이 사곤 한다. 그러나 사실은 그 반대다. 기업 포퓰리즘은 현재 벌어지고 있는 일에서 관심을 돌리게 하려는 양동작전이다. 코로나19는 기업 목적을 옹호하는 것이 불평등의 해악을 억제하는 데 아무 역할도 하지 못한다는 점을 크게 부각했다. 오히려 상황을 더욱 악화시켜, 기업 포퓰리즘을 채택한 이들이 얼굴 가득 미소를 띠고 은행에 가는 동안 나머지 사람들을 구빈원으로 보내버린다.

2019년 비즈니스 원탁회의Business Roundtable(미국의 거물 CEO 클럽)는 기업의 목적이 근본적으로 바뀌었음을 선언하는 것이 타당하다고 생각했다. 이제 주주 우선주의에 구속받지 않는 CEO들은 근본적으로 모든 '이해관계자', 즉 "고객, 직원, 공급업체, 지역사회, 주주 등"에게 헌신하고 있었다.[58] 과연 그랬을까? 바로 이 CEO들이 코로나19 위기를 타개하는 데 도움을 주기 위해 어떤 유의미한 방식으로도 나서지 못했다는 점은 원탁회의의 낙관적 선언이 얼마나 빈약했는지를 보여준다. 그들이 그 위기를 이용해 자기 주머니를 채웠다는 말은 차라리 잔인하고 이기적인 농담이다. 힘든 시기가 닥치자 오히려 기업들은 납세자들의 주머니에서 나온 정부의 코로나바이러스 긴급 구제금을 기대하며 돈이 없다고 우는소리를 하면서 전 세계에서 줄을 서고 있었다.[59] 수십 년 동안 신자유주의 교리는 기업 규제, 복지, 교육과 관련해 작은 정부를 고집함으로써 기업에 특권을 부여해왔다. 신자유주의의 여물통에서 맹렬하게 배를 채웠던 이들이 (기업) 복지의 맨 앞줄에 서게 되면 악의적인 사리사욕은 더욱 기승을 부린다.

코로나19 위기가 불러온 대량 해고와 실업률 급증은 기업의 우선순위가 어디에 있는지 보여주었다. 애플, 존슨앤드존슨, 유니레버 같은 기업이 생존을 위해 분투하는 소규모 경쟁업체를 인수한 일은 현금 자산이 많은 기업의 독점력이 강화될 위험을 확연히 드러냈다.[60] 세계가 시름시름 앓을수록 더 많은 권력을 얻으려고 혈안이 된 최상층의 기업들은 코로나19에 대처할 뿐 아니라 이제 다른 미래를 계획해야 하는 시기를 맞았다. 코로나19의 습격은 신자유주의 실험이 세계를 위기에 대비시키는 데 실패했음을 분명히 보여주었다. 기업들은 자신들의 사회적 신뢰도와 정치적 올바름에 대해 떠드는 걸 좋아하는지 몰라도, 시절이 힘들어지면 그들의 모습은 어디에도 보이지 않는다.

코로나 위기 내내, 우리는 더 좋게든 더 나쁘게든 시민의 미래 복지를 위한 조건을 마련하는 과정에서 기업과 시장은 후퇴하고 선출된 정부가 복귀하는 장면을 목격했다. 코로나19에서 배운 교훈은 시민을 위해 사회적으로 주도되는 민주주의 회복의 미래 건설로 다시 돌아가야 한다는 것이다. 코로나19라는 암흑기에, 아쉬울 때만 친구인 척하는 이들의 변덕에 운명을 맡기지 않는 공동 번영 속에서 희망을 회복해야 할 필요성이 제기되었다.

  2020년은 우리에게, 깨어있는 자본주의가 민주주의의 이념과 실천 모두에 실질적인 뚜렷한 위협이 되는 위험한 추세임을 보여주었다. 기업의 권력과 영향력이 점점 더 우리 삶을 파고들고 있는 만큼, 우리는 그들의 호의를 꼼꼼하게 따져보는 한편 기업과 억만장자들이 시민의 도덕적·정치적 삶을 주도할 수 있고, 그렇게 할 것이며, 그렇게 해야 한다는 주장이 어떤 실질적 효과를 불러오는지 질문해야 한다. 그들의 선물을 거절하는 것이 쉽지는 않겠지만, 그렇더라도 거기에 어떤 대가가 따를지 질문할 필요가 있다. 그 질문에 대한 답이 기업의 정의로움이라는 파우스트식의 거래이며, 그에 따라 부자들이 우리에게 주기로 결정한 선물과 우리의 민주적 자치권을 맞바꾸는 것이라면, 그렇다면 지금은 깨어있는 자본주의에 저항해야 할 때다.

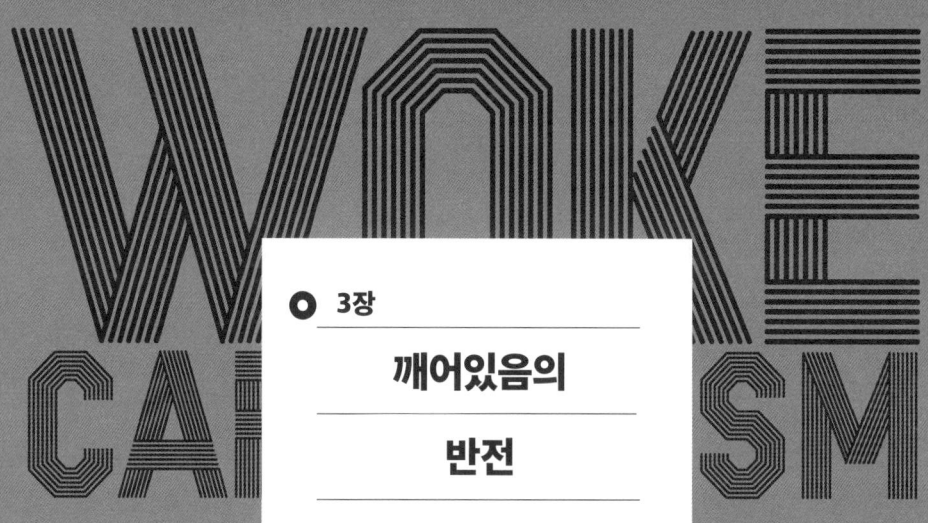

3장
깨어있음의 반전

그래미상 수상자인 미국의 R&B 뮤지션 에리카 바두Erykah Badu 는 '깨어있는'이라는 단어를 오늘날과 같은 용법으로 소개한 것으로 널리 알려져 있다. 『뉴요커The New Yorker』지가 '소울의 대모'로 칭한 바두는 음악계에서 수백만 장의 음반을 판매한 기록으로는 물론 성공과 창의적 독립성을 자처하는 역할 모델로서 오랜 지위를 누리고 있다.[1] 바두의 노래 중 특히 유명한 곡이 2008년 2월 발매된 네 번째 앨범 〈뉴 아메리카 파트 원(4차 세계대전)New Amerykah Part One(4th World War)〉 중의 '마스터 티처Master Teacher'다. 이 노래는 때때로 절망을 느끼지만, "내가 찾고 있는 아름다운 세상"을 간절하게 주장하는 한 여성의 시련을 이야기한다. 그녀는 "당신은 아기를 먹여 키울 돈이 없"고, "전도사가 당신에게 거짓말을 하고 당신 엄마를 속이고" 등 어려움이 많다고 말한다.

가난과 속임수, 인종차별이 없는 세계, 이런 꿈을 꾸는 내내 바두는 자신이 되고 싶은 모습에 대한 확신을 반영하듯 "나는 내내 깨어있어요"라는 구절을 반복해서 부른다. 나중에 바두는 이렇게 설명했다. "우리가 말하는 그것[깨어있음]이란 주변에서 일어나는 일에 주의를 기울이고, 언론이나 성난 폭도들, 또는 집단에 쉽게 흔들리지 않는다는 의미다. 다시 말해 계속 집중하고, 주의를 기울이라는 뜻이다." 깨어있음은 다른 사람들을 판단하는 것이 아니라 개인의 의식에 관한 것이라고 단호하게 말했던 바두는 2010년 말에는 그 의미가 변질되어 정의로움을 남용한 형태를 가리키는 말이 되었다고 인정했다.[2]

바두는 "내내 깨어있다"는 구절을 가사에 넣음으로써, 개인이 처한 사회정치적 맥락에 대한 전반적인 인식을 가리키기 위해 깨어있음의 은유를 사용해온 미국 흑인 문화의 오랜 전통에 합류했다. 이번 장은 깨어있음이 1960년대 미국 민권운동에서 생겨나 이후 2013년 '흑인의 생명은 소중하다' 운동을 타고 대중화된 역사의 일부를 추적해본다. 또한 2010년대 중반부터 주류 언어에 흡수된 이후 깨어있음의 의미가 반전되어 정치적으로 올바른 도덕성이라는 김빠진 관념을 몰아세우는 말이 되어버린 과정을 짚어본다. 깨어있는 자본주의라는 용어가 진보적 정치문제에 관한 공적 입장을 채택하는 기업계를 대체로 부정적으로 가리키게 된 것은 바로 이 후자의 의미에서다.

마틴 루터 킹Martin Luther King은 「나에게는 꿈이 있습니다」라는 유명한 연설을 하고 난 2년 후인 1965년, 오벌린칼리지에서 연설하면서 민권 논쟁에서 이기기 위해서 무엇을 해야 하는지 설명했다. 이 연설은 '위대한 혁명 내내 깨어있기'라고 불렸다.[3] 킹은 워싱턴 어빙Washington Irving의 단편소설 「립 밴 윙클Rip van Winkle」을 거론했다. 1819년에 출간된 이 책은 미국 혁명을 배경으로 하고 있는데,

킹은 이렇게 설명했다.

립 밴 윙클이 산속에 들어갈 당시 표지판에는 영국 왕 조지 3세의 그림이 있었습니다. 20년이 지나서 그가 내려왔을 때 표지판에는 미국의 초대 대통령 조지 워싱턴의 그림이 있었습니다. 립 밴 윙클은 조지 워싱턴 그림을 보고 깜짝 놀랐습니다. 그리고 도무지 이해할 수 없었습니다. 그는 자신이 누구인지 알지 못했습니다.

이 이야기에서 킹은 누군가는 자신을 둘러싼 중요한 사회적·정치적 변화를 인식하지 못할 수 있고, 그럼으로써 정체성의 감각 자체까지 잃을 수 있다는 주목할 만한 생각을 끌어낸다. 더 구체적으로 말해, 킹은 깨어있음을 사회 변화의 은유로 삼았다. 이는 민권운동에서 무슨 일이 벌어지고 있는지 기민하게 주의를 기울여야 한다고 청중에게 조언하는 방법이었다. 킹은 "사회 변화의 중대한 시기를 살고 있음"에도, 일부 사람들은 "새로운 상황이 요구하는 새로운 태도, 새로운 정신적 반응을 계발하는 데 실패"한다고 했다. "그들은 결국 혁명 내내 잠을 자게" 된다.

그 후 수십 년 동안 깨어있음에 담긴 정치적 의미는 꽤 안정적으로 유지되었지만, 문화적으로 폭넓게 유포되지는 않았다. 그럼에도 미국 흑인의 대중문화에서는 여전히 등장하곤 했다. 극작가 배리 베컴Barry Beckham이 1971년 발표한 희곡이자 자메이카 태생의 정치 행동가 마커스 가비Marcus Garvey를 다룬 「가비는 살아 있다!Garvey

Lives!』에서, 등장인물 배리 베컴은 이렇게 말한다. "나는 평생을 잠자고 있었어요. 그런데 지금 가비 씨가 나를 깨어나게 했고, 앞으로 난 계속 깨어있을 겁니다. 가비 씨를 도와서 다른 흑인들을 깨울 겁니다."⁴ 이 말은 가비가 1차 세계대전 이후 발표한 글들, 즉 흑인의 단결, 백인 지배로부터의 해방과 재정적 독립을 옹호한 글을 가리키는 것이다.⁵

몇 년이 지난 1975년에 R&B 그룹 헤럴드 멜빈 앤드 더 블루 노츠Harold Melvin and the Blue Notes의 히트 앨범에 수록된 테디 펜더그래스Teddy Pendergrass의 노래 〈모두를 깨워요Wake Up Everybody〉는 이와 비슷한 정치적 입장을 표현했다. 펜더그래스는 혼을 담은 부드러운 진심으로 이렇게 노래한다. "모두를 깨워요······." 그리고 우리, '당신과 내가' 바꾸지 않으면 세상은 바뀌지 않을 거라고 한다. 이렇듯 '깨어있음'의 용법은 수십 년 동안 비교적 휴면 상태로 유지되고 있었지만, 미국 흑인 문화의 유산을 고려할 때, 2013년에 시작된 '흑인의 생명은 소중하다' 운동의 한 구호로서 '깨어있는'이라는 용어가 부활한 것은 적절해 보인다. 역사학자이자 행동가인 바버라 랜즈비Barbara Ransby는 '흑인의 생명은 소중하다'가 경제적·인종적 정의는 물론 그 둘 사이의 관계에 초점을 맞춘 진보적 좌파운동이라고 설명한다. 이 운동이 민주적이라고 규정되는 이유는 근본 목표로서 평등에 초점을 두고 있기 때문이다. 여기서 민주적이라는 말은 국가 제도인 민주주의를 뜻하는 것이 아니다. 그런 제도에 의문을 제기하고 개혁을 모색함으로써 정의와 평등을 추구하는 민주주의를 말한다. 랜즈비가 설명했듯이, '흑인의 생명은 소중하다' 운동은 "포용성, 비종파주의, 협력이라는 근본적으로 민주적인 충동"에서 희망을 제시했다.[6]

'흑인의 생명은 소중하다' 운동은 플로리다 주 샌퍼드에서 17세 소년 트레이번 마틴Trayvon Martin이 비극적으로 사망한 사건의 여파로 일어났다. 2012년 2월 26일, 마틴은 세븐일레븐 편의점에서 아이스티 한 병과 스키틀스 사탕 한 봉지를 샀다. 근처에 사는 아버지 약혼녀의 어린 아들에게 선물로 줄 생각이었다. 몇 분 후, 동네 자경단 역할을 자처한 민간인 조지 짐머맨George Zimmerman이 마틴의 가슴에 총을 쏘았다. 그 사건이 있기 몇 분 전, 짐머맨은 검은색 후드 티를 입고 있는 마틴이 '의심스럽다'며 경찰에 신고한 터였다. 그 후 짐머맨이 마틴의 뒤를 쫓다가 두 사람은 몸싸움을 벌이게 되었고, 짐머맨은 무장하지 않은 마틴에게 치명상을 입혔다.[7]

짐머맨은 6주나 지난 후에야 2급 살인 혐의로 체포되었고, 세간의 큰 이목을 끌며 1년 반 동안 재판을 받았다. 언론은 이 사건을 대대적으로 보도했고, 정치인들과 유명인사들도 대거 논쟁에 가세했는데, 언론은 후드 티를 입은 흑인 청년을 콕 집어 '의심스럽다'며 특별히 주의하는 인종 정치를 집중 조명했다.[8] 재판은 엄청난 관심을 끌었고, 당시 미국 대통령 버락 오바마도 한마디 했다. "이 소년을 생각할 때면, 내 아이들이 떠오릅니다. […] 만약 저에게 아들이 있다면, 트레이번 마틴처럼 생겼을 것입니다."[9] 오랜 재판이 끝난 2013년 7월 13일, 백인 여성 다섯 명과 히스패닉계 여성 한 명으로 구성된 배심원단은 2급 살인이나 과실치사에 대해 짐머맨의 유죄를 입증할 증거가 충분하지 않다고 평결했다. 법정 밖에서는 시위대의 외침이 울려 퍼졌다. "정의 없이 평화 없다!"[10]

'흑인의 생명은 소중하다' 운동에 대한 지지는 계속되었다. 선고가 내려지고 불과 8일 후인 7월 21일, 미국 전역의 100여 개 도시에서 사람들이 시위를 벌였다. 뉴욕에서는 마틴의 어머니 시브리나 풀턴Sybrina Fulton과 함께, 유명 음반 아티스트인 제이지와 비욘세, 민권운동 지도자 알 샤프턴Al Sharpton이 참여했다. 이들은 "정의 없이 평화 없다", "내가 트레이번 마틴이다"라고 외쳤다. 마틴의 아버지는 마이애미 시위에 참여했다. 그는 시위대를 향해 "조지 짐머맨이 재판을 받은 게 아니라 트레이번이 재판을 받았다는 것을 깨닫게 되었다"라고 말했다.[11]

오바마 대통령은 백악관 연설 기회를 이용해 이 문제를 다시 언급했다.

아시다시피, 트레이번 마틴이 처음 총에 맞았을 때 저는 이 소년이 제 아들이었을 수 있다고 말했습니다. 그 말을 이렇게 달리 해보죠. 트레이번 마틴은 35년 전의 저였을 수 있습니다. [······] 그리고 적어도 여기서 벌어진 일과 관련해 왜 그렇게 많이들 고통스러워하는지 생각한다면, 아프리카계 미국인 공동체는 수많은 경험을 바탕으로, 아직 과거가 되지 않은 역사를 통해 이 문제를 바라본다는 점을 깨닫는 것이 중요하다고 생각합니다. [······] 길을 건너다가 딸깍하며 자동차 문 잠그는 소리를 들어본 적이 없는 흑인 남성은 거의 없습니다. 저에게도 그런 일이 있었죠. 적어도 상원의원이 되기 전에는요.[12]

미국 내 인종관계의 현실이 충격적일 정도로 적나라하게 드러난 시기에, 오바마는 이 성명으로 전국을 분열시키는 논쟁에 가담함으로써 워싱턴의 많은 사람을 놀라게 했다. 오바마의 발언은 특히나 놀라웠다. 그가 대통령으로 재임하는 동안 미국의 인종차별 문제를 해결하기 위해 한 일은 거의 없었다. 그는 임기 동안 사실상 인종 구별을 의식하지 않는 접근방식을 선호하면서, 흑인 수감 문제부터 경찰 폭력에 이르기까지 인종차별 문제를 압박하는 행동은 취하지 않았다.

민주적 지식인 코넬 웨스트Cornel West는 짐머맨이 무죄 방면된 후 나온 오바마의 공개 성명에 대해 통찰 있고 거침없는 비판을 내놓았다. 웨스트는 오바마가 미국 흑인으로서 트레이번 마틴과 어느 정도 동일시할 수 있다는 것은 괜찮은 일이라고 선언했다. 그러나 그는 더 중요한 질문을 던졌다.

그 동일시가 너무도 소중하고 가난한 흑인과 갈색인 형제 두 세대를 파괴하다시피 했던 사법제도의 존재 사실을 숨기고 은폐해줄까? 지금까지 그는 한마디도 한 적이 없다. 임기 5년차이면서 새로운 짐 크로 법에 관해서는 아무 말도 못 한다. 그리고 그런 동시에 그가 흑인 빈곤층을 범죄자 취급하는 그 체계를 숨기고 은폐할 수 있었음을 우리는 인정해

야 할 것이다.[13]

행동가 대니 하이퐁은 「블랙 어젠다 리포트」에 글을 쓰면서, "오바마는 '흑인의 생명'을 위한 운동 덕에 치안과 교도소가 전국적인 스포트라이트를 받게 되자 비로소 관심을 갖기 시작했다"는 사실을 확인시켜주었다. 사실상 마틴의 죽음에 대한 대중의 반발은 대통령조차 내내 침묵했던 사안에 관해 이제 더는 침묵할 수 없게 되었다는 뜻이었다. 오바마가 마음을 바꾼 것인지, 아니면 그냥 더는 참을 수 없었는지는 중요한 문제가 아니다. 다만 그가 워싱턴의 공식 정치권이 아닌 시민사회의 행동주의 정치가 주도한 여론 변화에 대응하고 있었다는 사실은 무시할 수 없다. 오바마가 리더십을 발휘한 것이 아니라, 행동가들과 시위대가 열심히 싸워 일으킨 여론의 물결에 굴복한 것이었다.[14] 변화는 일어나고 있었고 대통령은 이에 대응해야 했다. 코넬 웨스트의 설명에 따르면, 설사 그 대응이 "가난한 사람들, 특히 흑인과 갈색인에 대한 전반적인 학대"가 불러일으킨 "분노를 억제하기" 위한 것이었다고 해도 말이다.[15]

캘리포니아의 오클랜드에서는 짐머맨의 무죄 방면과 관련해 전혀 다른 정치적 반응이 일어나고 있었다. 텔레비전 뉴스에서 그 소식을 들은 알리시아 가자Alicia Garza는 페이스북에 '흑인들에게 쓰는 연애편지'라고 묘사된 글을 올렸다. "흑인 여러분, 나는 당신들을 사랑합니다. 나는 우리를 사랑합니다. 우리의 생명은 소중합니다." 그녀의 친구 패트리스 컬러스Patrisse Cullors는 그 메시지를 따와 '#BlackLivesMatter'라는 해시태그를 덧붙여 이 글을 공유했다. 이 두 여성은 오팔 토메티Opal Tometi와 함께 미국이 아프리카계 미국인들의 목소리에 귀를 기울이도록 만들기 위한 계획을 세웠다. 계획은 성공적이었다! 그들은 텀블러와 트위터 계정을 만들었고 수많은 사람이 그 계정을 이용해 왜 흑인의 생명이 소중한지 각자의 경험을 공유하고 증언하는 한편, 시위를 조직했다. '흑인의 생명은 소중하다' 운동은 소셜 미디어의 힘을 활용하면서, 제도화된 인종차별에 맞서 정치적 각성과 연대를 위한 본거지로 떠오르기 시작했다.

2014년 8월 9일, 미주리 주 퍼거슨에서 또 다른 아프리카계 미국인 소년 마이클 브라운Michael Brown이 비무장 상태에서 총격을 당해 사망하는 사건이 있었다. 그 후 미국 내의 인종적 긴장은 감정적으로 더한층 고조되었다. '#흑인의생명은소중하다'는 현재 벌어지고 있는 일에 관해 공식적인 기업 미디어가 아닌 경로로 정보를 얻을 수 있는 수단으로서 계속 동력을 키워나갔다.[16] 퍼거슨에서 있었던 사망 사건 이후 시위는 폭동으로 변했고, 압력이 고조되면서 '#흑인의생명은소중하다'는 시위대를 단합시키던 구호에서 이제 아프리카계 미국인이 직면한 불의, 특히 경찰이 행하는 폭력과 불의에 저항하는 사회운동으로 변모했다. '흑인의 생명은 소중하다'는 전국적인 규모의 시위를 적극적으로 계획하고 조직한 하나의 운동이었다.[17] 가자와 컬러스, 토메티는 '흑인의 생명은 소중하다' 웹사이트에서 이렇게 회상한다.

전국에 걸쳐 블랙 파워를 계속 조직하고 구축해야 한다는 것이 분명해졌다. 사람들은 흑인에 대해 국가가 승인한 폭력을 종식시키기 위해, 퍼거슨 시위 조직자들과 그 협력자들이 하던 것과 같은 방식으로 자신들의 지역사회에 활력을 불어넣기를 갈망하고 있었다. 얼마 후 우리는 '흑인의 생명은 소중하다 글로벌 네트워크' 인프라를 만들었다. 그것은 일련의 지침을 가진, 적응형 탈중앙화 방식의 네트워크다. 우리의 목표는 새로운 흑인 지도자 양성을 지원하고, 흑인들이 우리 공동체 내에서 우리 운명의 결정권은 우리에게 있다고 느끼는 네트워크를 창조하는 것이다.[18]

'흑인의 생명은 소중하다' 운동에는 또 하나의 중요한 해시태그가 있었는데, 5년 전 에리카 바두가 노래한 "내내 깨어있어요"라는 가사에서 비롯된 것이었다. '#StayWoke'(깨어있으라)는 그 운동의 정치투쟁에서 연대감을 확인하는 방법이 되었다. '#깨어있으라'의 의미를 문화적으로 추적하면 마틴 루터 킹 주니어의 "위대한 혁명 내내 깨어있기" 연설까지 올라갈 수 있었다. 이는 아프리카계 미국인들에게 "당신 주변에서, 또 사회에서 일어나는 일을 살피기, 더 구체적으로는 정치적으로 깨어있거나 의식하기"를 호소하는 정치의식을 가리키고 있었다.[19] 더욱 정확하게는 "백인 우월주의의 장치를 의식하고, 경찰 폭력에 관한 공식적인 해명을 그대로 받아들이지 말고, 안전하게 지내라"라는 의미였다.[20]

깨어있다는 관념은 곧 미국 주류 문화의 일부가 되었다. 미국방

언협회American Dialect Society는 'woke'를 2016년 올해의 속어로 선언하면서 "아프리카계 미국인들이 오랜 기간 사용한 단어로서 그 지위"를 언급했다.[21] 그들이 내린 정의는 다음과 같았다. "특히 사회 정의와 인종 불평등 문제와 관련해 의식이 있으며, 그 문제를 인지하거나 계몽된; 깨어있는 상태의."[22] 같은 해 woke라는 단어는 MTV가 선정한 "2016년에 알아야 할 열 개의 단어" 목록에 올랐다. 여기서는 더욱 일반적인 정의를 제시했다. "인지하고 있는, 특히 시사 사건이나 문화적 주제와 관련해 의식이 있는."[23]

  이 단어의 주류화는 2015년 웹사이트 '버즈피드Buzzfeed'가 인기 텔레비전 시리즈 〈오렌지 이즈 더 뉴 블랙Orange is the New Black〉의 출연 배우 맷 맥고리Matt McGorry를 "매우 베이스럽고 매우 깨어있는" 사람으로 소개하는 기사를 발표하면서 특히 확실해졌다. 혹시 '베이bae'라는 단어가 낯설다면, 여자친구나 남자친구, 더욱 일반적으로는 성적으로 매혹적인 사람을 가리키는 21세기 초의 속어다. 맥고리가 왜 깨어있는 베이였을까? 그가 굉장히 매력적이어서만은 아니다. 그는 '흑인의 생명은 소중하다' 운동에 공개적인 지지를 표명했고, 『코스모폴리탄Cosmopolitan』에 페미니스트가 된다는 것에 관해 글을 썼으며, 이성애자 백인으로서 자신이 누리는 특혜를 인정했다.[24] 2016년 카라 브라운Kara Brown은 페미니스트 웹사이트 '제저벨Jezebel'에 "가장 멋지고 가장 깨어있는 모습을 보여준 남성들"을 나열하고 설명하는 일련의 글을 올렸다.[25] 여기 오른 '베이들'은 인종차별을 비난하고, 다양성을 지지하며, 여성의 권리를 공개적으로 알리는 이들이었다.

　깨어있음을 언급하는 이런 예들은 비록 조금은 경박한 방식이기는 해도 '흑인의 생명은 소중하다' 운동에서 나왔던 원래의 의미에 충실했다. 그러나 체계적인 인종주의와 인종차별적 폭력에 대해 아프리카계 미국인들의 정치적 각성과 단결을 상징하던 '#깨어있으라'는 머잖아 미국 사회 전반에서 전혀 다른 목적으로 전용되기 시작했다. 처음에는, 깨어있으라는 외침이 아프리카계 미국인에 대한 인종차별과 경찰 폭력에 국한되기보다는 전반적인 사회 불평능에 대한 의식을 의미하는 것으로 확대되었다. 그러나 2015년과 2016년쯤에 들어서 '깨어있는'이라는 용어는 정치적 사안에 대해 저 혼자 옳다는 독선적 입장을 자랑하는 사람들, 특히 백인을 비판하는 데에도 쓰이고 있었다.[26]

　이 용어의 용법은 엘리트들의 정치적 위선을 지적하는 기존의 문화적 추세에 기반하고 있었다. 예를 들어 데이비드 브룩스David Brooks는 2000년에 출간한 책 『보보스: 디지털 시대의 엘리트*Bobos in Paradise*』[27]에서 보헤미안의 가치와 부르주아의 가치를 결합한 새로운 계급의 사람들을 목격하고 이를 익살스럽게 묘사한다. 브룩스에 따르면, 21세기에는 기존 가치 체계와 생활방식을 거부하는 대항문화counter-culture 히피와 자본주의적 성공이 함께 갈 수 있었다. 성공을 갈망하는 새로운 유형의 사업가들은 부의 축적 능력을 더욱 높이기 위한 수단으로서 창의적인 보헤미안 전통에 눈을 돌렸는데, 브룩스가 보기에 이는 정치적이라기보다는 문화적이었다. 이들 보우스는 정치분석가 토머스 프랭크Thomas Frank가 규정한 이른바 '쿨의 정복conquest of cool'의 정점을 찍었다. 프랭크는 이 용어를 통해, 기업계가 그 자신의 경제적 의제와 정치적으로 보수적인 의제들을 추진하기 위해 1960년대부터 문화적으로 급진적인 성향을 점차로 채택하게 된 과정을 보여준다. 프랭크는 1997년에 발표한 그 책에서 이렇게 설명했다.

> 나이키 신발은 윌리엄 S. 버로스William S. Burroughs의 글귀, 비틀스와 [펑크의 대부로 불리는] 이기 팝, 길 스콧 헤론의 노래(《혁명은 텔레비전에 중계되지 않을 거예요》)를 곁들여 판매된다. R. J. 레이놀즈가 생산한 담배들, 전국 스타벅스 커피숍의 벽과 창문은 평화의 상징으로 장식된다. 애플, IBM, 마이크로소프트의 제품은 해방의 장치로서 광고된다. 제품 카테고리 전반에 걸친 광고는 소비자에게 규칙을 어기고 자기 자신을 찾으라고 촉구한다.[28]

브룩스와 프랭크가 짚어낸 것은 1960년대의 대항문화가 효과적으로 탈정치화됨으로써 기업과 중산층 친화적 유행으로서 채택될 수 있었던 방식이다. 사실상 이전 시대의 반항성과 비순응주의가 기업 주도의 소비자 사회에 완전히 흡수된 것이다. 그렇게 해서 문화적 반란은 이제 대기업이 상품을 팔면서 강조하는 근사한 셀링 포인트로 전락하고 말았다.[29] 여기서 '깨어있는'이라는 용어가 채택된 것은 특히 쿨함이 정치적 진보주의와 연관되었을 때 '쿨의 정복'

에 대한 문화적 인식과 저항을 말해준다. 어떤 개인이나 기업을 가리켜 깨어있다고 지적하는 것은 곧 그들의 의도가 진실하지 않다거나, 특정 정치 견해를 견지함에 있어 무지하게 조종당했다고 말하는 방식이다.

어떤 의미에서 보면, 반反깨어있음anti-wokeness의 등장은 적어도 좌파 정치가 그 쿨함의 일부로 여겨지는 한에서는 쿨의 정복에 대한 반발이었다. 반깨어있음은 좌파적 입장을 전용하고 희석한다는 점에서 일거양득의 효과가 있다. 첫째로는 진보 정치의 가치가 축소되는 효과가 있는데, 개인이든 기업이든 유행에 따라 피상적으로 그 가치를 채택할 수 있는 것처럼 여겨지게 되기 때문이다. 둘째로는 진보 정치의 진실한 기반이 반대자들에게 비방받을 수 있다. 이들은 부분적으로든 시늉으로든 진보적 견해를 채택하는 사람들을 비판한다(또는 그런 견해를 옹호하는 누구든 비슷하게 진정성이 없을 것이라고 주장한다).

그런 반동적인 입장을 묘사하는 데 왜 '깨어있는'이라는 용어가 쓰였는지는 명확하지 않다. 그러나 우리가 아는 것은 그것이 미국 흑인 문화에서 주류 문화로의 문화적·언어적 전파라는 오랜 역사적 흐름을 따른다는 점이다. 일라이저 왓슨Elijah Watson이 설명하는 것처럼 "흑인이 창조한 모든 것이 그렇듯, 그 표현은 대중에게 전용되면서 유행어로 변모했다가 결국 밈으로 변이되어 아이러니의 한 형태가 되었다."[30] 소셜 미디어는 그 단어를 세계적으로 전파하는 데 중요한 역할을 했다. 2014년이 되자 '깨어있는'이라는 단어는 '흑인의 생명은 소중하다' 운동 밖에서도 정치적 입장을 가리키는 말로 쓰이기 시작했다. 정치적 경계심을 뜻하는 그 의미는 여전히 남아 있었던 반면, '#모든생명은소중하다#AllLivesMatter'와 같은 반동적 정치 발언에는 물론 사소하다 할 수는 없어도 아주 중요하지 않은 사안[31]에도 냉소적으로 적용되었다. 여기에는 기업이 중요한 역할을 했는데, 행동가이자 문화비평가인 샘 화이트아웃Sam Whiteout은 이렇게 평했다.

기업, 브랜드, 유명인사들은 특히 소셜 미디어 플랫폼에서 선행을 하는 것이 사람들에게 대단히 매력적으로 다가가고, 따라서 깨어있다는 것이 시장성과 수익성을 담보한다는 점을 인식하고 있다. 이른바 주류, 즉 백인 대중문화로까지 확장되는 것들이 다 그렇듯, 이는 복잡한 문제를 제기한다. 그리고 예상한 바와 같이, 깨어있음의 사회적 파급력을 활용해 선행을 하는 훌륭한 방식부터 깨어있음을 이용해 이익을 얻으려는 노골적이고 역겨운 시도까지 온갖 예가 있다.[32]

'깨어있음'을 통해 이익을 얻는다는 착상은 그 의미 전환의 열쇠였다. 근본적으로, 거대한 인종적 불의에 맞서 연대를 통한 자기 인식을 요구하는 정치적 외침인 '깨어있음'이 독선을 가리키는 정체성 지표로 변질된 것이다. 그것이 개인의 사욕이든 기업의 이익이든 간에, 깨어있음은 '나에 관한 모든 것'이 되었다.

초기의 대중화 단계를 벗어나자 2015년부터는 '깨어있는 사람들'

이라는 역설적 용법이 진보 정치를 비웃는 방식으로 등장했다. 우파 포퓰리즘이 '정치적 올바름'에 맞서, 또 미디어와 문화 산업의 특정 부분을 장악한 듯한 진보 정치의 지배력에 대항하는 플랫폼 위에서 스스로를 구축하던 시기에, '깨어있는'이라는 용어는 그야말로 악용하기 편리한 꼬리표였을 수 있다. 어떤 경우든 '깨어있음'의 의미 전도는 아프리카계 미국인들의 언어가 맥락을 벗어나 절대 의도치 않았던 목적으로 오용되는 뻔뻔스러운 문화적 전유의 한 형태다.

온라인 창작과 문화 플랫폼인 GRIOT에 쓴 기고문에서, 셀린 앵벨레치Celine Angbeletchy는 '깨어있는'이라는 단어가 그렇게 왜곡되고 잘못 해석될 수 있었던 것은 소셜 미디어를 통한 언어 확산 때문이라고 설명한다. 결국 그녀는 이런 질문을 던진다. "인터넷 시대는 대중의 '각성', 특히 인종주의, 역사적 인종차별과 관련한 각성을 촉발했는가, 아니면 평범하거나 우스꽝스러운 트렌드에 그 개념을 병치시켜 각성을 방해했는가?"[33] 대체로 후자가 진실일 것이다. 이는 엄청난 불행이다. 더 많고 더 다양한 사람들이 미국 인종 정치의 생생한 현실 인식에 참여할 기회는 계속 사라지고 있다.

알맹이 없이 정치적으로 올바른 도덕성을 비웃는 방편으로 '깨어있는'의 의미를 뒤집는 것은 원래 '#깨어있으라'가 지닌 민주적 잠재력을 노골적으로 왜곡하는 것이다. 원래와 반대되는 의미로 '깨어있다'고 비난받는 경우를 떠올려보면, 유명인사들의 예가 가장 대표적일 것이다. 이를 보여주는 놀랄 만한 예는 2020년 1월에 리키

저베이스Ricky Gervais가 골든 글로브 시상식 사회를 맡았을 때였다. 그는 할리우드의 포상이 누구에게 돌아갈지 알고 싶어 모인 유명인들을 향해 독설과 모욕을 날리는 식의 접근법으로 그 행사를 진행했다. 저베이스는 전혀 거침이 없었다. 그는 악명 높은 아동 성범죄자 제프리 엡스타인Jeffrey Epstein과 친한 유명인들의 우정을 두고 농담했다. 그는 할리우드 경영진이 자신들의 권력을 섹스에 남용했다는 사실이 밝혀질까 봐 두려워하고 있다고 이죽거렸다. 그리고 그 행사를 주최한 할리우드의 외국계 언론이 인종주의적이라며 비난했다. 그러더니 개막 연설을 끝내면서, 유명인사들이 깨어있는 위선자라며 이렇게 장광설을 늘어놓았다.

"여러분은 자신이 깨어있다고 말하지만, 여러분이 속한 회사가 깨어있는 겁니다. 정말 믿기 힘든 일이죠. 애플, 아마존, 디즈니가 깨어있다니 말입니다. 만약 아이시스에서 스트리밍 서비스를 시작한다면, 여러분은 에이전트에게 전화하겠죠, 아닌가요? 그러니 혹시라도 오늘 밤 상을 받는다면, 제발 이 무대를 정치 연설의 연단으로 삼지 말아주세요. 여러분은 어떤 일에 관해서든 대중에게 강연할 위치에 있지 않아요. 여러분은 현실 세계에 관해 아무것도 모르잖아요. 여러분 중 대다수는 그레타 툰베리보다 학교에서 보낸 시간이 적을 겁니다. 그러니 혹시라도 호명되면 무대에 와서 작은 상이나 받고, 에이전트와 신께 감사를 전하고 꺼져주세요."[34]

언론은 이 말을 냉큼 받아들이고는, 저베이스가 "깨어있는 거품을 터뜨렸"고,³⁵ "할리우드의 '깨어있는' 문화"를 폭로했으며,³⁶ "깨어있는 할리우드의 고결한 척하기"³⁷를 맹비난했다고 찬사를 보냈다. 저베이스에게 쏟아진 지지의 그 짙은 정치적 보수주의 색채는 주목할 만했다. 심지어 미국 복음주의 뉴스 매체인 『크리스천 포스트 The Christian Post』도 이에 동참해, "권력 앞에 용감하게 '진실을 말'하고 할리우드 엘리트의 위선적인 '깨인' 문화에 '엄청난 엿'을 먹인" 저베이스를 응원했다.³⁸ 이는 불과 몇 년 전 도널드 트럼프Donald Trump의 미국 대통령 당선을 응원했던 포퓰리즘 정신과 맥을 같이한다. 이 위에 더욱 일반적인 정치적 시대정신인 '우파적 무례함'이 결합하면, 다른 사람의 진보적인 정치 입장에 대해 거들먹거리며 악의적으로 모욕하는 행위가 바람직하지는 않더라도 사회적으로 용인될 수 있다는 생각으로 발전한다. 이런 행위는 진실 말하기의 한 형태로서 옹호되므로, 깨어있음에 반감을 가진 우파는 표현의 자유란 곧 자신과 의견이 다른 사람들을 공격할 자유라고 해석한다.³⁹

이를 가장 극명하게 보여주는 논평은 영국의 방송인이자 저널리스트인 피어스 모건Piers Morgan이 한 말일 것이다. 모건은 반동적이지는 않더라도 보수적인 정치관으로 유명한데, 영국의 우파 타블로이드지 『데일리 메일The Daily Mail』에 실은 글에서, 깨어있는 척하는 할리우드의 무리를 공격한 저베이스에게 축하를 보냈다. 그는 저베이스가 주먹을 날려 "정치적 올바름에 미쳐 오늘날 할리우드를 감염시키고 있는 터무니없는 두 얼굴의 풍선에 거대한 분화구"를 낸 일을 기쁘게 언급했다. 모건에 따르면, 깨어있는 문화는 그 정치적 입장으로 비난받아 마땅했고, 깨어있는 사람들은 좌파 얼간이라고 혹평받아야 했다. 그들은 "삶에서 자유와 기쁨을 모조리 빨아들이고자 하는 옹졸한 급진 자유주의 무리"였다. 반대로 모건은 저 베이스를 "언론 자유의 빛나는 기둥", 보수주의의 아이콘으로 묘사했다.

할리우드의 유명인들과 미디어 스타들이 깨어있음을 이유로 서로를 저격한다니? 유명인들의 공적인 도덕적 입장이 위선적이라며 그들을 조롱하도록 우파 비평가들이 부추긴다니? 지금의 상황은 깨어있음의 정치적 힘을 처음 선언한 '흑인의 생명은 소중하다' 운동이 추구했던 연대와 힘과는 너무 거리가 있다. '흑인의 생명은 소중하다'에 활력을 불어넣었던 급진적 민주 정치는 유명인들의 도덕적 자리매김을 둘러싸고 치고받는 주먹다짐으로 전락했다. 그러나 사실, '흑인의 생명은 소중하다' 운동은 조직방식을 포함하는 '행동하는 급진적 민주주의'였다. 깨어있기는 무엇을 할 것인지에 관해 권위 있는 인물의 지시를 받는 것이 아니라, 그 운동에 참여한 모두가 기여하고 주인의식을 가져야 하는 것이었다. 바버라 랜즈비가 설명하듯이, 깨어있기는 빈민, 노동계급, 여성에게서 영향력을 빼앗았던 "남성 중심 하향식 카리스마 리더십 모델이 정치적인 막다른 골목"에 이르렀다는 생각에 기반한 조직화의 한 형태다. 이와는 반대로 이 운동의 그룹 기반 리더십은 민주적 형태의 집단 책임을 선호하고 구세주 같은 지도자 모델을 지양한다.[40]

아프리카계 미국인을 억압하고 지배하는 부당한 사회정치 체제를 공개적으로 반대하면서 급진적 민주주의가 활성화되고 이를 바탕으로 평등과 정의에 대한 촉구로서 깨어있음이 등장했으나, 이것은 대중화 과정에서 고의적으로 왜곡되었다. 정치적 관심을 가지고 공동체 주도와 연대 기반의 정치적 실천에 뿌리를 두었던 운동이 젠체하고 개인화된 정의로움이라는 빈 껍데기가 되어버렸다. 테아마 로페즈 버냐시Tehama Lopez Bunyasi와 캔디스 와츠 스미스Candis Watts Smith 교수는 『깨어있으라: 모든 흑인의 생명을 소중하게 만들기 위한 안내서Stay Woke: A People's Guide to Making All Black Lives Matter』에서, 원래의 깨어있음과 전도된 깨어있음을 명확히 구분한다. 이들은 우리에게 "당신보다 더 깨인 척하는 자들을 조심하라"라고 호소한다.

사회 정의 문제에 관해 많이 배우려 애쓰는 것은 칭찬할 만하고 도덕적인 일이지만, 타인에게 깨인 사람이라고 인정받기 위해 애쓰는 것은 이기적이고 잘못된 행동이다. 그러니 인종적 의식과 진보 정치 운동에서 경쟁하고 있는 여러분은 부디 잘난 체하지 마시기를! [⋯⋯] 우리 모두 [⋯⋯] 열정적으로, 집단정신 속에서 나아가기 위해 자기 위치를 잡자.[41]

'깨어있다'는 단어가 기업과 자본주의에 더욱 광범위하게 적용될 때 쓰이는 것이 바로 이처럼 보수적인 의미의 전도된 깨어있음이다. 저베이스가 스타들이 가득한 골든 글로브 시상식 청중에게 날린

독설이 그것이다. 깨어있는 자본주의를 얄팍한 도덕성이라고 비난하는 것 역시 똑같은 형태의 보수주의적 반발이다. 차이가 있다면, 저베이스는 그 자리에 있던 유명인들을 진심으로 경멸하는 것처럼 보였던 반면, 깨어있는 자본주의를 향한 보수의 경멸은 기업이 돈을 번다는 최우선 목표로 돌아가게 되리라는, 더욱 '진정한' 자본주의를 향한 열망에 근거하고 있다는 점이다.

깨어있는 자본주의를 비판할 때 동원되는 보수주의적 이상은 기업들이 진보 좌파 정치와 동일시되는 정치적 대의에 영합해 오염되기 이전의 정치적·경제적 질서로 회귀하기를 열망한다. 이런 향수 어린 갈망을 살펴보다 보면 다음과 같은 의문이 생긴다. 깨어있는 자본주의는 보수 비평가들이 가정하는 것처럼 기업이 좌파와 내통한 것인가, 아니면 기업들이 훨씬 더 힘세고 영향력 있는 기업 자본주의 체제를 구축할 목적으로 진보의 대의를 전유한 것인가 하는 의문이다. 어느 쪽이든, 사람들에게 깨어있으라고 고취했던 진보적인 해방 정치는 정의와 평등에 기반한 정치적 신념보다 경제적 이익을 더 우선시하는 세계에서 본말이 뒤집힌 채 위협받고 있다.

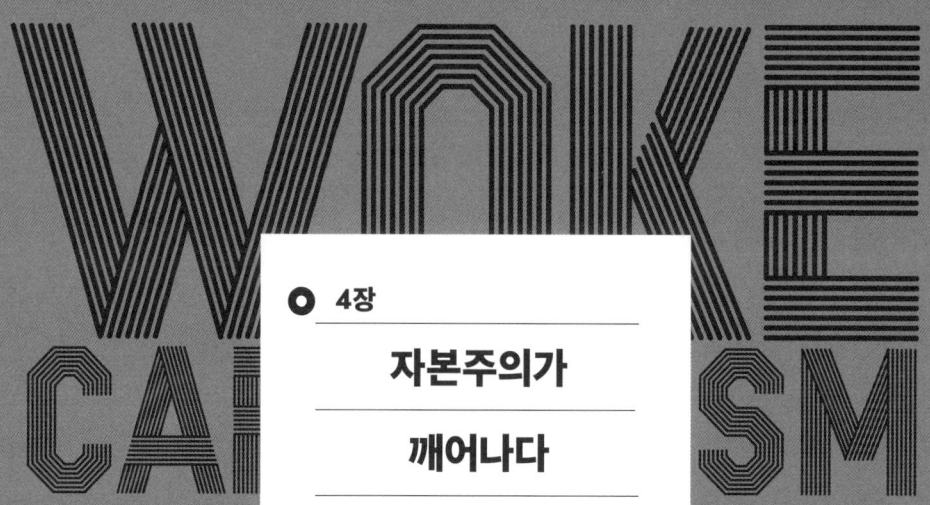

4장

자본주의가 깨어나다

'깨어있는'이라는 단어가 기업 행동이나 기업 자본주의와 더욱 폭넓게 연관되기 시작한 때가 언제인지 정확히 짚어내기는 쉽지 않다. 가장 일찍 등장한 예 중 하나는 2018년 『뉴욕 타임스』 칼럼니스트 로스 다우섯Ross Douthat의 글이다.[1] 다우섯은 도널드 트럼프가 미국 대통령으로 당선된 이후 미국 대기업에 변화가 나타났다고 보고 있었다. 총기 규제 문제는 그런 변화에 해당하는 사례인데, 특히 2018년 2월 14일 플로리다 주 파크랜드에서 열일곱 명의 목숨을 앗아간 스톤맨 더글러스 고등학교 총격 사건에 트럼프가 별다른 조치를 하지 않은 것과 관련이 있었다. 트럼프는 피해자들에게 평소와 다르지 않은 생각과 기도를 전하면서, 총기 규제법에 대한 사실상의 모든 변화를 효과적으로 거부했다.[2] 트럼프는 막강한 총기 로비단체인 전미총기협회National Rifle Association: NRA의 입장을 비난하라는 요구에 응답하지 않았지만, 미국 재계는 그렇지 않았다. 20개 이상의 기업이 NRA 회원 할인 프로그램 등을 철회하면서 그 단체와 제휴를 끊었다.[3]

다우섯은 파크랜드 총격 사건 이후 나타난 기업의 정치 참여 유형과 관련해 두 가지 설명이 있을 수 있다고 해석했다. 첫 번째는 총기 규제, 트랜스젠더의 권리, 이민 같은 사안과 관련해 트럼프의 퇴행적인 접근방식과 맞물린 여론의 변화가 기업들이 진정한 양심을 일깨우도록 자극했다는 것이다. 두 번째는 기업들이 법인세 감면을 비롯한 트럼프의 우파 경제 정책으로 큰 혜택을 보면서도 대중에게는 진보적으로 보임으로써 대중을 속이고 있었다는 것이다. 다우섯이 내린 평가는 결코 낙관적이지 않았다. 그는 이렇게 주장했다.

> 사회문제에 대한 기업 행동주의는 조세 정책과 관련된 기업 이기심이나 급여에 대한 기업의 인색함과 상충하지 않는다. 오히려 그 행동주의는 기업 이기심과 인색함을 방어하기 위해 점점 더 많이 존재하게 되고, 그렇게 해서 문화적 유력인사들에게 CEO의 방식을 정당화하며, 따라서 문화계 실세들은 기업의 최종 이익에 더 중요한 영역에서 CEO를 간섭하지 않게(그리고 트럼프의 경제 의제를 지지하는 것을 용서하게) 된다.[4]

다우섯은 기업들이 '보여주기식 깨어있음'을 하고 있다고 말했다. 이는 기업이 자신들에게 유리한 방향으로 정치 시스템을 조종하기 위해 깨어있음의 대의를 이용하고 있다는 뜻이었다. 깨어나는 것은 기업의 직접적인 로비보다 훨씬 더 미묘한 전략이었다. 여기에는 진보 좌파 행동주의의 정치적·사회적 대의에 동참함으로써 정부가 세금을 인상하거나 기업에 규제를 강요할 가능성을 줄이려는 것이 포함되었다. 다우섯은 깨어있는 캠페인의 배후에 있는 기업 직원들의 진정성을 굳이 의심하지는 않았지만, 그러면서도 깨어있는 기업들의 행동이 대체로 기업활동의 주변부에서 핵심 사업에 영향을 주지 않은 채 이루어진다는 점을 주목했다. 그럼에도 브랜드 아이덴티티는 매우 막강해서 현대 미국 지역사회의 공동화空洞化로 훼손된 집단적 가치를 되살리기 위해 기업이 실행 가능한 대안을 제시할 수 있음을 의미할 정도가 된다고 다우섯은 주장했다.[5]

다우섯의 기사는 기업과 정치, 사회 간에 근본적인 관계 변화가 있음을 시사했다. 그가 예견한 것은 기업들이 어떻게 막대한 재정적·문화적 힘을 동원해 정치문제에 개입하는가 하는 것이었다. 더욱이 기업들은 우파 경제 정책으로 뜻밖의 이익을 얻는 동시에 '선한' 진보적 대의와 제휴함으로써 문화적 정당성을 확보하고 이를 통해서도 이익을 얻는, 양방 베팅의 일환으로서 정치문제에 개입하고 있었다. 자신들의 대의를 채택하라고 끈질기게 압력을 넣는 진보 세력에게 기업들이 속아 넘어간 것 이상으로 훨씬 더 많은 일이 벌어지고 있었다. 데릭 톰슨Derek Thomson은 『애틀랜틱The Atlantic』에 기고한 글에서, 이 움직임을 미국 정치에서 매우 중요한 전환점으로 보았다. 그는 이렇게 설명했다.

이 순간을 이야기하면서 이들 기업이 온라인 폭도들에게 반응하고 있다거나, 레밍처럼 서로를 따라가고 있다고 써 넘기기는 쉬운 일일 것이다. 그러나 의회나 법원이 아닌 기업들이 미국 내의 정치적 행동주의에 대응해 변화하고 있다는 사실은 미국식 종족 중심주의, 정치적 협력

의 종말, 일종의 자유주의적 기업주의의 부상에 관해 심오한 것을 말해 준다.[6]

이 말은 깨어있는 자본주의가 그저 선한 일을 하며 젠체하는 좌파처럼 행동하는 기업들을 가리키는 것만은 아니라는 뜻이다. 오히려 기업들은 민주주의 제도, 즉 트럼프가 재임 기간 내내 계속해서 쇠퇴시킨 바로 그 제도로부터 정치권력을 탈취하려 작업하면서 공격적으로 나서고 있다. 기업들은 트럼프주의가 무모하게 만늘어낸 바로 그 공백을 메우기 위해 냉큼 이 기회를 물었다. 그런데 우리가 어쩌다 여기까지 오게 되었을까? 깨어있는 자본주의는 다우섯과 톰슨 같은 전문가들이 제안한 것과 같은 기업 행동의 근본적인 변화일까? 이 질문에 답하기 위해서는 오늘날의 깨어있는 자본주의의 배경이 된 1950년대와 1060년대의 사회적 책임 논쟁을 되돌아볼 필요가 있다.

20세기 중반에 있었던 미국의 사회적 책임에 관한 수사와 21세기 초의 세계적인 깨어있는 자본주의의 수사는 놀랄 만큼 비슷하다. 그러나 역사적으로 이 둘은 전혀 다른 상황에서 등장했다. 사회적 책임론이 공동 번영과 생활수준 향상이 이루어지던 시기에 등장한 반면, 깨어있는 자본주의는 불평등이 심각하게 확대되던 시기에 탄생했다. 그 영향은 심각한 결과를 불러왔다. 우리의 현재 경제 체제가 탄생시킨 불의는 그 체제에서 가장 큰 혜택을 보는 사람들에게 비판받고 있다. 진보적 정치문제에 대해 고결한 도덕적 토대를 채택하는 기업 당사자들이 그들이다. 토마 피케티Thomas Piketty[7]의 설득력 있는 주장처럼, 몇몇 소수의 손에 부가 더욱 집중되는 현상은 사회적·정치적 조화를 해치는 결과를 낳는다. 피케티는 누진 과세와 부의 분배라는 방어 가능한 해결책을 제안했지만, 깨어있는 자본주의는 다른 답을 제시한다. 불평등을 유지하되 기업 자체의 정치적 영향력과 도덕화를 통해 통제한다는 것이다.

우리가 어쩌다 이와 같은 상황에 이르렀는지 이해하기 위해서는 1953년 하워드 R. 보웬Howard R. Bowen이 『기업의 사회적 책임Social Responsibilities of the Businessman』[8]이라는 책을 출간한 시점으로 돌아가는 것이 도움이 된다. 당시 사회적 책임이란 이미 20세기 초부터 성장하고 있던 논쟁적인 토론의 주제였다. 이 토론은 거의 비슷한 시기에 모럴 힐드Morrell Heald가 "탐욕과 무책임의 몰인정한 자식"이라고 일컬은 것에 대한 반응이었다.[9] 일찍이 1902년에 윌리엄 J. 겐트William J. Ghent는 자본주의가 "과시적으로 베푸는" 행위를 하고 "고통을 누그러뜨리고 불만을 가라앉히기 위해 항상 기민하게 대처"하는 "자비로운 봉건주의"를 창조하고 있다고 규정했다.[10] 이는 20세기 전반기에 기업과 자본주의를 '인도적'으로 만들려는 좀 더 일반적인 추세의 반영이었다. 보웬은 기업 관행에서 나타난 이런 발전을 토대로, 사회적 책임이라는 특정 주제를 명시적이고 포괄적으로 다룬 최초의 인물이었다.

보웬은 기업이 사회적 책임을 갖는다는 관념은 자본주의의 효율적 운영에 관한 것임을 처음부터 분명히 밝혔는데, 이는 "자유기업 경제 안에서 기업가의 역할"로 이해되었다.[11] 보웬은 1950년대 미국인의 삶에서 기업의 힘과 영향력이 커지고 있음을 인정했고, 이것을 사회적 책임이 중요한 이유의 근거라고 보았다. 그에 따르면, "기업가의 결정과 행동은 우리 삶의 질과 성격에 직접적인 영향을 미친다. 기업가의 결정은 그 자신과 주주, 직속 직원들, 고객에게만 영향을 미치는 것이 아니다. 그것은 우리 모두의 삶과 자산에 영향을 미친다."[12]

그러나 보웬이 말한 사회적 책임은 오늘날 깨어있는 자본주의와 연관되는 것과 같은 진보적인 정치적 대의를 다루지는 않았다. 그에게 사회적 책임이란 기업 행동 자체와 더 많은 관련이 있었다. 그가 사회적 책임을 일으킨다고 보았던 사업의 차원은 고용, 경제 성장, 소득 분배, 제품 유용성, 산업 조직, 노사관계, 직원 만족, 자원 활용, 국제관계, 국내 문화 등을 포함하고 있었다. 보웬이 고려한 모든 사항에서 핵심은 바로 권력이었다. 그는 기업의 권력과 영향력이 실질적으로 성장하는 상황에서, 기업들이 주주뿐 아니라 사회에 대해서도 책임이 있는지 질문했다. 보웬에게 그 답은 단연코 '그렇다'였다. 그는 이것이 당대 기업인들의 지배적인 견해라고 덧붙였다. "기업가들이 행사하는 것과 같은 선택의 자유와 권력 위임은 어느 정도의 사회적 책임을 가정하지 않고는 지속되기 어렵다는 것이 점점 더 분명해지고 있다."[13]

보웬의 말은 추론의 오류를 보여준다. 한편으로 기업이 사회적 책임을 져야 하는 이유는 기업의 권력 자체가 기업이 그렇게 해야 할 도덕적 의무가 있음을 뜻하기 때문이다. 다른 한편으로 기업이 사회적 책임을 져야 하는 이유는, 만약 그러지 않으면 기업권력은 의심을 사고 어쩌면 축소될 수도 있기 때문이다. 무엇보다 깨어 있는 자본주의라는 형태로 오늘날까지도 기업의 사회적 책임을 물고 늘어지는 것은 바로 이것, 사회적 책임에 대한 도덕적 주장과 기업권력 보존에 기반한 비즈니스 사례 사이의 불일치와 공존이다. 물론 조건이 바뀌었고, 관여하는 사업의 사회정치적 차원도 바뀌었다. 그럼에도 문제의 핵심은 여전히, 기업 자본주의의 사회적 정당성과 그에 따른 개별 기업의 권력 유지에 있다. 오늘날 더욱 흔히 듣는 용어는 '운용의 사회적 면허social licence to operate'인데, 사업 목표 달성에 방해가 될 수 있는 공공의 갈등을 피하기 위해서, 기업이 일을 하려면 광범한 대중의 승인을 받아야 한다는 관점으로 이해된다.[14] 달리 말해, 기업이 사회적 책임을 채택하고 사회적 대의를 지지하는 것은 자기 이익을 위해서지만, 겉으로는 타인의 복지에 관심이 있는 것처럼 내세운다는 얘기다.

보웬은 이 사회적 책임론을 기업 규제의 역사 속에 자리매김했다. 그는 그런 규제가 자유방임적 경제 체제에서 떠오른 문제를 해결하기 위해 19세기부터 발전해온 과정을 매우 명확하게 설명했다. 노동조합 결성권, 노동법, 독점 금지법, 공공사업 설립, 사회보장, 보건, 안전 규제, 무상 공교육, 누진세 등은 모두 자본주의 기업활동이 공공의 이익을 해치지 않도록 정부가 개입했던 방식이라고 보웬은 언급했다. 그는 기업의 사업활동에 대한 정부 개입이 너무 지나쳐서 자유시장 자본주의 자체를 위협하고 있다고 우려했다. 1950년대에 보웬은 이렇게 주장했다.

> 정부 조직과 경제 조직의 통제가 계속 급증한 결과, 우리는 일정한 형태의 국가사회주의로 이어질 수 있는 [……] 지점에 이르렀다. 정부 통제를 강화하는 확고한 추세가 계속된다면 우리의 본질적인 자유는 위태로워지고, 미국의 경제적 삶을 특징짓는 기업 정신, 진취성, 생산성, 자유 정신이 위축될 수 있다.[15]

여기서 우리가 보는 것은 사회적 책임을 갖는 기업 개념이 사회 문제 해결을 위한 도덕적 필요의 관점에서 제시되었을 수도 있지만, 그만큼 사회주의의 현실적인 위협처럼 여겨지는 것을 방지하기 위한 하나의 방어 전술이기도 했다는 점이다. 이는 사실상, 기업이 어떻게든 사회적 책임을 진다면 사회의 모든 성원을 위한 공정한 결과를 내도록 정부가 더는 강요할 필요가 없을 것이라는 약속이었다. 이와 동시에 보웬은 1950년대에 이르러 미국 내의 사회적 태도가 바뀌고 있으며, 사회 정의에 대한 믿음과 인류를 향한 관심이 더욱 커졌다고 지적했다. 보웬은 공적 기대치의 변화, 노동조합의 성장, 교육 개선을 비롯해 경영이 전문화되고 있음에도 기업이 사회적 책임을 채택하게 된 이면에는 "정부나 노동계급의 추가적 통제라는 암묵적 위협"[16]이 있었다고 주장했다. 기업의 사회적 책임은 본질적으로 반反사회주의 운동이었다.

이 지점에서 우리는 기업이 사회적 책임을 받아들인 것은 처음부터, 아무리 좌파처럼 들리는 좋은 명분으로 치장했을지라도, 항상 자본주의 경제 체제를 강화하기 위해 고안된 프로젝트였다는 점을 분명히 할 필요가 있다. 보웬은 사회적 책임과 자본주의 경제 내의 기업권력, 자기 결정권 영속화를 분명하게 연관시켰다. 현재 깨어있는 자본주의에서 벌어지는 논쟁과 같이, 당시의 비평가들은 종종 이를 이해하지 못했고, 사회적 책임을 지지하는 이들에 대해 기업의 진정한 소명에서 한눈을 파는 심약한 공상적 박애주의자라며 비난했다. 1958년 경영 컨설턴트인 시어도어 레빗Theodore Levitt은 『하버드 비즈니스 리뷰Harvard Business Review』에 실은 신랄한 패러디에서, 기업 경영진이 "근사한 말과 말랑한 아이디어에 속아 넘어가고 있다"라며 조롱했다.

사회적 책임에 대한 경영진의 관심은 이따금 공동모금 연회나 어느 시골의 시시한 대학에 "기업의 사심 없는 기부"를 축하하는 기자 회견에서 볼 수 있는 속물적인 자화자찬 이상의 것이 되었다. 그것은 잘나가는 홍보 담당자가 간부회의를 마치고 여성유권자연맹 오찬회에 달려가는 사장의 양손을 붙잡고 그리스도교 형제애의 경건한 선언을 읊조리는 행위 이상의 것이 되었다. 그것은 극도로 진지한 업무, 즉 기업의 사회적 책임에 대해 남의 시선을 의식한 자기 성찰적 집착이 되어버렸다.[17]

레빗은 사회적 책임을 남성적인 사업 추구에 걸맞지 않은 피상적이고 여성스러운 것이라 일축하면서 엘리트주의와 여성 혐오적 시각을 드러낸다. 만약 그가 2020년대식 언어를 알았다면, 사회적 책임을 옹호하는 이들을 묘사하기 위해 헛바람이라느니, 보여주기식 선행이라느니, 나약한 보수 또는 진보 꼴통 같은 말을 했으리라는 데는 의심의 여지가 없다. 이런 사람들에 대해 그는 스스로 드높인 그들의 지위보다 열등하다며 대놓고 경멸했다. 레빗은 "사업체의 사업은 이익이다"[18]라고 반박했다. 보웬이 사회적 책임을 중앙집권적 국가권력에 대한 방어로 여긴 반면, 레빗은 사회적 책임이 그런 국가권력의 조짐이라고 지적했다. 더욱이 이것은 민주 정부를 통해서가 아니라, '기업 정치력'이라는 새로운 형태의 수레바퀴에 붙어서 도착할 터였다. 레빗은 그것이야말로 기업이 사회적 권력을 키우다가 사회를 일종의 비민주적 봉건제로 되돌리게 될 디스토피아라고 단언했다.

보웬과 레빗으로 대표되는 이런 주장들은 20세기 중반 미국에서 유포될 당시, 자유기업 자본주의 체제를 보존하고 찬양해야 한다는 확신을 공유하고 있었다. 그 두 주장의 차이는 그것을 해내는 수단에 있었다. 한 관점에서 보면, 사회적 책임은 자본주의의 공적 정당성을 떠받치는 것이었다. 또 다른 관점에서 보면, 사회적 책임이란 자본주의 기업의 중심 목적과 기능을 폐기하는 것이었다. 시카고대학교 교수 밀턴 프리드먼이 1962년 저서 『자본주의와 자유Capitalism and Freedom』에서 가장 유명하게 설명한 것이 이 후자의 관점이다.¹⁹ 프리드먼은 기업 리더들이 주주에 대한 책임을 넘어 사회적 책임을 져야 한다는 생각이 점점 널리 퍼지게 되었다고 인정했다. 그러나 이에 반대한다는 의견을 명확히 하면서, 그런 생각은 "자유경제의 성격과 본질에 대한 근본적인 오해"라고 설명했다.²⁰ 이어서 그는 가장 유명한 그의 신조를 발표했고, 이후 그것은 새로운 상황에 적응하지 못한 자본가들이 의지하는 구호가 되었다. 프리드먼의 교리는 깨어있는 자본주의를 비판하는 방법으로서 지금도 계속 소환된다.²¹

> 기업의 사회적 책임은 오직 하나뿐이다. 게임의 규칙을 준수하는 한에서 기업 자원을 이용하는 것, 그리고 이익 증대를 위해 설계된 활동에 참여하는 것이다. 다시 말해 기만이나 사기 없이, 공개적인 자유경쟁에 참여하는 것이다.²²

프리드먼은 훨씬 더 유명한 경제학자 애덤 스미스Adam Smith를 언급했다. 프리드먼은 경영진이 자본 소유주들을 위한 직접적인 이익을 추구하는 과정에서, 설사 그럴 의도가 없었다고 해도 마치 '보이지 않는 손'에 이끌려 사회에 더 나은 결과를 산출하듯 움직이게 될 거라는 스미스의 의견에 동의했다. 프리드먼은 이기심이 자본주의를 살아 있게 한다고 보았는데, 사회적 책임은 바로 그 근본 원리를 뒤엎고 왜곡하는 것이었다. 자본주의는 공적인 이익과 사적인 이익을 엄격히 구분해야 한다. 이 관점에서는, 기업은 주주의 사적 이익을 위해서만 운영되어야 하며 정치에 관여해서는 안 된다.

프리드먼은 기업의 경제적 자유를 장려한 만큼, 민주주의를 지키려고도 했다. 그가 사회적 책임을 체제전복적이라고 비난한 이유는 사회 영역에 개입하는 것이 기업의 본분은 아니기 때문이다. 프리드먼은 이렇게 물었다. "자기를 위한 선택을 하는 사적 개인들이 무엇이 사회적 이익인지 결정할 수 있는가? 그들이 공익을 위해 자신이나 주주들에게 어느 만큼의 부담을 지워야 정당한지 결정할 수 있는가?"[23] 프리드먼은 그런 기능은 대중을 대표하는 선출직 공무원의 책임이며, 기업은 끼어들어선 안 된다고 선언했다.

경제 영역과 정치 영역을 엄격히 구분함으로써 뒷받침되는 자유방임적 자본주의에 대한 프리드먼의 믿음은 당시에는 전혀 보편적이지 않았다. 1960년 윌리엄 C. 프레더릭William C. Frederick[24]이 『캘리포니아 매니지먼트 리뷰California Management Review』에서 주장한 것처럼, 사회적 책임에 대한 전후의 관심은 20세기 초의 자유방임주의 체제의 붕괴에 따른 것이었다. 프레더릭은 소비에트 공산주의든 이탈리아 파시즘이든, 또는 독일의 나치즘이나 미국의 뉴딜이든, 20세기 초반의 수십 년은 세계가 자본주의에서 중앙경제계획으로 전환하던 시기였다고 인정했다. 또한 이에 수반된 것이 전문 경영자가 운영하는 크고 강력한 기업의 성장이었다고 지목했다. 나아가 이와 같은 힘의 이동은 스미스의 보이지 않는 손이 더는 프리드먼이 가정한 방식으로 기능하지 않음을 의미한다고 주장했다. 왜일까? 정치가와 경영자들의 개입으로 자유시장 체제의 흐름이 방해

받았기 때문이다. 프레더릭은 사회적 책임이란 보이지 않는 손의 사회적 혜택을 회복시킬 수 있는 개입이며, 어떤 의미에서는 그 손을 의도적이고 보이게 만듦으로써 그렇게 할 수 있다고 보았다. 그는 사회적 책임 교리의 중심 원칙에 대해 이렇게 설명했다.

> 기업 관리자들이 의도적·자발적으로 공적 책임을 떠맡는 것으로, 설사 그런 신탁 업무 때문에 때로는 공익을 위해 즉각적인 이익을 포기하게 되더라도 경영진은 공적 책임을 맡는다. 이 개념에 따르면, 경영진은 주주, 직원, 일반 대중에 대해 다양한 의무를 갖는다.[25]

20세기 중반 미국의 경영 이론에서 비롯된 이 논의가 오늘날 세계화된 깨어있는 자본주의와 얼마나 비슷한지는 주목할 만하다. 공통된 주장은 기업이 진정한 시민적 의무감과 타인에 대한 도덕적 헌신에서 사회적으로 책임 있는 행동을 할 것이라는 점이다. 그 예로 비즈니스 원탁회의에서 2019년에 발표한 '기업의 목적에 관한 성명'을 다시 살펴볼 수 있을 것이다. 이 성명서는 기업이 더는 배타적으로 주주의 이익에만 전념해서는 안 된다고 명시했다. 기업은 "주주를 위한 장기적인 가치 창출"뿐 아니라 "우리 고객에게 가치를 제공"하고 "직원에게 투자"하며 "공급업체와 공정하고 윤리적인 거래"를 하고, "우리가 일하고 있는 지역사회를 지원"함으로써 "우리의 모든 이해관계자에 대한 근본적인 책무를 공유"해야 한다.[26] 예상되는 일이지만, 이 성명은 깨어있는 자본주의와 곧바로 연관되었다. 린다 엘링 리Linda-Eling Lee는 『텔레그래프*Telegraph*』지에서 이렇게 논평했다. "이해관계자 자본주의의 이면에 있는 관념이 새로운 것은 아니지만, 그 성명서에 충실하겠노라고 약속하는 기업 리더들의 수가 늘어난다는 사실은 '깨어있는' 자본주의의 새로운 장까지는 아직 아니더라도 세계 엘리트들의 새로운 감성을 보여준다."[27]

실제로 새롭지는 않았다. 1950년대와 1960년대 미국에서 벌어진 논쟁이 거의 70년 후에 똑같은 방식으로 반복되고 있었다. 아울러 기업이 준準종교적인 도덕성이나 공익에 대한 자발적인 위탁관리의 감성에서 사회적 책임에 관심을 가진다는 가정을 부정하는 프레더릭의 주장도 여전히 유효하다. 프리드먼이 기업은 이익을 주요 목적으로 추구**해야 한다**는 기술적인 논평을 한 반면, 프레더릭은 기업이 사회적 책임을 입증하는 것과 무관하게 그렇게 **하게 될 것**이라는 주장을 펼쳤다. 프레더릭은 "서구 문화에서 등장한 것과 같은 기업체들의 본질상 물질주의적이고 이기적인 기반"[28]이 갑자기 소멸하리라고 기대하는 것은 무지하다고 주장했다. 그는 자본주의 체제 내에서 우리가 "사적인 이익과 이윤이라는 매우 강력한 동기"[29]에서 벗어날 수 있다고 가정하는 것은 "터무니없을 정도로 순진"[30]하다고 말했다. 바로 이런 비판이 비즈니스 원탁회의의 기업의 목적에 관한 성명, 그리고 더욱 일반적으로는 깨어있는 자본주의에도 적용된다. 자본주의 표범이 점박이 무늬를 바꾸었다고 믿으려면 참으로 귀가 얇은 사람이어야 할 것이다.

다시 20세기 중반의 미국으로 돌아가면, 사회적 기대와 사업적 태도에 근본적인 변화가 생겼다는 믿음이 여전히 널리 퍼져 있었다. 나중에 기업의 사회적 책임에 근거 이론을 세운 사람 중 하나인 경영학 교수 키스 데이비스Keith Davis는 1960년에 "우리 문화가 변화함에 따라, 기업가가 사회 내에서 자신의 역할과 기업의 기능을 재검토하는 것이 적절하며 의무적이기까지 하다"라고 썼다.[31] 그보다 앞선 이들이 그랬듯, 데이비스도 권력을 강조했다. 그는 기업의 규모와 영향력이 커진다는 것은 기업이 사업문제를 넘어서 기업 행동이 미치는 모든 영향에 책임을 질 의무가 있음을 의미한다고 주장했다. 그러나 그 동기는 프레더릭이 순진하다고 생각한 도덕주의의 형태가 아닌, 더욱 정교한 방식의 이기심이다. 이는 다우섯이 '깨어있는 자본주의'라는 용어를 처음 쓸 때 언급한 것과 같은 부류의 이기심이며, 보웬이 사회적 책임을 설명하며 옹호한 것과도 같다. 데이비스는 이렇게 설명한다.

사회적 책임을 질 기회가 발생할 때 기업가들이 이를 받아들이지 않을 경우, 이런 책임을 맡도록 나머지 집단이 개입할 것이다. 역사적으로 정부와 노동자는 기업의 권력을 희석하는 역할에 가장 적극적이었으며, 아마도 계속해서 주요한 도전적 집단이 될 것이다. 나는 이런 일이 일어나야 **한다**고 제안하는 것이 아니다. 다만 증거에 따르면, 기업가들이 자신이 누리는 사회적 권력에 거의 맞먹는 사회적 책임을 다하지 않는 한에서는 이런 일이 일어날 경향이 있는 것으로 보인다.[32]

얼마 후인 1967년에 데이비스가 『비즈니스 호라이즌스*Business Horizons*』의 한 기사에서 썼듯이,[33] 기업이 사회적 책임에 관심을 갖게 된 주요 이유는 정치였다. 무엇보다 중요한 점은, 이런 관심이 어쩌면 정부가 기업활동에 제한적인 형태의 통제와 규제 완화를 서서히 주입할 것이라는 두려움의 형태를 띠고 있었다는 것이다. 사회적 책임은 "정부가 [……] 개입할 구실을 주는 것"을 미리 방지해 줄 터였다. 데이비스의 주장이 아주 참신하지는 않았지만, 새로운 점이 있다면 밀턴 프리드먼이 『자본주의와 자유』에서 했던 비판을 직접 질책하는 의미로 이를 제시했다는 것이다. 데이비스는 기업의 유일한 책임이 이익의 극대화라는 프리드먼의 원칙은 본질적으로 순수 경쟁의 자유시장 시스템을 가정한다고 주장했다. 그런 시스템에서 권력은 시장 내의 행위자보다는 시장에 부여된다. 데이비스는 완벽한 경쟁은 당시 자본주의의 성격이 아니라는 점을 인정하면서, 기업, 특히 대기업은 상당한 경제적·사회적 권력을 갖도록 커왔다고 주장했다.

데이비스는 자신이 "책임의 철칙"이라고 부른 것을 상기시켰다. 이는 "자신의 권력에 책임지지 않는 자는 결국 권력을 잃게 된다"라는 법칙이었다.[34] 달리 말해, 권력 유지가 기업 이익의 일부인 한에서는 사회적 책임을 지는 것이 적어도 기업 이익에 부합한다는 것이다. 데이비스는 이런 사회적 권력에 대해 낙관적인 관점을 유지했다. 1970년대 초까지 그는 기업의 사회적 책임 문제는 미국을 비롯한 대부분의 경제 선진국에서는 이미 결정되었다고 확신했다. 어떤 결정이었을까? "사회는 나머지 모든 주요 기관과 마찬가지로 기업도 중요한 사회적 책임을 맡기를 원한다"는 것, 그리고 "사회적 책임은 성숙한 세계 문명의 지표가 되었다"는 것이다.[35]

앞서 살펴본 것처럼, 1950년대와 1960년대의 사회적 책임 논쟁과 오늘날 깨어있는 자본주의에 관한 논쟁은 소름 끼칠 만큼 비슷해 보인다. 한쪽에서는, 기업은 오직 주주에게만 직접적인 책임이 있다는 순전히 경제적인 주장을 한다. 이 주장에 따르면, 사회문제에 간섭하는 기업은 민주적으로 통제되어야 마땅한 사안에 영향을 미침으로써 사실상 그들의 권한을 넘어서고 있다. 다른 한쪽에는, 기업의 권력 확대는 곧 기업의 책임이 커졌음을 의미한다고 주장하는 사회적 책임론이 있다. 더욱이 기업이 그 권력을 유지하고자 한다면, 장기적인 수익을 위해 사회적으로 책임 있는 활동에 참여해야 한다.

사회적 책임론과 깨어있는 자본주의 간에 수사적 유사성이 있음에도, 앞에서 지적했듯 둘 사이에는 중요한 차이 또한 존재한다. 20세기 중반부터 싹트던 사회적 책임 이론은 주로 미국에 국한되어 있었으며, 중대한 경제 성장기와 같은 시기에 발생했다. 1971년 경제개발위원회Committee for Economic Development는 『기업의 사회적 책임Social Responsibilities of Business Corporations』이라는 보고서에서, "다원화된 사회에서 사회 발전의 중요한 도구로서 기업의 역할에 관한 새롭고 계몽된 관점"을 제시했다.[36] 이 보고서 작성자들이 증언한 기업들의 '계몽된 이기심'은 미국에서 중대한 경제 성장 시기에 등장했다. 더욱이 이런 성장은 사회 전반에 걸쳐 공유되었다. 보고서는 이렇게 선언한다.

> 미국 기업은 고용 증가, 임금과 급여 상승, 직원 복리후생 계획, 노동자를 위한 취업 기회 확대 등을 제공해왔다. [……] 무엇보다도 미국 평균 가정의 생활수준이 높아짐에 따라 경제적 궁핍에 따른 제약에서 점차 벗어나는 시민들이 계속 늘어나면서, 원하는 대로 자신의 삶을 발전시킬 수 있게 되었다. 따라서 미국인 대부분은 다른 어떤 나라에서 대규모로 달성한 수준보다 더 나은 보건과 의식주, 교육을 누릴 수 있게 되었다.[37]

전후의 번영과 베이비붐으로 대표되는 이 낙관주의의 시기는 기업이 사회적 책임을 져야 한다는 생각이 특별한 반향을 일으킬 만했다. 이들 기업의 성공으로 말미암아 생활수준이 크게 개선되었다고 널리 받아들여졌다. 그러나 20세기 중반 미국의 이런 상황은 깨어있는 자본주의가 등장한 맥락과는 거리가 멀다. 우선, 깨어있는 자본주의는 훨씬 더 세계적인 현상이며, 다국적 기업들이 깨어있는 의제에 참여하는 흐름과 관련해서는 특히 그렇다. 그러나 그보다 더 중요한 차이는, 지금 우리가 지속적이며 확대되는 불평등의 시대를 살고 있다는 것과 그 불평등이 심지어 미국에서조차 이전 세대 기업의 책임론 수용 확산에 배경이 된 중산층의 풍요를 뒤흔들고 있다는 것이다.

오늘날 미국에서는 투자자 워런 버핏Warren Buffett, 마이크로소프트의 빌 게이츠, 아마존의 제프 베이조스 등 세 명이 미국의 하위 절반과 맞먹는 개인적 부를 보유하고 있다. 이 불평등은 더욱 심해지고 있다. 오늘날 미국 최고 부자들의 자산가치는 1980년대 초 미국 최고 부자들의 자산가치보다 20배 이상 높다. 불평등의 확대는 미국에서만 일어나는 일이 아니다. 이는 세계적인 현상이다. 세계 인구 중 상위 1퍼센트 부자들이 전 세계 부의 거의 절반을 소유하고 있다. 개인의 부와 국가의 부를 비교하면 이 불평등은 더욱 극명해진다. 세계에서 가장 부유한 열 명의 자산 총합은 7,450억 달러에 이른다. 이는 스위스, 스웨덴, 태국, 또는 아르헨티나 각각의 GDP보다 높다.[38] 지난 40년 동안 전 세계적으로 불평등이 점점 심해지면서, 전후 시기를 특징지었던 공동 번영에 대한 자유민주주의의 약속은 사실상 종료되었다는 것이 현실이다.[39]

오늘날 세계에서 불평등의 상스러움이 얼마나 극단적인지 철학자 프레데리크 그로스Frédéric Gros는 우리 시대를 '무도함의 시대age of indecency'라고 불렀다.[40] 그로스는 오늘날 세계의 불평등을 설명하는 데 '불의'가 더는 적합한 용어가 아니라는 점을 강조하기 위해 '무도함'이라는 단어를 쓴다. 그는 이렇게 설명한다.

대기업 총수들이 받는 보수, 미디어 속 스포츠 스타들이 받는 보수, 예술가 받는 보수는 터무니없어졌다. 불평등은 서로 다른 두 인류를 가정해야만 정당화될 수 있는 지경에 이르렀다.[41]

그로스가 말하는 서로 다른 두 인류란 한쪽의 초부유층 엘리트 계급과 다른 한쪽에 있는 우리 같은 나머지로 구성된다. 물론 이 두 번째 그룹도 소득과 안락함에서 상당한 차이를 보이지만, 그로스가 보기에 그들은 여전히, 전 세계의 풍요를 더욱 높은 비율로 축적할 수 있는 극소수의 사람들과는 완전히 분리되어 있다.

일찍이 1789년에 미국 '건국의 아버지들' 중 하나인 벤저민 프랭클린Benjamin Franklin은 "죽음과 세금 외에 확실한 것은 아무것도 없다"라는 재담을 남겼다.[42] 21세기가 됐어도 죽음을 속일 방법은 여전히 알아내지 못했지만, 극소수의 엄청난 부자들은 한때 자명했던 프랭클린의 그 칙령을 깨뜨렸다. 최근에 발표된 미국의 한 보고서는 상위 1퍼센트의 최고 부자들이 저지른 탈세가 전체의 70퍼센트를 차지한다고 밝혀냈다. 이는 그들의 뒷주머니에 남아 있는 액수가 연간 거의 900억 달러에 이른다는 얘기다.[43] 세계적으로 상위 1퍼센트의 사람들은 나머지 모든 사람을 합친 것보다 더 부유한데, 이와 같은 엄청난 격차는 전에 없는 수준의 조세 회피와 탈세로 가능해진 것이다. 국제자선단체 옥스팜은 이 상황을 섬뜩할 만큼 솔직하게 설명한다.

세계의 수백만 명이 빈곤 속에 사는 반면, 부유한 개인과 기업들은 조세 피난처가 제공하는 비밀스러움을 이용해 계속 세금을 회피하면서, 최빈국들이 필수적인 서비스를 제공할 능력을 박탈하고 있다. [······] 세금 납부에 관해서는 슈퍼리치들과 대기업을 위한 규칙, 평범한 사람들

을 위한 규칙이 따로 있다.⁴⁴

세계 최대 기업들이 저지르는 탈세도 이와 비슷하게 끔찍하다. 노벨 경제학상 수상자 조지프 스티글리츠Joseph Stiglitz는 기업의 법인세 회피를 가리키며 "세계화에서 마땅한 관심을 받지 못했던 특히나 유해한 측면"이라고 규정했다. 스티글리츠는 이 주장에서, 어떻게 다국적 기업이 복잡한 회계 처리를 통해 세율이 낮은 국가로 수익을 이동시킬 수 있었는지 언급한다. 결과적으로 이들 다국적 기업은 실제로 사업을 하는 곳에서는 적절한 세금을 내지 않는다. 그 비용은 매년 약 5,000억 달러로 추정된다. 실제로 아마존, 넷플릭스, 제너럴 모터스 같은 기업들은 수백억 달러의 수익을 올리면서도 어쨌거나 미국에서는 세금 한 푼 내지 않아도 된다. 스티글리츠는 이를 '바닥을 향한 경쟁'이라고 부르는데, 세계적으로 세율이 계속 하락함에 따라 많은 나라는 법인세 수입을 자꾸 줄여나가는 경쟁을 하게 된다. 그는 이런 상황이 "기업을 제외하고는 누구에게도 득이 되지 않"으며, 불평등을 확대하는 대가를 치르면서도 그렇게 하게 된다고 설명한다.⁴⁵ 이는 결코 사소한 일이 아니다. 1980년 세계적으로 평균 법인세율은 이익의 45퍼센트에 약간 못 미치는 수준이었다. 오늘날 그 수치는 약 25퍼센트로 떨어졌다.⁴⁶

억만장자와 대기업들이 세계적으로 점점 더 높은 비율로 부를 축적하는 세계 경제에서 평등이라는 민주주의적 약속은 희생된다. 탐욕 추구에 기반한 경제 체제의 불가피한 결과 앞에서 공동체, 나눔, 정의라는 인간적 가치는 고풍스럽고 진기하게 여겨진다. 다시 그로스에게 돌아가면, 그는 비록 '깨어있는 자본주의'라는 용어를 특정해서 쓰지는 않지만, 그것을 뒷받침하는 특정한 추론방식을 우리에게 경고한다. 그것은 자본주의의 번영을 공유한다는 희망 위에 사회적 책임론을 세웠던 그 추론이 아니다. 그것은 자신의 부가 마땅한 것이라고 믿으며 자기만족에 빠진 지배 엘리트를 깨어있는 자본주의가 지탱하는 맥락에서 나온 추론이다. 그로스는 이것이, 단지 세계가 점점 불평등하고 불공정해졌다는 의미일 뿐 아니라, 그 이권을 누리는 극소수는 높아진 자신의 지위를 도덕적으로 완전히 정당하게 여긴다는 의미라고 주장한다.

나머지 사람들이 그 극단적 특권에 대한 채워지지 않은 열망을 품고 있다는 가정 아래서는 '불평등의 광적인 기괴함'이라는 경험적 현실은 회피된다.[47] 설상가상으로, 이는 상위 1퍼센트의 높은 경제적 지위 때문에 그들의 도덕적 입장을 우러르게 된다는 의미일 수 있다. 마침내 깨어있음과 극단적인 개인의 부 사이의 타협은 깨져버린다. 부자는 바늘귀를 통과해 천국으로 갈 수 있다는 가정이 성립된다. 마치 부당 이득과 착취에 기반한 극단적 부가 공정성과 평등의 가치와 전적으로 양립할 수 있다는 얘기인 것 같다. 이런 양립성을 가정하는 것이 깨어있는 자본주의의 상황이다. 여기서 기업은 불평등을 확대하고 있으면서도 동시에 스스로를 자본주의의 도덕적 결정권자로 자리매김한다. 이런 문화적 논리의 존재는 다음과 같은 의문을 불러일으킨다. 대체 무슨 일이 있었기에 기업의 탐욕과 그에 따르는 불평등이 기업의 도덕화와 나란히 일어날 수 있었을까? 이 질문에 대한 답이 깨어있는 자본주의를 이해하는 열쇠다. 그러나 이 답을 얻기 위해서는 20세기 중반에 사회적 책임론이 제기된 후 21세기의 깨어있는 자본주의가 등장하기까지, 그사이에 어떤 일이 있었는지 더 자세히 살펴볼 필요가 있다.

5장
주주 우선주의

1985년 10월 11일, 세계적 권력과 정치적 영향력의 정점을 구가하던 영국 총리 마거릿 대처Margaret Thatcher는 확신에 차서 뿌듯해하는 보수당 당원들 앞에서 연설했다. 대처가 선거에서 압도적 승리를 거두고 두 번째 임기를 맞은 지 불과 2년 만에 영국은 새로운 경제 호황을 맞기 시작했다. 대처의 리더십을 특징지었던 탄광 노동자 파업이 불러온 격렬한 계급 불화는 그때까지는 대체로 성공적으로 해결되었다. 민영화, 무역 규제 완화, 작은 정부, 노동시장 자유화 등 대처의 우파 경제 정책은 활짝 날개를 펴고 있었다. 바닷가 소도시 블랙풀의 회의장 연단에 섰을 때, 대처는 자축하는 기분에 푹 젖어 있었다. 그녀는 6년간의 집권기를 돌아보며 말했다.

1979년 노동당의 영국을 기억하십니까? 그것은 노조 지도자들이 조합원들과 우리나라를 볼모로 잡아두었던 영국이었습니다. 여전히 국제회의에 참석하고는 있지만 더는 진지하게 받아들여지지 않는 영국이었습니다. 유럽의 환자로 알려졌던 영국이었습니다. 그리고 연민의 언어를 말하지만 불만의 겨울을 겪던 영국이었습니다.[1]

대처는 노조 파괴, 가격과 임금 통제 철폐, 국영 주택 매각, 민영화 등 정부의 업적을 자랑하면서 "기업이 영국으로 오고 있다"라고 선언했다. 새롭게 혁신하는 영국을 꿈꾸는 대처의 비전에서 핵심은 자본주의의 관행과 기풍이 전통적인 자본 소유주에만 국한되어서는 안 된다는 생각이었다. 대처 정책의 가치에 따르면, 모든 사람이 자본가가 될 수 있었고 실제로 그래야 했다. 1985년의 그 전당대회 연설에서 대처는 기업가 정신으로 활력을 되찾은 영국에 대한 꿈을 뚜렷이 밝혔다. 대처는 무엇보다 현실석으로, "더 많은 사영업자, 더 많은 사업, 따라서 더 많은 일자리와 함께하는 기업의 재기"를 촉구했다. 그녀는 또한 "주식을 소유하는 것이 자동차를 소유하는 것만큼 흔한" 새로운 영국을 부르짖었다.

대처는 노동계급의 오랜 휴양도시인 블랙풀에서 이런 발언을 하고 있었지만, 사실상 그녀의 말은 그녀 자신이 주인공인 새로운 문화적 시대정신을 반영하고 있었다. 전통적으로 자본주의는 자본 소유자와 자본주의적 조직에서 일하는 사람 사이의 엄격한 계급 구분에 기반을 두고 있었지만, 대처는 모든 사람이 스스로를 자산 소유 기업가로 생각하는 세계를 상상했다. 기업 소유를 통해서든, 주식 소유나 주택 소유를 통해서든 자본주의의 진취적 정신은 모든 영국 시민에게 영감을 주게 될 어떤 것이었다. 자유주의적 자본주의는 모름지기 경제 조직은 자유무역과 사유재산을 근간으로 해야 한다고 천명했는지 몰라도, 대처는 훗날 신자유주의라고 불리게 될 것 속에서 바로 그 가치가 사회의 모든 구성원에게 채택되기를 원했다. 노동계급에 속한 사람들이 연대하고 단결해서 자본의 이윤에 맞서 노동권을 위해 싸우며 서로를 동일시했던 오랜 정체성은 사라질 터였다. 대신 자본주의 정신이 사회 전반에 스며들 터였다. 그런 것이 서서히 성숙해가던 신자유주의 질서에 대한 도덕적 정당화였다.

1980년대는 사회·문화·정치·경제 전반에서 변화가 일어난 중대한 시기로, 사회적으로 확장된 자유주의적 자본주의의 가치가 세계적으로 단단히 뿌리 내리고 있었다. 미국에서는 로널드 레이건Ronald Reagan 대통령이 광범위한 무역 자유화와 규제 완화를 주도하고 있었다. 공산주의 동독과 자유민주주의 서독을 상징적으로나 실질적으로 분리하던 베를린 장벽의 붕괴는 냉전의 종식을 알렸다. 소비에트연방은 곧 15개 독립국가로 해체될 운명이었고, 각 국가는 과거의 공산주의에 얽매이지 않을 터였다. 1980년대 말이 되자, 자유민주주의적 자본주의는 전 세계 모든 나라가 피할 수 없는 역사적 목적지인 것처럼 보였다. 정치학자 프랜시스 후쿠야마Francis Fukuyama는 이것을 감히 '역사의 종말'이라고 불렀다.[2]

일찍부터 사회적 책임론 옹호자들의 생각을 정당화한 사회주의의 위협이 대체로 소멸한 때가 바로 이 역사의 종말이었다. 그전까지는 미국과 동맹을 맺은 서유럽, 소련과 동맹을 맺은 동유럽 사이에 냉전이 한창이었다. 무엇보다도 냉전은 사회적·도덕적 기반 위에서 벌어진 전쟁이었는데, 레이건은 소련을 '악의 제국'이라 불렀으며 냉전 자체에 대해서는 "옳은 것과 그른 것, 선과 악 사이의 투쟁"

이라고 했다.³ 대처와 레이건 모두 열렬한 반공주의자였고, 냉전의 종식은 곧 민주주의와 자본주의의 '선'이 국가사회주의의 '악'을 '이긴' 도덕적 승리로 묘사되었다. 레이건과 대처는 이 승리를 위해 무던히 애썼는데, 그 승리가 단지 정치적인 것만은 아니었다. 경제적으로 그 승리는 시장 자본주의에 대한 그들의 열성적인 옹호, '자유'시장의 확산을 위한 정치적 개입의 필요성을 입증하고 있었다.

대처와 레이건이 옹호하는 새로운 우파 사상은 무형의 문화적 전파를 통해서는 물론이고, 국제 금융기관인 세계은행World Bank과 국제통화기금International Monetary Fund의 직접적 정책을 통해서도 세계적으로 널리 퍼져나갔다. 이런 정책의 영향은 과소평가할 수 없는데, 이들 기관은 낮은 세율, 기업 규제 축소, 관세 장벽 철폐, 통화의 자유로운 변동성, 공공 서비스 삭감, 공공기관의 민영화 등이 명백히 필요하다고 단정했기 때문이다.⁴ 이 새로운 경제적 신념은 노동시장에 대한 규제 완화와 노조 세력을 제한하려는 움직임과 결부되었다.⁵ 자본주의는 마음껏 날뛰고 있었고, 시장 메커니즘에 대한 무한한 믿음은 경제 성장과 번영에 대한 새로운 약속에 생기를 불어넣었다.⁶

여기서는 신자유주의의 복잡하고 논쟁적인 역사⁷를 논의할 지면이 없지만, 기업의 사회적 책임으로 이해되던 것이 1980년대부터 어떻게 변화했는지, 그리고 이것이 깨어있는 자본주의의 계보에 어떻게 들어오게 되었는지 고려하는 것이 중요하다. 대처가 암시했듯 신자유주의 프로젝트의 핵심은 모든 사람을 자본가로 만드는 것이었다. 대처는 1986년 보수당 전당대회에서 "대중 자본주의는 국가의 경제적 삶에서 많은 사람에게 참정권을 주기 위한 운동에 불과"[8]하다고 선언했다. 신자유주의는 사람들이 경제에 다른 방식으로 참여하기를 바라는 기능적인 문제만은 아니었다. 그것은 노동자들이 개인으로서 자신이 누구인지 이해하는 방식을 근본적으로 바꾸려는 깊은 열망이었다. 대처의 '대중 자본주의'란 모든 사람이 자본가가 되어야 한다는 의미였고, 민영화는 그 목적을 위한 핵심 경로였다. 이 목적을 달성하기 위해, 영국 정부는 계급적 고정관념으로 가득한 대대적인 광고 캠페인에 자금까지 대가면서, 민영화를 통해 노동계급이 기업의 지분을 소유하도록 유도했다.

대처가 신자유주의를 채택하기도 전에, 이런 정체성 정치의 추세를 간파한 최초의 사상가 중 하나가 철학자이자 역사학자인 미셸 푸코Michel Foucault였다. 푸코는 1970년대 후반부터 자신의 강의에서, 주변에서 벌어지는 사회적·정치적 변화가 단순히 고전적인 자유주의 전통 속에서 이해되는 시장경제에 관한 것이 아니라는 점을 분명히 했다. 그보다는 이런 시장경제 원리가 경제학을 넘어 사회에 더 전반적으로 영향을 미치는 방식으로 변화하고 있음을 알아보았다. 그가 설명했듯이, 신자유주의는 개방적인 자유시장과 시장에 대한 최소한의 정부 개입을 중시하는 한편, 시민들에게는 경제적으로 자유주의적인 바로 그 가치를 그들 삶에 적용하도록 밀어붙이고자 했다. 푸코는 이렇게 설명한다.

신자유주의 정부의 개입은 다른 어떤 체제 못지않게 밀도 있고 빈번하며 적극적일 뿐 아니라 계속해서 일어난다. 그러나 중요하게 살펴봐야 할 것은 현재 정부가 이렇게 개입하는 요점이 무엇인가 하는 것이다. 이것은 자유주의 체제이므로, 정부는 시장 효과에 개입해서는 안 된다고들 이해되기 때문이다. 신자유주의든 신자유주의 정부든 시장이 사회에 미치는 파괴적인 영향을 바로잡아서는 안 되며 [……] 그 자체의 구조와 깊이로 사회에 개입해야 한다. 기본적으로 신자유주의는 경쟁 메커니즘이 사회 내의 매 순간 매 지점에서 규제적 역할을 할 수 있도록 사회에 개입해야 하며, 이런 방식으로 개입함으로써 그 목표, 즉 시장에 따른 사회의 전반적인 규제가 가능해질 것이다.[9]

푸코가 이런 경고를 하고 나서 몇 년 후에 시작된 대처의 계획은 정확히 경제 규제뿐 아니라 시장 메커니즘을 통해 사회까지 규제하기 위한 것이었다. "경제학은 방법입니다. 그 목적은 마음과 정신을 바꾸는 것입니다"[10]라고 대처는 주장했다. 사람들은 복지국가의 가부장적 족쇄에서 벗어나 냉철하고 질서 있게 경제적인 자기 개선을 추구하는 데 그 자유를 활용하게 될 터였다. 대처의 계획은 경제 프로젝트인 만큼이나 영국 국민에게 규율·독립성·자립성을 고취하기 위한 도덕 프로젝트이기도 했다.[11]

대처가 창조하고자 했던 그 '정신'은 진취적이면서 자본주의적인 성향을 띠는데, 이는 기업 문화에 일고 있던 더욱 광범위한 변화에도 반영되었다. 1983년은 특히 중요한 전환점이었다. '주주가치

sharehoder value'라는 용어가 일상적인 비즈니스 어휘의 일부가 된 것이 바로 이때였다. 이 용어는 1960년대 중반부터 경제지에서 이따금 보이고 있었고, 1970년대에는 학술 연구에 점점 자주 등장하기 시작했다. 그러나 1980년대 초에 들어와서는 기업 이사회의 초점이 되면서 사용 빈도가 기하급수적으로 증가했다. 1990년대에 이르면, 주주가치는 기업이 지켜야 할 기본 가치 중 하나로 확고하게 자리 잡았다.[12] 주주가치는 진취성 고취를 위한 대처 정책의 노력, 주주들의 재정적 안녕이 기업의 상업적 성공에 좌우될 주주 국가로 영국을 바꾸려는 대처주의의 열망에 전적으로 부합했다.

대처가 총리였을 때 밀턴 프리드먼이 고문이었고, 두 사람 모두 경제적 자유주의에 깊이 빠져 있었다는 사실은 기억할 가치가 있다. 민영화, 노동시장, 실업, 인플레이션, 통화 주권, 정부 부채 등과 관련한 대처주의 정책은 프리드먼의 경제 이론에서 곧바로 가져온 것이었다.[13] 2006년 프리드먼의 사망에 부쳐 대처가 한 말은 이를 잘 보여준다.

밀턴 프리드먼은 잊힌 거나 다름없었던 자유의 경제학을 부활시켰습니다. 그는 지적 자유의 투사였습니다. 그만큼 암울한 학문을 덜 암울하게 실천한 사람은 없었습니다. 오랜 친구의 명석한 지혜와 신랄한 유머가 저는 몹시 그리워질 것입니다.[14]

경영자들이 주주의 재정적 이익을 극대화하는 조치를 할 도덕적 의무가 있다는 것은 프리드먼의 주장이었으며, 이는 기업 거버넌스에서 새로운 방향의 토대가 되었다. 주주들이 우두머리였고, 경영자는 대리인 그 이상도 이하도 아니었다. 이전 세대에서는 기업 소유권과 기업 경영권의 분리가 갖는 의미를 두고 논쟁했지만,[15] 주주가치를 포용한 1980년대에는 경영진은 주가와 관련해 주주의 재정적 가치를 극대화해야 한다는 주장이 대세를 이루었다. 더욱이 경영진은 이 단일 목표를 추구하는 과정에서 혹시라도 다른 사람에게 미칠 수 있는 어떤 결과도 무시해야 한다.[16] 주주와 경영자 사이의 권력 균형에 근본적인 변화가 일어났고 이제 주주들(특히 기관투자자)이 주도권을 쥐게 되었다.[17] "경영자는 산업의 대공大公이 되었으며 그들을 통제할 효과적인 수단이 존재하지 않는다"라는 오랜 통념이 마침내 깨진 것이다. 주주가 더 중요해졌다.[18]

원칙적으로 주주가치란 배당금과 주식 자체의 가치 상승과 관련해 기업이 주주를 위해 창출하는 재정적 이익을 가리킨다. 이는 '주주가치 운동'으로 일컬어졌다. 1980년대에는 조직적 가치로서 주식 가치에 더욱 강하게 초점을 맞추면서 기업 임원진의 수를 늘리는 동력이 될 정도였다. 이와 같은 초점 이동은 1970년대에 특히 영국과 미국에서 진행된 경제 침체에 대한 대응이었는데, 부분적으로는 세계화되고 있는 경제 상황에서 기업들이 새로운 경쟁에 직면하면서 추진된 측면도 있었다. 기업 거버넌스에 대한 기존 태도의 정당성에 심각한 의문이 제기됨에 따라 접근방식의 근본적 변화를 위한 기틀이 마련되었다. 1980년대를 전환점으로 주주가치가 기업의 주요 목표라는 생각이 널리 퍼졌고, 이에 따라 성장이나 수익성, 시장 점유율, 주주 이외의 나머지 이들의 요구에 대한 부응 등 그 밖의 모든 목표는 기껏해야 부차적인 것이 되었다. 이제 "회사의 성장과 이익 유보, 재투자에 초점을 맞췄던 이전의 지배적인 기업 전략, 즉 '유지와 재투자' 대신에 즉각적인 주주의 이익을 제공하는 것이 1980년대의 핵심이 되었다"[19]는 점이 널리 받아들여졌다.

기업 거버넌스의 새로운 이데올로기로서 주주가치는 미국과 영국에서 먼저 수용되어 곧이어 유럽으로 전파되었으며, 다국적 대기업의 조치를 통해 전 세계에 영향을 미쳤다.[20] 사실상 1960년대와 1970년대부터 밀턴 프리드먼이 해오던 주장, 즉 기업의 유일한 책임은 자본 소유자에게 있다는 주장이 승리를 거둔 것이다. 경영학 교수 버나드 레이먼Bernard Reimann은 1985년 『비즈니스 호라이즌스』에 글을 쓰면서, 열정적으로 받아들여지고 있는 새로운 경영 교의를 다음과 같이 요약했다.

제품의 품질, 경쟁적 지위, 혁신 등의 측면에서 우수성을 추구하는 일은 그 자체를 위해서가 아니라 기업 주주들의 최대 이익을 뚜렷하게 염두에 두고 이루어질 것이다. 따라서 주주가치 창출은 우연에 맡겨지기보다는 의식적인 결정의 문제가 될 수 있다. 이것이 바로 주주들이 기업의 '우수성'을 통해 이익을 얻을 수 있는 유일한 방법이다.[21]

이런 주주 우선주의의 새 시대를 시작하는 데는 대처와 레이건의 옹호가 적잖은 역할을 했는데, 특히 경쟁의 증가, 효율성과 진취성 등을 이유로 국가가 기업 인수에 개입하는 경우가 줄어들었다.[22] 1980년대에 적대적인 기업 인수합병이 몰아쳤고, 자기 조직이 이러한 적대성의 표적이 되기를 원치 않는 경영자들에게 기업의 시장가치는 더욱 중요한 관심사가 되었다. 최악의 경우, 기업 사냥꾼은 주가가 낮은 회사의 주식을 대거 매수한 후, 매수 가격보다 높은 가치로 그 자산을 매각하곤 했다. 이런 형태의 기업 사냥과 자산 수탈은 1980년대에 절정에 이르렀다. 이런 행태는 1990년대에 이르러 거의 사라졌지만, 이는 근본적인 권력이 경영자에서 주주에게로 넘어갔다는 유산을 남겼다.

주주 우선주의는 경영진 보수의 개편으로 이어졌다. 새로운 급여 체계가 고안되어 주주가치를 증대하도록 '인센티브로 장려'하고, 경영진과 주주 간의 적대감을 완화하며, 주주의 이익을 위해 최고의 성과를 낸 임원을 다른 고용주에게 가로채이는 일이 없도록 확실히 함으로써 기업 이익을 보호하게 했다. 임원의 급여 봉투는 지분 소유권, 스톡옵션, 주가 연계 보너스 등의 형태로 주주가치와 직접 연계되었다. 이 시기에 임원 보수가 일반 직원의 보수에 비해 크게 인상된 것도 결코 놀랄 일은 아니었다. 미국의 예를 들면, 1978년에 CEO들은 일반 직원의 약 30배에 해당하는 임금을 받았다. 1980년대 말에 이르면 그 비율이 두 배 증가해 약 60배에 달했다. 1990년대 말에는 그 비율이 400배까지 폭등했다.[23]

이런 추세를 요약하면서 경제사회학자 조한 헤일브런Johan Heilbron,

요헴 베르휠Jochem Verheul, 샌더 콱Sander Quack은 다음과 같이 설명한다.

핵심 사업 목표로 주주가치가 확산되면서 [……] 임원들의 보수가 대폭 인상되었는데, 이는 경영 엘리트들이 왜 이 새로운 원칙을 비교적 빠르게 수용했는지 부분적인 설명이 된다. 1980년대와 1990년대 초에 이루어진 주주가치 확산은 임원 보수의 증가와 동시에 일어났고, 이는 소득과 부의 불평등 증가의 배경을 상당 부분 설명해준다.[24]

주식 관련 인센티브가 시행되면서 경영진이 자기 주머니를 불릴 수 있는 사업 전략을 모색함에 따라 경영상의 의사결정도 바뀌었다.[25] 임원의 급여가 두둑해질수록 기업 규모를 축소하고 직원을 해고하는 광범위한 흐름이 동반되었는데, 이는 금융 위기에 대응하기 위한 수단이 아니라 경제 성장기에 주식의 가치를 높이려는 방편이었다. 그 결과는 생계 수단으로서 당연하게 여겨졌던 일자리가 사라지는 것에서 그치지 않았다. 경제 전반에 걸쳐 고용 불안과 불안정성이 증가하기 시작했다.[26] 자본 소유를 통한 공동 번영이라는 대처의 약속은 기껏해야 몽상이며 나쁘게 말해 사기임이 드러났다. 주주들이 우선이었고, 주주와 그들의 경영 대리인은 다른 모든 사람을 희생시키면서 전 세계 부의 더 많은 몫을 가져가고 있었다.[27]

자본주의적 권한의 새로운 형태로서 주주가치라는 관념 자체는 1950년대부터 주장되어온 사회적 책임의 형태와는 상충되는 것처럼 보일 것이다. 특히 프리드먼이 그런 모든 관념에 반대했다는 점을 고려하면 더욱 그렇다. 이를 고려할 때 우리는 자본 소유주가 아닌 다른 누구의 관리 책임도 인정하지 않는 프리드먼의 태도가 순전히 그 자신의 관점에서 나왔다고 너무 성급하게 가정해서는 안 된다. 사실, 1980년대부터 사회적 책임에 대한 요구가 자취를 감춘 것은 아니었다. 현실은 그와는 정반대로 주주가치의 시대에 기업의 사회적 책임, 즉 흔히 쓰는 용어로 CSR에 대한 지지가 동시에 급증하고 있었다. 그러나 이 새로운 기업의 사회적 책임이 중요하게 다른 점은 그것 역시 주주가치라는 무기의 일부가 되었다는 사실이다. 사회에 대한 주요 관심이나 사회주의를 대체하는 성격이 없는 사회적 책임은 이기적인 기업 전략에 더욱 완벽하게 통합되었다.

"사회적 책임을 위한 비즈니스 사례"는 이런 변화의 선두에 있었다. 이 새로운 형태의 사회적 책임은 경영진이 주주가치 증대를 위해 의도적으로 활용할 수 있는 기업 전략의 일부였다. 만약 한 기업이 CSR을 수용한다면, 그것을 통해 재무 성과가 높아진다는 점을 입증함으로써 CSR을 정당화하는 비즈니스 사례가 있기 때문일 터였다. 물론 당연한 귀결은, 설사 사회적으로 유익한 활동일지라도 주주가치에 이바지하지 않는다면, 기업은 그런 활동을 피해야 한다는 것이었다. "대부분의 회사는 이해관계자에 대한 사전 약속 때문에 그랬다기보다는 장기적 가치를 극대화하기 위한 수단으로서 CSR 계획에 자원을 쏟는"[28] 것이 지배적인 추세였다. 무엇보다 전략적 연관성이 발생하는 것으로 보였는데, CSR은 기업활동의 공적 정당성을 높여주고, 선의를 강화하며, 노골적인 자본주의적 착취에 대해 이해관계자들이 저항할 위험성을 궁극적으로 완화할 수 있었기 때문이다. 진부한 표현이기는 하지만, "좋은 윤리는 좋은 사업"이었다. 아니 적어도 겉모습이라도 좋으면 좋은 사업이었다. 이렇게 해서 사회적 책임은 주주가치 극대화라는 기업 목표와 완전히 일치하는 것으로 여겨지게 되었다.

기업 거버넌스를 연구하는 패디 아일랜드Paddy Ireland와 레진 필레이Regine Pillay는 주주가치와 CSR의 연관성을 요약한다. 이들은 CSR의 초기 버전은 주주 우선주의 원칙에 도전하려는 시도를 포함하고 있었지만, 21세기가 시작될 때는 상황이 크게 바뀌었다고 인정했다.

CSR에 관한 생각들은 이사들이 오직 주주에게만 집행할 수 있는 의무를 진 사기업의 주주 중심 모델을 전제하는 경향이 있다. 사회적 책임을 가진 기업에 관한 초기의 관념은 진정 혁신적인 강점이 있었던 반면 [……] 오늘날 CSR은 그 본질상 개량적이어서, 기업은 오로지 주주와 이익 지향적인 사적 사업이라는 관념을 뒤흔들거나 대체하는 대신 오히려 강화하려고 한다.[29]

그렇다면 주주가치 운동은 왜 CSR을 필요로 했을까? 주주 우선주의가 1980년대와 1990년대를 지배했는지 몰라도, 21세기에 접어든 첫 10년 동안 그 가치에 대해서는 깊은 의문이 제기되었다. 2001년 엔론Enron과 2002년 월드컴WorldCom 같은 회사의 기업 회계 스캔들이 터지면서 기업에 대한 신뢰가 흔들렸다. 2000년 닷컴 버블 붕괴의 금융 위기와 2007년의 세계 금융 위기 또한 경제 시스템의 효율성에 대해 깊은 의구심을 불러일으켰다. 세계 자본주의는 이제 대처와 레이건이 약속했던 번영으로 가는 탄탄대로처럼 보이지 않았다. 오히려 이런 사건들은 CEO의 탐욕, 주식시장에 대한 광신, 부패한 이기심의 결과라고 여겨졌다. 이에 대응해 CSR은 주주 우선주의를 근본적으로 바꾸지 않고도 그것을 더 입맛에 맞게 만들어줄 진정제가 되었다. 이즈음 등장한 것이 이른바 "계몽된 가치 극대화"라는 것으로, "기업 이해관계자 집단에 대한 1달러의 투자는 한정된 시간 범위 내 최소 1달러의 기대 수익에 따라 정당화되어야 한다"는 것이었다.[30]

이전 세대는 기업이 사회적 책임을 져야 하는지, 아니면 주주에게만 책임이 있는지 하는 문제를 두고 열띤 논쟁을 벌인 반면, 대처와 레이건 이후의 새로운 CSR은 주주가치를 높여줄 하나의 기업 전략으로서 전면적으로 받아들여졌다. CSR이 기업계에 어느 정도로 널리 퍼지게 되었는지를 과소평가하지 않도록 하자. 21세기에 접어들어 CSR은 대기업 내에서 많이 제도화되었다. 원칙적으로 CSR은 자발적이었지만, 실제로는 모든 기업이 CSR 활동에 투자할 것으로 기대되었다. 기업 자선활동부터 '윤리적' 제품 판매, 환경 경영에 이르기까지 모든 것이 가정된 비즈니스 사례를 근거로 정당화되었다.[31] 아마도 가장 영향력 있게 이를 인정한 사람은 하버드대학교 교수 마이클 포터Michael Porter와 마크 크레이머Mark Kramer일 것이다. 이들은 2011년에 발표한 유명한 논문 「공유가치 창출Creating shared value」[32]에서, 최고의 기업들이 단기적 재무 결과에 초점을 맞추는 근시안적이고 구시대적인 '가치 창출' 개념에서 벗어났다고 주장했다. 이들은 기업이 스스로를 위한 가치를 극대화하는 동시에 사회적 과제를 해결하는 방법을 찾아야만 장기적 이익을 달성하게 된다고 주장했다. 포터와 크레이머는 이런 접근방식을 보여준 기업으로 제너럴 일렉트릭, 월마트, 네슬레, 존슨앤드존슨, 유니레버 등을 예로 들었다.

포터와 크레이머가 제시한 공유가치 개념에 힘입어, 과거의 사회적 문제들은 기업의 전략적 기회로서 재조명되었다. 다시 말해 주주가치를 높이는 수단이 된 것이다. 그런 개념들은 기업계 내에서는 널리 인기를 끌었지만, 한편으로는 사업의 이해관계와 사회적 문제 사이의 긴장을 은근슬쩍 얼버무렸고 확대되는 불평등을 무시했으며, 기업활동의 복잡성을 크게 단순화했다. 기업 조직의 입장에서는 편리하게도, 공유가치는 "기업 사리 추구의 신성함에는 의문을 던지지도 않은 채 기업의 목적을 재고하는" 척했다.[33]

주주가치가 기업 거버넌스의 기본 원칙으로 자리 잡음에 따라 세계화되는 경제에서 기업은 더욱 지배적인 위치를 차지하게 되었다. 다국적 기업들의 위세가 너무 막강해서 이들은 전통적으로 국민국가에 주어졌던 주권의 수준을 달성했다고 묘사될 정도였다. 국가들의 국내총생산을 글로벌 기업의 매출과 비교하면, 세기가 바뀔 무렵 세계 100대 경제 주체 가운데 51개가 기업이었다.[34] 권력이 기업으로 이동하는 흐름이 개별 기업체의 부와 권력에 관한 문제가 아니라 권력이 기업 부문으로, 더 일반적으로는 자본주의로 이양되는 정치 시스템 내의 변화라는 점을 인식하는 것이 중요하다. 그러나 결국 개별 기업은 왔다가 사라지기 마련이다. 재무학 교수 데이비드 미카일럭David Michayluk은 흥미로운 한 분석에서, 뉴욕 증권거래소의 역사를 통틀어 '단일 문자 티커'를 가진 기업들을 추적했다. 단일 문자 티커는 주식 거래량이 가장 많은 최고 엘리트 기업에 부여되는 부호로, 한 번의 키 입력만으로 매매 거래 추석이 가능하다는 이점이 있다. 20세기 초부터 21세기 초까지, 특히 1960년대부터는 단일 문자 티커 기업들의 가치가 크게 하락했다. 오늘날은 이런 부호가 거의 사용되지 않는 지경에 이르렀다. 대체로 이들 기업은 사라졌거나 중요성이 감소했다.[35]

    기업 자본주의는 새로운 기업들의 등장과 경영을 통해 스스로를 재창조했고, 따라서 변화하는 환경에 적응하는 하나의 시스템으로서 성공했음이 입증되었다. 기업의 사회적 책임을 통한 기업 도덕화는 이를 보여주는 최근의 주요 사례다. 기업 주권의 시대에 사회적 책임은 기업 도덕화를 통한 기업권력의 확대라는 새로운 목적을 띠게 되었다. 이런 움직임은 기업의 탐욕스러운 글로벌 확장에 연막이 되어줄 기업 윤리 인증을 확립하기 위한 것이었다.[36] 경영학 교수 보비 바너지Bobby Banerjee는 그 상황을 가차 없는 말로 설명한다.

그것이 해방의 수사를 늘어놓음에도 기업의 시민의식, 사회적 책임, 지속가능성에 대한 담론은 편협한 기업 이익에 따라 정의되며, 외부 이해관계자의 이익을 축소하는 역할을 한다. [그것들은] 대기업의 권력을 정당화하기 위한 이데올로기적 운동이다.[37]

1980년대 이전에 존재했던 사회적 책임의 형태가 자본주의를 지키기 위해 기업의 힘을 누그러뜨리려 노력했던 데 비해 2000년대의 상황은 이미 달라져 있었다. 이제 뚜렷해진 기업 책임주의는 기업 자본주의 강화를 위해 기업권력을 유지, 확대하는 일과 관련된 모든 것이었다.[38] 마침내 우리는 여기서 사회적 책임이 주주가치 개념에 완전히 흡수, 통합되었음을 보게 된다.

사회적 책임과 기업권력, 주주가치의 연결은 깨어있는 자본주의의 등장을 위한 토대가 되었다. 여기서 중요한 변화는 기업이 CSR의 비즈니스 사례를 활용한다기보다는 깨어있는 자본주의가 이른바 '정치적 사례'라 부를 만한 것에 의존한다는 점이다. 깨어있는 자본주의의 등장으로 기업이 자사의 핵심 사업과 직접적인 관련이 없더라도 책임 있어 보이는 행위에 참여하게 되면서, 기업의 영역은 더욱 확대되었다. 이런 참여는 가장 흔하게는 진보적인 사회적 대의에 대한 공개적인 지지나 자금 지원과 관련이 있다. 이것이 단순히 기업 브랜딩의 문제이며, 기업이 광범한 대중적 호소력이 있다고 생각하는 정치적 사안과 연관시킴으로써 이익을 얻으려는 속셈이라고 결론짓기는 쉬운 일일 것이다. 그런 경우도 있겠지만, 깨어있는 자본주의는 그보다 훨씬 더 나아가는데, 기업이 공적 영역, 적어도 민주주의 전통에서 국가와 시민사회의 영역이던 곳을 통제하기 위해 힘으로 밀어붙인다는 점에서 그렇다. 깨어있는 자본주의는 주로 기업권력에 관한 것이다. 자유민주주의와 자본주의를 오랫동안 연결하던 사슬을 깨부숨으로써 기업이 경제 영역에서는 물론 정치 영역에서도 세계 지배의 길을 계속 나아갈 수 있도록 하는 것이다.

깨어있는 자본주의의 새 시대로 전환했음을 알리는 중요한 신호는 2020년까지 주주가치에 관한 모든 논쟁이 끝난 것처럼 보였다는 것이다. 그 국제적 영향이 가장 뚜렷하게 나타났던 것이 스위스의 알프스 휴양지 다보스에서 열린 세계경제포럼 총회였다. 2장에서 보았듯이, 2020년 총회의 명시적인 주제는 '이해관계자 자본주의'였다. 이 포럼이 천명한 목적은 "세계적·지역적·산업적 의제를 설정하기 위해 가장 중요한 정치, 기업, 문화, 기타 분야의 지도자들"을 참여시키는 것이었다.[39] 매년 1월 세계 지도자들 중 글로벌 엘리트, 억만장자, 유명인사들, 그 밖의 실력자들이 의제 '설정'을 위해 모인다. 2020년 총회가 특히 흥미로웠던 것은, 그 포럼의 창립 50주년이었을 뿐 아니라 깨어있는 자본주의의 도래를 알렸기 때문이다. 그 회의장 주변을 배회하던 컬럼비아대학교 법학 교수 팀 우 Tim Woo는 참석자들이 "기업계가 행동을 정화하고 있다"라며 열변을 토하는 모습을 목격했다. 약 40년 전 대처는 기업과 자유시장의 미덕을 옹호했는지 몰라도, 다보스의 깨어있음을 관찰하던 우는 자신이 "간편복 차림의 버니 샌더스 집회"에 발을 잘못 들였으며,

"고삐 풀린 자본주의가 너무 멀리까지 갔다, 기업의 탐욕이 지구를 위험에 빠뜨렸다, 급진적 변화를 요구하는 시간이 왔다"라고 생각했다.[40] 자본주의가 반反자본주의적 사회주의의 탈을 쓰고 있었다!

우가 가리킨 것은 2020년 총회에 맞춰 발표된 세계경제포럼 선언문이었다. 이 선언은 "새로운 형태의 자본주의," 경제적으로 지속 불가능한 성격이라 묘사되던 주주 자본주의를 뛰어넘는 자본주의가 필요하다고 공언했다. 이 선언문은 그 자체를 "기업의 지침이 될 일군의 윤리 원칙"이라 묘사하면서, 기업의 목적에 대해 강제성이 없고 듣기 좋은 일련의 진술을 제시했다. 기업은 "지속 가능한 공유 가치 창출에 모든 이해관계자를 참여"시켜야 했다. 이 맥락에서 소비자에게는 매력적인 가치가 제안되고, 노동자는 존중받으며, 공급업체는 파트너가 되고, 세금은 정부에 납부되며, 기업 스스로는 세계를 개선할 의무가 있는 세계 시민으로 간주한다. 이는 '사랑의' 자본주의, 한때 이기심에 사로잡히고 이익에 굶주려 주가를 극대화하던 기업이 자기 방식의 오류를 깨닫고 공동의 이익을 위해 그 힘을 발휘하기 시작할 새로운 형태의 자본주의라는 유토피아적 전망처럼 보일 수도 있을 것이다. 바로 여기에 문제가 있다. 그 선언은 그 원칙의 동기를 분명히 밝히고 있다. "이해관계자들" 모두가 "회사의 장기적 번영을 강화하는 정책과 결정에 대한 공동의 책무"에 따라 움직여야 한다는 것이다.[41] 깨어있는 자본주의는 비록 진보적인 양의 탈을 쓰고 있지만, 근본적으로 그리고 우선적으로는 장기적인 기업 이익과 결합되어 있다. 더욱이 얼핏 기업의 관대함을 보여주는 듯한 매우 타인 중심적인 프로그램 같은 것도 좀 더 자세히 따져보면 사회의 모든 구성원과 기관을 자기 이익의 그물망에 끌어들이려는 기업의 시도임이 드러난다. 이케아의 소매 책임자 톨가 왼주Tolga Öncü가 다보스에 왔을 때 말했듯이 "좋은 일을 하는 것은 좋은 사업이다."⁴²

『뉴 스테이츠먼』의 국제면 편집자 제러미 클리프Jeremy Cliffe는 다보스의 깨어있는 의제에 관해 인상적인 분석을 남겼다. 그 새로운 선언은 본질적으로는 1980년대에 대처와 레이건이 족발하고 21세기 초에 성숙기로 접어든 기업의 과도함과 불평등에 대한 대응, 적어도 수사적인 대응이었다. 확대되는 불평등과 권리 박탈에 대해 수많은 세계 시민의 포퓰리즘적 반발이 거세지던 시대에, 클리프는 새롭게 깨어난 이 자본주의를 가리켜 "세계 문제에 대한 진지한 대답이자 넌더리를 내는 노동자·소비자·유권자에 대비한 보험 정책"이라고 했다.⁴³ 조세를 통한 부의 분배, 국가의 시장 규제, 노동자들의 노조 결성 등에 기반한 사회민주주의에 대한 직접적인 모욕으로서 깨어있는 자본주의를 내세워 정치적으로 지배하는 것은 바로 자본가들이다. 오늘날의 깨어있는 자본주의가 과거 기업의 사회적 책임과 다른 점은 그것이 단지 정당성 유지, 반란 방지, 사전적 규제 예방을 위한 것이 아니라는 점이다. 그것은 이념적으로나 실질적으로 민주주의를 직접 장악하기 위한 것이다.

6장

깨어있는

탈을 쓴 늑대

"근본적인 경제 변화, 지속적인 해결책을 제시하지 못한 정부의 실패로 말미암아 사회가 불안해진 나머지, 공공기업과 민간기업이 긴급한 사회적·경제적 사안을 해결해주기를 기대하는 경우가 점점 늘어나고 있습니다."[1] 자산운용사 블랙록의 억만장자 수장 래리 핑크는 이렇게 썼다. 이 메시지는 블랙록이 투자한 기업 CEO들에게 보내는 2019년의 연례 서한에서 나온 것이다. 그 서한은 핑크가 사회적 책임이라고 생각하는 것을 널리 전파하기 위한 연단이었다. 핑크는 불확실한 금융시장에다 자신감이 사그라들고 임금은 정체되고 테크놀로지가 일자리를 위협하는 암울한 세계의 그림을 그렸다. 그 세계가 초래한 결과는 "대중의 분노, 국민주의, 외국인 혐오" 등으로 전 세계에서 나타나고 있는 사회 불안의 물결이라고 그는 말했다. 민주주의 국가는 제 기능을 잃었고 공공기관에 대한 신뢰는 땅에 떨어지고 있었다.

  이런 암울한 시대에서 벗어나기 위해 무엇을 할 수 있을까? 사람들은 기업이 해결책을 제시하기를 원한다는 것이 핑크의 대답이었다. 그것이 환경보호에 관한 것이든 지속 가능한 은퇴 소득, 또는 젠더 불평등이나 인종차별에 관한 것이든, 핑크에 따르면 기업이 구조에 나설 필요가 있었다. "세계는 여러분의 리더십을 원합니다." 핑크는 도덕적 확신을 담아 CEO들에게 설명했다. 핑크로서는 이런 입장이 급진적인 일탈은 아니었다. 이는 그가 2018년에 똑같은 CEO들에게 보낸 서한의 내용을 보강하고 있었다. 예전의 서한에서도 그는 "사회가 점점 더 민간 부문에 의존하고 있으며 더욱 광범위한 사회적 과제에 대응할 것을 기업에 요구하고 있다"라고 주장했다. 그의 메시지는 분명했다. "사회는 공공기업과 민간기업 모두가 사회적 목적에 이바지하기를 요구하고 있다"는 것이었다.[2]

 핑크의 서한들은 미디어에서 큰 관심을 끌었고, 기업이 사회적 책임을 져야 한다는 그의 주장을 두고 전문가들은 열띤 논쟁을 벌였다. 극우에서는 『브레이트바트 뉴스*Breitbart News*』가 2018년에 다음과 같은 선정적인 기사 제목을 달았다. "블랙록의 배신: #깨어있는월스트리트가 미국 기업계에 좌파 의제를 강요하다." 브레이트바트가 보기에, CEO들에게는 그들이 경영하는 기업이 사회에 공헌하게 할 책임이 있다는 핑크의 주장은 직권 남용이었다. 더욱이 핑크가 사악하게도 자기 위치를 이용해 기업들로 하여금 "기업의 책임이라는 명목으로 좌파적 정책 목표를 채택"하게끔 하는 것은 사회주의의 음모였다.[3] 폭스 비즈니스도 비슷한 평가를 하면서, 핑크의 입장은 '기업 사회주의'라는 위험한 추세를 보여주는 사례라고 했다. 폭스 비즈니스는 델라웨어대학교 기업 거버넌스 교수인 찰스 엘슨Charles Elson의 말을 인용했는데, 그는 "CEO는 쉽게 얻은 돈이라도 경제적 수익을 창출하지 못할 수도 있는 목표를 추진하는 데

써서는 안 된다"라는 우파의 진부한 신조를 주장했다.[4] 여기에는 깨어있는 자본주의에 대한 표준적이고 반사적인 비평이 담겨 있다. 깨어있는 자본주의가 도덕적으로 명백히 나쁘지는 않다고 하더라도, 진보 좌파 정치의 부정한 매력에 굴복했기 때문에 위험하다는 것이다.

핑크가 CEO들에게 보내는 2020년 서한을 발표했을 때도 비슷한 반응이 나왔다. 이번에 그가 염두에 둔 것은 환경문제였다. 핑크는 수백만 명이 대책을 촉구하며 거리로 쏟아져 나온 2019년의 기후 변화 시위를 직접 언급하면서, CEO들에게 "기후 위험이 우리의 물리적 세계는 물론 경제 성장의 재원을 공급하는 글로벌 시스템에 어떤 영향을 미칠지" 이해하라고 호소했다. 핑크의 메시지는 CEO들이 에너지원으로 화석 연료를 태우는 관행에서 벗어나 세계적인 전환을 지원할 책임이 있다는 것이었다. 이는 그저 친절한 조언이 아니었다. 핑크의 회사가 권력과 투자의 방향을 돌릴 능력이 있다는 것은 곧 그가 실력행사를 할 수 있으며 그 힘을 기꺼이 쓰겠다고 약속한다는 의미다. 은밀한 위협처럼 들리는 말로 그는 다음과 같이 분명히 밝혔다. "기업이 지속가능성 관련 공시와 그 바탕이 되는 비즈니스 관행이나 계획과 관련해 충분한 진전이 없을 시에는 [블랙록이] 경영진과 이사회에 반대표를 던지는 경우가 더욱 늘어날 것입니다." 다시 말해 그는 CEO들에게 기후 변화 해결을 지원하지 않으면 블랙록이 투자금을 다른 곳으로 옮길 것이라고 협박하고 있었다.[5]

블랙록은 단지 가짜 깨어있음의 공허한 수사를 연습하고 있던 것이 아니었다. 2020년 1월, 이 자산운용사는 지속가능성의 위험도가 높은 투자를 철회할 것이라고 공식 발표했다. 불과 몇 년 전이라면 정치적으로 불가능할 것 같았던 일이 벌어지자, 환경운동가들이 결집해 핑크와 그의 회사를 지지하며, 이는 '역사적인 순간'이자 '놀라운 돌파구'라고 선언했다.[6] 많은 사람이 핑크에게 박수를 보내며 그를 현대 CEO의 모델로 삼았다. 피터 호스트Peter Horst는 『포브스』에서 핑크의 2018년 서한을 인터넷의 발명과 아이폰의 출시에 비유했다. 비슷한 점이 있을까? 그것들 모두 "환경을 재정의하고 사건의 진행 방향을 바꾸는 분수령의 순간으로서 도드라진다." 호스트는 그 서한이 "전율을 일으킨다"고 했다. 정말이지 그것은 "CEO들에게 단순히 이익 제공을 넘어서, 세계를 더 나은 곳으로 만드는 리더십의 책임을 맡으라는 날카로운 호소"였다.[7]

핑크의 말은 헛소리가 아니었다. "블랙록이 53개 기업을 기후 미행동으로 처벌하다"라는 기사 제목이 2020년 7월 14일 『파이낸셜 타임스』에 등장했다. 이 신문이 언급한 것은 블랙록이 기후 변화와 관련해 적절한 진전이 없었다고 평가되는 회사들의 명단을 발표했다는 보도였다. 이 기다란 목록에는 충분한 조치를 하지 않았다고 질책받은 244개 기업이 이름을 올렸다. 자동차 제조업체 다임러, 석탄 채굴 대기업 피바디, 전기 회사 포텀 등 굵직한 기업들이 포함되어 있었다. 최종 목록에 오른 53개 기업은 블랙록이 연례 주주총회에서 직접 조치한 기업들이었다. 그 주요 조치로 블랙록은 보유 지분을 이용해 이사 재선임에 반대표를 던지고 제안된 경영 결정을 가로막았다. 블랙록은 감히 순응하려 하지 않는 나머지 기업들을 위협하는 것도 두려워하지 않았다. 일부 기업은 진전이 없다는 이유로 블랙록의 '감시 대상'에 올랐다는 말을 들었다. 이런 기업에는 12개월에서 18개월 이내에 행동을 수정하라는 지시가 떨어졌다. 만약 이들이 그 지침을 따르지 않으면 어떻게 될까? 블랙록에 따르면, 그들은 "만약 상당한 진전을 보이지 않을 경우 2021년 투표 행동을 당할 위험"이 있었다.[8]

이처럼 전술은 강압적이었지만, 핑크의 투자 회수 결정에 숨은 동기는 "지구를 구하기 위해 더 많은 것을 하라는 포퓰리즘적 압력"에 굴복했기 때문이라는 의문이 제기되었다.[9] 이 포퓰리즘이 지극히 국내적 사안으로 나타난다는 점은 주목할 만하다. 블랙록은 비록 미국에서는 깨어있는 선언을 했음에도, 중국에서는 온실가스를 마구 쏟아내는 사업에 막대한 지분을 보유하고 있다는 점에서 위선적이라는 비난을 많이 받고 있었다.[10] 그 결정이 서구의 포퓰리즘을 반영한 것일 수도 있다는 의심은 기업들이 깨어있는 자본주의에 가담하는 이유가 대중이 지지하는 유행을 따르기 때문이라는 생각을 확인시켜준다. 그 맥락을 따라 더 깊이 들어가면, 기업들이 깨어있음의 추세를 따르는 데는 정치 견해를 좌경화하도록 괴롭힘을 당하고 있다는 시각이 있다. 압력단체들이 기업활동의 방향 재설정에 미치는 효과를 보여주는 역사적 사례는 많다. 예를 들어 1980년대에 네슬레가 깨끗한 물을 구할 수 없는 여성들에게 분유를 홍보했다는 이유로 압력을 받은 일이나, 1990년대 프랑스 정부가 무루로아 환초에서 핵무기 실험을 한 후 프랑스 제품에 대한 세계적인 불매운동이 벌어진 일을 생각해보라.

깨어있는 자본주의는 다르다. 기업들은 행동가들이나 시위대의 요구에 순응한다기보다는 먼저 나서서 자신들의 명분을 홍보하며, 그와 관련해 자기 자랑을 하기 바쁘다. 그들의 표현대로라면 블랙록은 "기업의 사회적 책임, 지속가능성, 투자 관리, 투명성, 포용성과 다양성에서 블랙록의 리더십을 인정한 수많은 조직 중 몇몇 예에 불과"한 명단을 재빨리 내놓았다. 2020년 미국에서 가장 **공정한** 기업, "책임 있는 투자를 위한 원칙('PRI') 평가 보고서에서 전략과 거버넌스 점수 A⁺"를 받은 기업, 북미에서 가장 지속 가능한 기업들인 다우존스 지수에 포함된 기업 등이 이름을 올렸다.[11] 그리고 핑크는 "모든 정부, 기업, 주주는 기후 변화에 맞서야 한다"라고 선언하고, 불과 일주일 후인 2020년 2월에 그 회사의 9,800만 달러짜리 전용 제트기를 타고 뉴욕에서 시드니까지 1만 6,000킬로미터를 날아가 오스트레일리아 금융업계를 상대로 글로벌 현황에 대해 강연했다. 그 과정에서 그 호화 비행기는 시간당 1,100킬로그램의 제트 연료를 소모했다. 언론이 그를 독선적이라고, 또는 위선적이라고 비난하는 것도 그다지 놀랄 일은 아니었다.[12]

『스펙테이터 Spectator』지는 래리 핑크의 행동이 "'깨어있는 자본주의'라는 더욱 일반적인 추세"를 나타내고 있으며, "그로 말미암아 정당 정치 싸움에서 한쪽의 편을 들 생각이 없는 기업들은 문화전쟁에 뛰어든다"라고 논평했다. 이 설명에 따르면, 기업들은 반기업적 요구에 순순히 응하지 않으면 자신들의 생계를 위협할 분노한 좌파 정치 폭도의 압력에 굴복하고 있다. 『스펙테이터』는 이렇게 의견을 밝혔다. "땅에서 석탄, 석유, 가스를 뽑아내는 일은 '계몽된' 은행가들에게 처벌받을 정도의 반사회적 행동이 아니다. 그것은 [……] 지난 두 세기 동안 모두가 몰라볼 만큼 생활수준을 변화시킨 과정의 일부다."[13] 그런데 블랙록은 자본주의 공격을 목표로 삼은 녹색 폭군에 그냥 굴복해버린 것이다.

핑크의 말과 행동에 대한 이런 식의 반응에서 우리는 깨어있는 자본주의를 더욱 순수한 형태의 자본주의의 미덕 자체에 대한 직접적이고 오도된 공격으로 이해하는 우파의 다양한 비판을 보게 된다. 이들은 기업들이 자신의 진정한 소명과 그 소명을 뒷받침하는 이념적인 경제적 보수주의를 망각했다고 주장한다. 깨어있는 자본가들은 기후운동, 정치적 올바름, 정체성 정치 같은 것들을 팔아먹는 좌파 사기꾼들에게 저항할 능력이 없다는 점에서 의지가 약하고 별 볼 일 없는 존재로 자리매김된다. 에머리대학교 액턴연구소의 새뮤얼 그레그Samuel Greg는 이를 직설적으로 표현했다. "깨어있는 자본주의는 기업을 부패시킨다."[14] 왜 그런가 하면, 깨어있는 자본주의는 진보 정치가 어떻게 기업을 유혹하고, 그러면서 기업의 진정한 사회적 목적을 망각하게 만드는지 보여주기 때문이다.

그레그의 주장에 따르면, 기업은 특정한 목적을 가지며, 이 목적을 추구하는 과정에서 성가신 좌파 의제에 개입하느라 길을 벗어나서는 안 된다. 기업의 목적은 경제 분야에 국한되어 있고, 그러므로 정치 명분(특히 진보적 명분)에 개입하는 것은 기업의 주요 목표를 벗어난 일이며, 따라서 전부 피해야 한다는 결론으로 이어진다. 여기서 정치에 초점을 두고 있다는 사실은 깨어있는 자본주의에 대한 오늘날의 비판과 과거 기업의 사회적 책임에 대한 비판 사이에 큰 차이가 있음을 말해준다. 사람들이 깨어있는 자본주의를 비난하는 이유는 그것이 엄밀하게 사업이 아닌 활동에 기업을 참여시키기 때문이기도 하지만, 그런 활동이 정치적으로 진보적이라고 여겨지기 때문이기도 하다.

깨어있는 기업을 비난하는 행위는 좌파 사상이 등장하는 곳마다 어김없이 공격하는 보수 정치 내 더 큰 움직임의 일환이다. 그렇다고 해서 기업이 사회에 공헌하지 않는다는 것이 보수의 입장이라는 얘기는 아니다. 적어도 그레그가 보기에 그런 공헌은 "사람들의 물질적 필요와 요구를 충족시키는 부의 창출과 성장"에 국한된다. 그레그는 보수주의자다운 허세를 부리면서, "기업은 마르크스주의 같은 의식 고양 운동에 참여하거나, 가족구조를 바꾸거나, 세계 평화를 확립하거나, 심지어 한 국가의 역사적 잘못을 바로잡기 위해 존재하지 않는다"라고 주장한다.[15] 이 주장대로라면 깨어있는 자본가들은 남색 정장의 은행가와 금융가를 가득 태운 트로이의 목마에 숨어 자본주의에 침투하는 급진 공산주의 위장 침입자들처럼 보일 만하다!

잡지 『아메리칸 컨서버티브』의 수석 편집자 로드 드레허는 기업은 깨어있는 것에는 일체 손을 대지 말아야 한다는 생각을 특히 강조했다. 드레허는 "깨어있는 자본주의는 우리의 적이다"라고 선언하는데, 여기서 문제의 '우리'는 정치적 보수주의자들이다. 그의 설명을 빌리면, 깨어있는 자본주의는 진보 정치에 으레 따라오는 일종의 종교적 열정을 갖도록 사람들을 개종시키려 한다는 점에서 전체주의적이면서 조종에 능하다. "[깨어있는 자본주의는] 혁명의 목표와 방법을 기업에 좋은 것으로, 직원들에게는 미덕을 행사할 기회로 재정의함으로써 사람들이 문화혁명을 받아들이고 참여하게끔 강요하는 것"[16]이라고 맹비난했다. 드레허에게 깨어있는 자본주의는 '문화 제국주의' 또는 '연성 전체주의'의 한 형태로, 기업이 진보적 입장을 취하는 것은 다른 이들, 예를 들면 직원들에게 상당한 정치적 압력을 가해 설사 같은 입장을 믿지 않는다 해도 지지하도록 만든다. 그는 스웨덴의 가구회사 이케아의 예를 제시했다. 이케아는 회사가 지원하는 게이 프라이드 운동이 자신의 종교 신념에 위배된다며 반대한 남성 직원을 해고했다.[17]

앞에서 언급했다시피, 깨어있는 자본주의가 문화적으로 진보적인 대의에 얽매여 있다는 보수주의자들의 비평은 결국 그것이 '진짜' 자본주의의 참되고 고결한 가치에 대한 폐기라는 생각으로까지 확장된다. 깨어있는 자본주의는 CEO들을 혹하게 만들어 그들을 반자본주의의 길로 호도하는 좌파의 세뇌작용일 뿐이다. 그러나 핑크에게 돌아가서, 독자들이 그의 서한을 읽는다면, 그가 하고 있는 말은 이와 다르다는 것을 알게 된다. 그는 여러 가지 이유로

CEO들에게 깨어나라고 호소하지만, 무엇보다 가장 중요한 이유는 그것이 기업을 위해 좋다는 것이다. 핑크는 CEO들의 도덕적 양심에 호소하는 것이 아니다. 그는 돈을 벌 수 있는 최선의 방법, 특히 장기적으로 벌 수 있는 최선의 방법과 관련해 CEO들의 견해를 바꾸기 위해 설득하고 있다. 오히려 핑크는 자신을 자본주의의 구세주로 여기고 있다. 기업은 그의 복음을 따름으로써 구원을 받고 경제적 지배를 강화할 수 있다. 핑크는 기업이 공적 문제를 해결할 수 있고 해결해야 하는 방법을 옹호하는 한편으로 그 동기에 대한 의문에 대해서도 대답했다. "기업의 목적과 이해관계자에 대한 책임을 다하는 기업들은 장기적으로 보상을 받습니다."[18]

그것은 어떤 종류의 보상일까? 핑크는 부정의 방식으로 대답하면서, 공적인 문제를 다루지 않는 기업들은 그들의 활동을 위협하게 될 시민 소요와 산업적 공격성을 맞닥뜨릴 수 있다고 경고했다. 핑크가 제시한 두 번째 동기는, 새로운 세대가 등장함에 따라 기업의 재무적 가치와 장기 수익성은 점점 더 "환경·사회·거버넌스 문제"에 기반하게 된다는 것이었다.[19] 예를 들어 환경문제에 대해서 핑크는 이렇게 말한다. "기후 변화는 기업의 장기 전망에서 결정적인 요소가 되었습니다." 이 말의 의미는 사람들이 환경 친화적인 기업에 투자하게 되고 결국 그런 기업이 더 많은 돈을 벌 수 있다는 얘기다. 여기에는 어떤 해석이나 분석이 필요하지 않다. 핑크는 돌려 말하지 않는다. "우리의 투자 확신은 지속가능성과 기후 통합 포트폴리오가 투자자들에게 더 나은 위험 조정 수익을 제공할 수 있다는 것입니다."[20]

여기서 우리는 핑크가 자신의 신념에 충실하다고 결론을 내리는 것이 합리적이다. 그가 상스러운 좌파에 속아 집단적 선의 토대에서 진보적 대의를 추구해야 한다고 믿게 되었다고 보기는 힘들다. 어림없는 소리다. 그는 그 서한을 받아보는 CEO들이 대표하는 바와 같이, 사적인 이익에 호소하고 있다. 핑크는 기업들이 더욱 큰 사회적 책임을 맡고, 환경을 돌보고, 노동자의 은퇴 소득을 배려하고, 지역사회를 지원하는 것을 옹호하지만, 결국 그 핵심은 "자신의 목적과 이해관계자에 책임을 다하는 기업들은 장기적으로 보상을" 받는다는 것이다.[21] 달리 말해, 깨어나지 않으면 파산한다!

핑크의 입장은 깨어있는 자본주의가 부활한 사회주의의 파도를 타고 밀려온 자본주의의 폐기가 아님을 보여준다. 깨어있는 자본주의는 자본주의가, 또는 적어도 기업 자본주의가 미래의 그 생존능력을 보존하기 위해 현재의 조건에 적응하기 위한 하나의 방법으로 등장한다. 일부 사람에게 이것은 축하할 이유가 된다. 하버드 경영대학원의 빌 조지Bill George는 『포브스』에 기고한 글에서, "핑크는 사회주의자가 아니"라고 말했을 뿐 아니라 그가 "세계에서 가장 위대한 자본주의자 중 하나"라고까지 선언했다. 왜 그랬을까? 조지에 따르면, 기업이 사회적 목적을 가질 때 직원들은 자기 삶을 의미 있게 만들려는 노력의 일환으로 자신의 목적의식을 회사의 목적의식과 일치시키기 때문이다. 그 결과, 그들은 더 열심히 일하고 더 혁신적이 되며, "결과적으로 이는 매출 증가, 궁극적으로는 더 큰 수익으로 이어진다. 지속적인 주주가치 창출의 기반이 되는 것이다."²² 다른 말로 하면, 깨어있는 행동을 하는 것은 사람들에게 한 푼도 더 주지 않으면서도 생산성을 쥐어짜는 방법이다.

역시 하버드 경영대학원의 소셜임팩트social impact* 전략가인 마크 크레이머는 특히 핑크의 공적 목적 메시지가 가면을 쓴 사회주의라는 비판에 대해 이렇게 주장했다. "기업 리더들은 사회적 요인들이 […] 우리 기업들의 경제적 성공과 무관하다는 고루하고 잘못된 인식을 마침내, 최종적으로 버려야 한다. […] 경제적 성공은 기업이 사회문제를 해결하는 방식에 따라 크게 좌우된다."²³ 계속해서 그는, 핑크가 실제로 **모든** 기업이 그렇게 해야 한다고 믿는 것처럼, 이는 핑크의 행동이 미래의 성공을 위한 그의 기업 조직 재편에 관한 것임을 보여준다고 주장했다. 결국 소셜임팩트란 공상적 개혁가처럼 차려입은 경쟁우위인 것이다.

지금까지 우리는 소셜임팩트와 목적에 관한 핑크의 CEO 서한을 대하는 세 가지 반응을 살펴보았다. 첫 번째 반응은 사회에 대한 그의 헌신을 이유로 그를 포용하는 것이다. 두 번째는 기업 자본주의의 수익성 좋은 장점을 파괴할 발칙한 녹색 좌파의 정치적 의제를 팔아먹는다고 그를 비난하는 것이다. 세 번째는 그의 사회적

---

* 소셜임팩트는 기업을 비롯한 조직이 사회적 가치 추구 활동을 통해 사회에 긍정적인 영향력(임팩트)을 끼치는 것을 말한다. 보통 금전적 지원에 초점을 둔 기업의 사회공헌 활동과는 달리, 소셜임팩트는 그러한 수준을 넘어 과정과 성과 창출 전반에 걸쳐 직접 연계되는 활동이라는 점에서 차이가 있다.

신임 때문이 아니라, 소셜임팩트를 주주가치의 새로운 동력으로 삼아 돈을 벌 참신한 방법을 찾아냈기 때문에 다시 그를 찬양하는 것이다. 이 세 번째 입장은 그의 접근법이 기업 자본주의의 구세주가 되리라고 단정한다. 첫 번째 입장은 아둔하지는 않더라도 순진하다. 두 번째와 세 번째 입장은 기업 시스템의 지배력을 오래도록 보장해줄 방법론에 대해서는 의견이 서로 다르다 해도 근본적으로는 경제적 보수주의 가치관을 견지하고 있다.

그리고 또 하나, 내가 이 책에서 주장하는 더욱 정치적이고 더욱 우려 섞인 관점이 있다. 깨어있는 자본주의는 기업이 민주주의를 탈취하기 위한 속임수라는 것이다. 깨어있는 자본주의는 민간기업이 정부로부터 정치력을 빼앗아 자신들의 수중에 넣기 위한 수단이다. 이를 이해하기 위해서 핑크 서한의 행간까지 읽을 필요는 없다. 2018년 서한에서 핑크는 2008년 세계 금융 위기 이후 "자본을 가진 자는 막대한 혜택을 누렸"지만, 자본이 없는 자는 "낮은 임금 상승률, 부적절한 퇴직제도"로 어려움을 겪었다고 인정했다. 그 결과로 나타난 것이 가진 자와 가지지 못한 자 사이의 양극화된 세계라고 주장하면서, 이 양극화는 그가 방금 "자본을 가진 자"로 분류했던 사람들의 부에 위험이 된다고 암시한다.[24] 사회적 목적에 토대를 둔 핑크의 높은 도덕성이 갑자기 계급 기반의 이기심에 더 가까워 보인다. 우리는 자본을 가지지 못한 자에 대한 그의 관심이 진정한 정의감과 타인에 대한 배려에 바탕을 두고 있는지 정당하게 물어볼 수 있을 것이다. 이 관심은 불안의 결과일 수 있지 않을까?

그가 속한 억만장자 계층이 자본주의적 불평등을 밀어붙인다면 불만을 품은 대중이 마침내 반란을 일으킬지 모른다고 두려워할 때의 불안 말이다.

핑크는 분석할 필요도 없을 만큼 그것을 명확히 밝히고 있으므로 과장하거나 과잉해석할 이유가 없다. 2019년 서한에서 핑크는 자본주의가 만들어낸 어마어마한 불평등이 "대중의 분노, 국민주의, 외국인 혐오를 부추겼"음을 인정한다. 달리 말해 후기 자본주의가 엄청난 불평등을 만들어냈다는 사실이 자본주의 자체의 지속적인 존립에 위협으로 작용한다는 얘기다. 그는 이 위협이 사회주의에서 오는 것이 아니라 파시즘에서 온다고 주장한다. 핑크에 따르면, 기업들이 이에 대해 집단적으로 무언가를 하지 않으면, "엄청난 정치적·경제적 파열"의 전면적 영향을 받을 위험이 있다.[25] 선한 마음에서 나온 것 같던 핑크의 말이 갑자기 깊은 두려움의 표현으로 보인다. 자본주의 자체를 위태롭게 할 수 있는 이른바 '경제적 파열'에 대한 두려움이다.

핑크의 제안은 평등과 연대라는 민주적 가치를 회복하자는 것이 아니라, 기업들이 정부 기능을, 필요하다면 적대적으로 인수해야 한다는 것이다. 그러지 않을 경우, 그는 개인적으로 자신에게 이로운 불평등을 가능하게 해주는 시스템이 파괴될 위험에 처할 거라고 깊이 걱정하고 있다. 따라서 깨어있는 자본주의의 목적은 자본주의 자체를 구하기 위한 것임이 드러난다. 핑크는 정부가 실패했기 때문에 대중이 기업의 개입을 원하고 있다고 노골적으로 주장한다.

2018년에 핑크가 노동자들의 재정적 생존과 관련해 "미래를 대비하지 못하는 정부"를 언급했던 것과 같이,[26] 2019년에는 경제적 불확실성에 대해 "지속적인 해결책을 제시하지 못한 정부의 실패"를 확인시켰다.[27]

핑크는 투자은행가답게, 망가진 민주주의 체제를 고치려고 노력하는 대신 기업에 의한, 기업을 위한 적대적 인수를 제안한다. 그는 정부가 메우지 못한 공백을 기업이 나서서 메우기를 요구하는 이들은 다름 아닌 사회 구성원 자신들, 즉 정치적 시민들이라는 말로 적대적 인수를 정당화한다. '사회'에 대한 이런 증언은 그 자체가 민주주의의 폐기다. 핑크는 기업이 개입해야 하는 이유는 '사회', 다시 말해 사람들이 그것을 요구하기 때문이라고 말한다. 설사 무엇보다도 장기적인 재정 이익을 위해서 그런다고 해도, 기업들은 국가의 문제에 개입해야 할 일종의 민주적 의무가 있다고 주장하고 있다. 그는 거듭 말한다. "이해관계자들은 기업이 민감한 사회적·정치적 문제에 뛰어들도록 압력을 가하고 있습니다. 특히나 그들은 정부가 이를 효과적으로 수행하지 못한다고 보기 때문입니다."[28]

핑크는 가속화되는 경제 불평등과 그에 따른 포퓰리즘적 대응으로 무너져가는 세계에 대한 해결책을 제시하지만, 이 해결책의 근본적인 문제점은 민주주의를 회복하는 것이 아니라 파괴한다는 것이다. 무수한 대중의 명령이라 주장하면서, 핑크는 그 제안에 담긴 진짜 속내를 위장하고 있다. 다시 말해 기업은 국가의 민주적 기능을 인수할 수 있으며 또 인수해야 한다는 것이다. 핑크는 비록 실용주의자처럼 보이지만, 이는 그의 입장이 갖는 정치적 의미를 숨기는 실용주의다. 문제는 물론 사적 이익이 오랫동안 민주화에 저항하며 기업을 지배해왔다는 점이다. 그 민주화가 노조 형태의 노동자 대표성이든, 의사결정권을 노동자와 공유하는 것이든 사적 이익은 항상 이에 저항해왔다.[29] 그러나 사기업이 공적 기능을 인수하려고 할 때, 아무리 윤리적으로 포장되었다 할지라도, 그 인수는 선출직이 아닌 부유층이 국가를 통치하는 새로운 금권정치의 등장이자 민주주의의 종말로 향하는 빠른 길이다.

깨어있는 의제를 추구하는 방식, 또는 자기 조직의 힘과 이익을 강화하기 위해 그 의제를 활용하는 방식과 관련해 핑크를 외로운 늑대로 치부하기는 쉬울 것이다. 그러나 이는 사실과 거리가 멀다. 핑크는 깨어있는 자본주의를 더욱 전반적으로 확장하기 위해 일종의 대사 역할을 하고 있다. 대표적인 사례가 "미국을 이끄는 기업들의 최고 경영자들"[30]을 대표하는 CEO 연합인 비즈니스 원탁회의다. 2019년 8월, 비즈니스 원탁회의는 "기업의 목적에 관한 성명서"를 공식 발표했다.[31] 이 성명에서 그들은 엄숙하게 인정하는 듯했다. 그들은 1997년 이후 각각의 기업들이 발표한 기업 거버넌스 원칙들이 "기업은 원칙적으로 주주를 위해 존재한다"라고 선언해왔음을 고백했다. **내 탓이오** 하고 그들의 잘못을 자백하는 듯한 순간이었지만, 2019년의 이 공식 성명은 정반대의 정책을 내놓으며, 그들 말로는 "모든 미국인을 위한 자유시장 경제에 대한 우리의 약속을 더 정확히 반영"하는 일련의 원칙을 설명했다. 이것은 어떤 약속일까? 성명서는 현대 자본주의가 심화시킨 불평등에 대한 핑크의 공포증적 반응을 되풀이하면서, 다음과 같이 선언했다. "우리 시스템의 성공이 포괄적인 장기 성장에 달려 있다는 사실을 기업들이 인식하지 못한다면, 많은 사람이 우리 사회에서 대기업의 역할에 대해 정당한 의문을 제기할 것이다." 이번에도 우리는, 깨어있는 자본주의란 자본주의와 그것이 초래한 불평등이 대중의 반란 없이 지속될 수 있도록 보장하기 위한 방편임을 확실히 이해하게 된다.

원탁회의 성명서는 이해관계자 명단에 오른 이들에게 다양한 약속을 제시했다. 그들은 고객에게 가치가 전달되고, 직원은 공정한 급여를 받고, 공급업체는 윤리적으로 대우받으며, 지역사회는 지원을 받고, 투자자에게는 장기적 가치가 창출되는 이상적인 미래를 제시했다. 원탁회의가 기업에 제시한 듣기 좋고 포용적이며 새로운 접근방식에는 엇갈린 반응이 쏟아졌다. 일부에게 이는 자본주의의 새로운 계몽시대를 알리는 반가운 전환점이었다. 드러커연구소의 릭 워츠먼Rick Wartzman은 이 성명이 야심적이면서도 "기업 리더십에 더욱 폭넓은 기준을 세우기 위한 기념비적인 발걸음"이라고 했다.[32] 다른 일부에게 이 성명서는 깨어있는 자본주의가 아주 미쳐 버렸으며, 좌파의 극악한 과도함에 마침내 미국 기업들이 굴복했음을 보여준 사건으로 비쳤다. 이 모든 것에 대해, 좌파 성향의 싱크탱크인 미국기업연구소의 매튜 컨티네티Matthew Continetti는 그 덕분에 "정치 스펙트럼의 왼쪽에 편안하게" 자리 잡게 된 기업들이 "사회적 지위와 시장 점유율"을 이용해 "마뜩잖은 대중에게 자신들의

문화적 우선 사항을 강요"하는 추세의 일부라고 보고했다.[33]

이처럼 양극화되고 약간은 단순한 반응들의 이면을 살펴보는 것은 주어진 선물을 면밀히 따져본다는 의미가 있다. 우리가 원탁회의 성명에서 발견하는 것은 핑크가 했던 것과 똑같은 깨어있음의 수사다. 또한 이런 듣기 좋은 말이 사실상 현대 자본주의의 지나친 탐욕이 도를 넘어 그 파멸의 씨앗을 뿌렸다는 깊은 두려움을 가리기 위한 빈약한 가면이라는 점도 비슷하다. 잡지 『포춘』의 회장 겸 CEO 앨런 머레이Alan Murray는 이렇게 솔직히 말했다. "영향력 있는 비즈니스 원탁회의는 20년 넘게 주주를 최우선으로 생각했다. 경제적 불평등이 확대되고 기업에 대한 불신이 깊어지는 분위기 속에서, 이 막강한 집단은 그 사명을 재정의했다."[34]

래리 핑크 같은 사람들을 억만장자로 만들어준 신자유주의적 자본주의의 형태 또한 불평등의 엄청난 증대를 초래했다. 여기서 우리는 다시 '신자유주의'라고 폭넓게 일컬어지는 것, 즉 1980년대 영국과 미국에서 득세해 곧 세계적인 움직임이 된 일련의 정치적·경제적 개혁에 관해 이야기하고 있다. 신자유주의의 초점은 작은 정부, 공공기관의 민영화, 세금 인하, 규제 완화, 세계 시장의 효율성 등이 경제 성장과 번영을 가져올 것이라는 일반적인 믿음에 맞춰져 있었다. 그 약속은 정부 정책으로 기업과 주주가 번영하게 되면, 그 번영의 물줄기가 어떻게든 일반 노동자에게 흘러가는 '낙수trickle-down' 효과 덕에 공동 번영을 불러온다는 것이었다. '낙수경제학'이라는 용어는 흔히, 스스로 정당화하려 하지만 궁극적으로 결함이 있는 신자유주의 이데올로기 논리의 편리함을 비판하기 위해 쓰인다. 간단히 말해 낙수 경제학은 엉터리다. 실증적 연구에 따르면, 실제 소득 이전의 방향은 빈곤층에서 부유층으로 향하는 정반대의 결과가 나타났다.[35] 깨어있는 자본주의는 대체로 이에 대한 초조한 반응으로, 자본주의가 낳은 과도한 불평등 때문에 자본주의를 파괴하려는 성난 폭도가 생기지 않도록 기업을 윤리적 핑크빛으로 세탁하려는 시도다.

루스벨트연구소의 마이크 콘잘Mike Konczal, 케이티 밀라니Katy Milani, 에어리얼 에번스Ariel Evans가 작성한 보고서는 그런 사실들을 설명해준다. 이들은 미국 경제를 예로 들면서, 신자유주의 경제 정책이 약속과는 정반대의 결과를 가져왔음을 보여준다. 1960년부터 1980년까지 미국 경제는 연평균 3.2퍼센트 성장한 반면에 1980년 이후 성장률은 평균 2.6퍼센트로 둔화되었다. 따라서 규제 완화는 경제 성장으로 이어지지 않았고, 반대로 불평등이 확대되는 분수trickle-up 효과를 초래했다. 2000년부터 2011년까지 노동자에게 지급되는 소득 분배율은 85.3퍼센트에서 78.5퍼센트로 감소했고, 시간당 평균 임금은 매년 0.6퍼센트 상승하는 데 그쳤다.[36] 이런 추세는 미국에만 국한되지 않는다. 세계불평등연구소의 최근 보고서에 따르면, "최근 수십 년 동안 소득 불평등은 거의 모든 나라에서 증가했다."[37] 이 보고서는 또, 1980년에는 상위 1퍼센트의 부유층이 전 세계 소득의 16퍼센트를 끌어모은 반면, 하위 50퍼센트에게 돌아가는 몫은 약 9퍼센트로 정체되어 있었다고 밝힌다. 그 중심에는 민영화를 통해 공공자본을 민간기업으로 이전하고, 기업과 부자에게 더 유리하도록 과세 체계를 바꾸는 과정이 있었다.

신자유주의 개혁 40년의 모든 성과를 엄청난 부자들이 착복해왔음을 대중이 조만간 깨달을 것이라는 예상은 부자들이 두려워할 만한 이유였다. 전 세계에 걸쳐 일어나는 정치적 포퓰리즘의 물결, 극단적으로는 도널드 트럼프의 대통령직으로 상징되는 이 새로운 물결은 신자유주의 부자들의 과도함에 신음하던 사람들이 새로운 우파의 반체제적 정치 형태를 통해 그 분노를 표출하고 있다는 확실한 징후였다. 대기업들은 그 기존 체제의 큰 부분을 차지한다. 포퓰리즘의 등장은 핑크가 말한 것을 그대로 반영하고 있다. 그는 CEO들에게 보내는 2019년 서한에서 이렇게 썼다.

> 전 세계에 걸쳐서, 수년간 정체된 임금에 대한 좌절감, 테크놀로지가 일자리에 미치는 영향, 미래에 대한 불확실성 등이 대중의 분노, 국민주의, 외국인 혐오를 부채질하고 있습니다. 이에 따라 세계의 선진 민주 국가의 일부는 고통스러운 정치적 기능장애에 빠졌고, 이는 대중의 불만을 진정시키기는커녕 악화시켰습니다. 다자주의와 공식 기관에 대한 신뢰도 무너지고 있습니다.[38]

깨어있는 자본주의는 이 불만을 진정시키고, 기업이 점점 더 큰 정치권력을 갖는 현 상태를 더욱 강화하지는 않더라도 유지하기 위한 하나의 방어책이다. 그러나 그 권력은 자본주의의 보이지 않는

손이 공동 번영으로 이끌 것이라는 가정으로는 정당화되기 어렵다. 그것은 역사적 사실들로 크게 깨져버린 신화일 뿐이다. 보이지 않는 손 대신 깨어있는 자본주의로 위장한 기업들은 자기 존재를 위한 도덕적 정당성을 추구하면서, 그들이 만든 착취적 불평등 생성 시스템의 구원자로서 스스로 자리매김하고 있다. 이 과정은 민주주의에 대한 적대적 인수를 통해 이루어지고 있다. 우선은 핑크의 말처럼 "지속적인 해결책을 제시하지 못한 정부의 실패"[39]를 지적하고, 둘째로는 '대중'이 기다려온 구세주로서 스스로 자리매김하는 것이다. 민주주의가 약속한 평등이 소중한 비전으로 유지되기 위해서는 이기적이고 취약하게 구성된 이 권위주의적 논리를 꿰뚫어보는 눈이 반드시 필요하다. 그렇게 하지 않으면 깨어있음의 탈을 쓴 늑대에게 속을 위험이 있다.

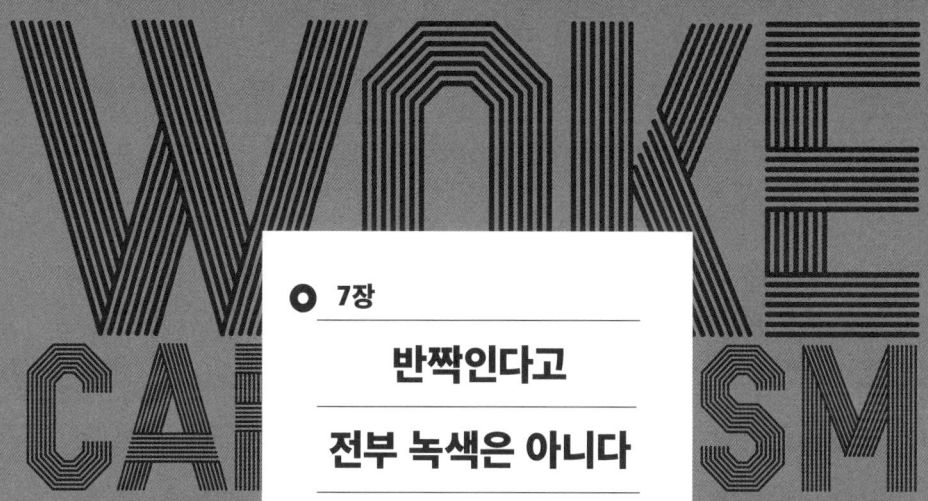

7장
반짝인다고 전부 녹색은 아니다

2020년 2월 17일, 거대 테크놀로지 기업 아마존의 창립자이자 당시 CEO였던 제프 베이조스는 인스타그램을 통해 베이조스지구기금Bezos Earth Fund을 출범한다고 발표했다. 그는 "우리 모두가 아는 기후 변화의 파괴적인 영향에 대처하기 위해 기존의 방법을 확대하고 새로운 방법을 모색하기 위해 다른 사람들과" 함께 노력한다는 목표로 이 기금에 무려 100억 달러를 기부했다. 베이조스는 과학자, 행동가, 비정부기구 등이 "자연세계를 보존하고 보호하는"[1] 방법을 개발하기 위한 프로젝트에 인건비 지급 수단으로 이 기금을 설계했다. 이는 아마존의 기업 금고에서 나온 돈이 아니었다. 세계 최고의 부자인 베이조스는 개인 돈을 꺼내고 있었다. 그리고 그가 가진 돈은 실로 엄청났다. 베이조스지구기금을 발표할 무렵, 그는 1,310억 달러라는 엄청난 개인 자산을 축적하고 있었다.[2]

베이조스의 100억 달러짜리 몸짓은 이른바 '기후 의식의 해year of climate consciousness'가 발표된 직후에 나왔다.[3] 2019년은 기후 변화와 행동에서 전례 없는 성장을 보인 해였다. 이런 발전의 상당 부분은 스웨덴의 16세 학생 그레타 툰베리의 정치 행동주의가 거둔 효과 덕분이었다. 2018년 툰베리는 기후 변화 해결을 위한 조치가 부족하다며 학교에 가는 대신 시위를 벌였다. 툰베리는 집에서 "기후를 위한 학교 파업"이라고 써온 플래카드를 옆에 두고 스웨덴 의회 의사당 밖에서 혼자 앉아 있었다. 이 단순한 시위가 세계적인 운동을 촉발해 그레타는 유명인사가 되었고, 기후 변화 해결을 위해 꿈쩍도 하지 않는 정부와 기업을 비난하는 세계적인 저항운동이 벌어졌다. 이듬해인 2019년 9월, 세계 189개국에서 400만 명이 사상 최대의 기후 변화 시위에 참여하면서 상황은 최고조에 달했다. 더는 기후 변화를 부시할 수 없었고, 부자와 권력자들은 툰베리가 얻은 영향력에 겁을 먹기 시작했다.

  툰베리의 영향력이 크게 높아지자, 기후 파괴의 현상 유지를 통해 오랫동안 기득권을 누렸던 많은 세계 지도자가 툰베리에게 화를 쏟아냈다. 당시 미국 대통령 도널드 트럼프는 툰베리가 "분노 조절 문제부터 해결해야 한다"라고 했다.[4] 러시아 대통령 블라디미르 푸틴Vladimir Putin은 툰베리를 "친절하지만 지식이 부족한 십대"라며 깎아내렸다.[5] 그런 가운데 툰베리는 노벨평화상 후보에 두 번이나 올랐고, 2019년 『타임』지가 꼽은 올해의 인물로 선정되기도 했다.[6] 『콜린스 사전Collins Dictionary』은 '기후 파업climate strike'을 올해의 단어 목록에 올렸다. 2019년 말, 툰베리는 유엔 기후변화총회에서 2년 연속 연설하면서, 국제 정부 대표단에게 민주주의의 의미를 교육했다.

  제가 보기에 그것은 정부나 기업에서 나오지 않습니다. 그것은 사람들에게서 나옵니다. 사람들은 지금까지 몰랐지만, 이제 깨어나기 시작했습니다. 그리고 우리는 일단 깨닫고 나면 바뀝니다. 사람들은 바뀔 수 있습니다. 사람들은 변화할 준비가 되어 있습니다. 그리고 그것이 희망입니다. 우리에게는 민주주의가 있고 민주주의는 항상 벌어지고 있기 때문입니다. 선거 때만 아니라 매시간 매초 벌어지고 있습니다. 자유세계를 움직이는 것은 여론입니다. 사실, 역사를 통틀어 위대한 변화는 모두 사람들에게서 나왔습니다. 우리는 기다릴 필요가 없습니다. 지금 당장 변화를 시작할 수 있습니다. 바로 우리가 말입니다.[7]

툰베리의 대중 민주주의 풀뿌리 운동과는 정반대로, 베이조스의 기후기금은 세계 최고의 금융 엘리트에게서 나온 명시적인 행동이었다. 아이러니라 해야 할지 위선적이라 해야 할지 몰라도, 베이조스가 기후 변화에 맞선 행동을 그토록 요란하게 수용한 때는 그의 회사가 매년 4,440만 톤에 해당하는 이산화탄소 배출에 책임이 있음을 인정한 시점이었다. 기업에 한정해서 본다면 아마존은 1위를 차지한 화석 연료 기업들에 이어 배출량 2위에 해당한다.[8] 아마존은 탄소 발자국을 줄이겠다고 약속하기는 했지만, 오래전부터 직원들로부터 탄소 배출을 줄여야 한다는 압력을 받아왔으며,[9] 이 조치가 너무 늦었다는 질책을 듣고 있었다. 아마존이 더 일찍 탄소 배출 저감 행동에 돌입하고 추출 산업과 관계를 끊었다면 더 크고 더 직접적인 영향을 미쳤을 것이다. 그러나 세상의 이목을 끌며 놀라게 하는 효과는 수백만 달러의 선물을 약속하는 것보다 훨씬 덜

했을 것이다.[10]

　만약 베이조스가 선물을 준 이유가 그것이라면, 그는 왜 이 특별한 시기에 그렇게 했을까? 과거 베이조스는 천문학적 부를 가졌음에도 자선활동에 잘 참여하지 않는다는 비판을 받았다. 실제로 그 이전까지 그가 기부한 금액은 상대적으로 매우 적었다. 기후기금 이전 그가 개인적으로 기부한 것 중 가장 큰 액수가 시애틀 역사박물관에 1,000만 달러, 프린스턴 신경과학연구소에 1,500만 달러(둘 다 2011년), 2012년 동성 결혼 옹호 지원에 250만 달러였다.[11] 상황이 바뀐 것은 2018년 그가 학교와 노숙자 자선단체를 돕기 위해 20억 달러를 기부하면서부터였다.[12] 이 기부 덕분에 베이조스는 미국 최고의 자선가로 선정되었다. 2018년 미국 상위 50명의 자선가들이 기부한 총액은 78억 달러였다.[13] 그마저도 2020년 기후 변화에 약속한 단일 기부금에 비하면 약소해 보인다.

　베이조스의 기후기금 서약이 유독 과도하기는 하지만, 이는 세계 억만장자들이 자신이 선택한 명분에 앞으로 나서서 돈을 투입하는 확고한 추세의 한 예다. 버크셔 해서웨이의 워런 버핏은 빈곤 퇴치와 사회 정의 지원에 수십억 달러를 기부했다. 마이크로소프트 창립자 빌 게이츠는 백신 개발, HIV와 말라리아 예방을 위해 비슷한 금액을 기부했다. 재계 거물이자 전 뉴욕 시장인 마이클 블룸버그Michael Bloomberg는 마약 중독과의 싸움과 교육 지원에 상당한 돈을 쏟아부었다.[14] 기후 변화에 맞서 싸우는 것 자체는 많은 억만장자와 대기업들이 좋아하는 프로젝트가 되어왔다. 2019년 마이클 블룸버그Michael Bloomberg는 석탄 발전소 폐쇄를 위해 5억 달러를 약속했다. 같은 해 투자은행 골드만 삭스는 '지속 가능한 금융 프로젝트'를 위해 7억 5,000만 달러 투자를 약속했다. 빌앤드멀린다게이츠재단 또한 470억 달러 기부금에 대한 수익을 어떻게 할 것인지 결정하며 공식적으로 기후 변화를 우선순위에 추가함으로써 그 대의를 지지했다.[15]

여러 면에서 베이조스는 그저, 점점 더 많이 기부하려고 경쟁하는 억만장자 계층의 다른 이들보다 많이 했을 뿐이다. 물론 그럼에도 사업상 거둔 수익으로 그들의 부는 계속 늘어나고 있었다. 이렇듯 떠들썩한 자선활동은 CEO들과 억만장자 기부자들이 선한 사람이라는 인상을 심어주면서 자본주의로 생긴 시스템 문제에서 관심을 돌리게 하는 좋은 방법이다.[16] 자산정보 전문기관인 웰스-X는 거부巨富들이 세계적으로 연간 1,500억 달러 이상을 기부한다고 보고한다.[17] 그 가운데 절반 이상이 교육, 건강, 예술, 문화, 스포츠에 투입된다.[18] 가장 많은 기부금을 낸 주목할 만한 이들로는 사업가인 마이클 블룸버그, 호텔리어였던 고故 배런 힐턴Barron Hilton, 전 구글 CEO 에릭 슈미트Eric Schmidt, 월마트의 짐 월턴Jim Walton 등이 있다.[19] 이런 식의 기부가 크게 확산되면서 보수 정치평론가 터커 칼슨Tucker Carlson은 2019년을 '깨어있는 억만장자의 해'로 선언했다. 잘못 알고 있는 게 아니라면, 터커는 우파적 비아냥을 담아 혹독하게 논평했다.

7장 반짝인다고 전부 녹색은 아니다 161

그래서 그 메시지는 무엇일까요? 요즘 부자들은 매우 진보적인데, 여러분은 그 이유를 알 수 있을 겁니다. 부자들은 대량 이민을 좋아해요. 이민은 그들에게 하인을 데려다주거든요. 부자들은 환경주의자의 가면을 쓰고는 연방정부가 명령한 신사놀음을 지지합니다. 그들에게 낙태는 성찬이죠. 특히 그것이 가난한 지역에서 행해질 때는요.[20]

터커가 단적으로 보여주듯, 깨어있는 자본주의에 대해 반사적인 반동적 비판을 하기는 매우 쉬운 일이다. 그의 입장은 깨어있는 억만장자들을 가짜 사회주의 엘리트로 지목한다. 여기서 검증되지 않은 가정은 거부들이 자기 이익을 추구하는 과정에서 가식적인 정치적 입장을 채택함으로써 퇴행적인 보수의 가치를 파괴한다는 것이다. 이 이야기에 따르면, 이 억만장자들은 고상하고 오도된 진보적 목표를 추구하느라 진짜 대중이나 대중적 가치와는 동떨어져 있다.

깨어있는 자본주의에 대한 우파의 비판은 현대 보수 포퓰리즘의 직접적인 연장선으로, 미국의 도널드 트럼프와 영국의 보리스 존슨 Boris Johnson 같은 새로운 국가 지도자들의 등장과 맞물려 있다. 이들의 포퓰리즘은 전문가들을 세상 물정 모르는 기술자로 치부하고, 모든 형태의 문화적 엘리트주의에 대해 가식적이고 진정성이 없다며 비난하는 정치다. 마찬가지로, 이들 포퓰리스트에게 깨어있는 억만장자는 쓸데없는 진보적 명분에 돈을 허비하며 일차원적 자기도취에 빠진 공상적 박애주의자일 뿐이다.

당연한 일이지만 베이조스의 수십억 달러 기부 또한 깨어있는 행위로 규정되었다. 베이조스는 여러 해 동안 "최초의 깨인 억만장자 자선사업가"로 묘사되었다.[21] 그는 100억 달러가 넘는 기부를 하면서, "세계를 휩쓰는 '기후 깨어있음' 전염병"[22]으로 폄하되는 것의 주동자로 지명되었다. 더욱이 베이조스는 좌파 성향의 자유주의자로 널리 알려져 있다. 우선 그는 좌파 중심적 신문으로 유명한 『워싱턴 포스트』를 소유하고 있다. 그리고 베이조스는 도널드 트럼프와는 오래전부터 공개적으로 반목하는 사이다. 트럼프는 트위터를 통해 주기적으로 베이조스를, 그리고 반공화당(반트럼프로 읽힌다) 선전물을 게재한다며 그의 신문인 『워싱턴 포스트』지를 비판했다.

트럼프는 학교 괴롭힘에나 어울릴 만한 특유의 전형적인 욕설 스타일로, 아마존 보스를 '제프 보조Jeff Bozo'(멍청이 제프)라고 불렀다.[23] 『워싱턴 포스트』가 트럼프와 포르노 영화배우 스토미 대니얼스Stormy Daniels의 불륜으로 트럼프 가족의 사업이 어떻게 피해를 보았는지 파헤치는 기사를 실었을 때, 트럼프는 곧바로 반격했다. 바로 다음 날, 그는 아마존이 유통 계약을 하면서 미국 우체국에 수십억 달러의 '사기'를 쳤다는 주장을 트위터에 올렸다. "이 우체국 사기는 멈춰야 한다. 아마존은 이제 실제 비용(그리고 세금)을 지불해야 한다!" 트럼프는 자신의 마라라고 사유지에서 트럼프 인터내셔널 골프클럽까지 차로 가는 짧은 시간에 그 트윗을 올렸다.[24]

베이조스는 트럼프와 정면으로 맞서기를 두려워하지 않았다. 2017년 베이조스는 특히 무슬림 다수 국가를 콕 집어 그곳 출신 사람들에게 비자를 발급하지 않는 트럼프의 정책을 노골적으로 비판했다. 트럼프가 해묵은 포퓰리즘적 반이민주의 카드를 내놓은 반면, 베이조스는 미국처럼 "이민자의 에너지와 재능을 더 잘 활용하는 나라는 없다"라고 반박했다.[25] 한편, 베이조스는 동성 결혼 같은 진보적 대의에 목소리를 높이고 자금까지 지원해 인권 캠페인 평등상을 받았다.[26] 또한 그는 어려움에 처한 가정을 돕고 유아 교육을 지원한 공으로 찬사를 받아왔다.[27]

여러 비판이 있긴 해도 베이조스 같은 거대 자본가들의 자선활동을 단순하게 이해한다면, 이타적인 억만장자들이 사회적·정치적 대의에 자금을 지원하기 위해 자신들이 떠드는 곳에 돈을 투입하는 진정한 형태의 기부라고 볼 수도 있다. 그 이야기에 따르면 그들은 진취적 정신으로 거둔 막대한 이익을 이기적으로 쌓아두는 대신, 사회에 무언가를 되돌려주고 있다. 이런 행동은 곧, 불운한 사람들에게 도움의 손길을 내미는 억만장자의 자비와 관대함을 나타낸다. 이 모든 것은 가난 때문에 자기 이익을 제대로 챙기지 못하는 불행한 시민들을 억만장자 영웅들이 와서 구출하는 일종의 해피엔딩 동화처럼 들린다. 억만장자는 기업 액션 영웅 주인공으로 묘사되고(일곱 명 중 한 명 정도만 여성이므로 남자 주인공이다)[28] 이들의 사업 감각과 개인적 저돌성은 모든 사람의 이익을 위한 것으로 새롭게 설정된다.[29]

거대 자본가들의 자선활동을 그렇게 간단히 설명할 수 있을까? 억만장자들이 21세기 도덕 동화의 주인공이라는 말이 정말로 타당할까? 억만장자들의 '기부'에 대해서 이보다 이기적인 설명, 약탈적 자본주의와 기업권력 확대에 더 부합하는 배경 설명이 있지 않을까? 우리는 순진하게도, 그저 괴짜 좌파 억만장자들의 새 시대에 접어들었다고 가정해야 할까? 베이조스와 같은 거물들을 약자를 동정하는 자유주의자라고 단순하게 정형화하는 것은 건성으로라도 사실을 고려하지 않는 것이다. 억만장자들이 정치적 좌파로 진짜 전향했다는 것은 아주 터무니없지는 않더라도 매우 과격한 생각이다. 정치평론가 톰 페럿Tom Perret은 이 현상을 다음과 같이 분석한다.

'깨어있는 자본주의'는 우파로서는 기회가 된다. 그들에게는 대기업이 사실은 일반 대중에게 적대적인 좌파 엘리트의 도구라고 주장하고, 그럼으로써 자본주의 자체의 잘못을 대수롭지 않게 넘길 여지가 생기는 것이다. [······] 이는 냉소적으로 의식화와 진보주의를 가장한 채 계속해서 폭리를 취하는 기업들의 위선을 보여주는 가장 경악할 만한 사례 중 하나라고 할 수 있다.[30]

페럿이 주장하듯, 깨어있는 자본주의는 어떤 의미에서는 기업이 현대의 사회적 가치에 동조함으로써 상품과 서비스 마케팅에 도움을 얻는 수단이다. 대기업의 억만장자가 뿜어내는 깨어있음의 분위기는 페럿의 말처럼 거대 자본가들이 "이데올로기적 동기를 가진, 미덕을 알리는 좌파 엘리트"라는 그럴듯한 겉모습을 부여할 수 있다. 그러나 더 근본적으로 이것은 애초에 억만장자들에게 수십억 달러를 벌게 해준 자본주의 구조를 약화시키는 데는 거의 아무런 역할을 하지 않는다. 증상을 약간 완화하는 것으로는 기저 질환에 어떤 변화도 일으키지 못한다.

베이조스는 확실히 페럿의 주장을 잘 보여주는 사례다. 그는 기후 변화, 교육, 성소수자 권리를 위해 막대한 달러를 쏟아붓고 있는지 몰라도, 그의 사업 관리방식은 탐욕스러운 자본주의에 관해 전혀 다른 이야기를 들려준다. 세금 회피가 특히 그런 예다. 우리는 세금 납부가 기업이 사회에 공헌할 수 있는 주요 방법이라는 사실을 기억할 필요가 있다. 기업은 공정한 세금을 납부함으로써 그들이 의존하고 있는 정부 서비스와 법적 서비스뿐 아니라, 사회 구성원들을 위한 학교, 병원, 사회복지 사업을 유지하는 데 필요한 자원을 제공한다. 세금 납부는 기업의 사회적 책임이며, 자유민주주의 국가에서 적어도 개념상 국민의 이익을 대표할 수 있는 정부가 기업 이익의 일정 부분을 사회적 재화 공급에 할당할 수 있는 수단이다. 그러나 오랫동안 대단한 세금 회피 기업의 전형으로 여겨진 아마존의 경우는 그렇지 않다.

분명히 짚고 넘어가자. 누구도 아마존이 불법을 저질렀다고 비난하지 않는다. 그들이 비난받는 이유는 가능한 모든 메커니즘을 동원해 여러 국가의 조세법의 허점을 이용하고, 저세율의 관할 구역에서 수익을 기록하며, 가능한 한 많은 세금을 적극적으로 회피하기 때문이다. 이와 같은 극단적인 세금 공격성을 보인 아마존은

2010년부터 2019년까지 9,605억 달러의 매출과 268억 달러의 수익을 올렸음에도, 세금 납부액은 34억 달러에 그쳤다. 미국의 표준 법인세 35퍼센트에 비하면 실효세율은 12.7퍼센트에 불과하다.[31] 2018년에 아마존은 110억 달러의 이익을 올렸지만 미국에서 법인세를 한 푼도 내지 않았다. 2019년의 이익은 130억 달러였는데, 실효세율은 1.2퍼센트에 불과했다.[32] 페이스북·구글·넷플릭스·애플·마이크로소프트 등 국제 거대기업이 즐비한 법인세 탈루 악당들의 갤러리에서 베이조스의 아마존이 '최악의 범죄자'라고 불리는 것도 놀라운 일은 아니다.[33]

세금 회피는 기업 이기심의 문제로 볼 수도 있지만, 한편으로는 권력이 정부에서 기업으로 이동하는 문제라고 볼 수 있다. 베이조스가 기후 변화와 싸우기 위해 기부한 100억 달러는 그의 회사가 10년 동안 세금으로 낸 금액의 세 배에 이른다. 이는 공적 문제에 대한 의사결정이 세금으로 운영되는 민주적 정부에서 개인으로, 특히 억만장자들에게로 옮겨갔음을 분명히 보여준다. 비교 결과,[34] 아마존이 2018년 영국에서 회피한 세금은 간호사 2,400명을 1년 동안 고용하는 데 필요한 금액과 맞먹는다고 추산되었다. 이런 식의 적극적인 세금 회피 때문에, 아마존은 그 기업이 사업하고 있는 국가들의 정부에 공정한 기여를 하지 못했다는 지속적인 비판을 받아왔다. 더욱이 아마존은 이런 세금 회피 덕분에 반경쟁적 사업 전략을 추진할 수 있었다. 공정하게 세금을 낸 기업을 인정하는 비영리기구인 페어택스마크Fair Tax Mark는 아마존의 재정적 속임수에 관해 다음과 같은 성명을 발표했다.

이 회사는 대부분 비과세되는 수익을 바탕으로 전 세계에서 시장 지배력을 확대하고 있으며, 그보다 책임감 있는 접근방식을 취하는 현지 기업을 부당하게 약화시킬 수 있다. 향후 이익과 세금으로 상쇄할 수 있는 영업 손실 이월금 93억 달러를 고려하면 이런 상황이 조만간 반전될 가능성은 낮아 보인다.[35]

페어택스마크가 지적하는 점은 세금을 내지 않는 것이 불공정한 이익을 얻는 방법에 그치지는 않는다는 사실이다. 한편으로 그것은 사업상 경쟁자에 대한 권력과 지배력을 확보하기 위한 전략이기도 하다.

사업에 대한 아마존의 공격적인 접근방식은 세금문제에만 국한되지 않는다. 비슷한 형태의 적대적인 사업 관행은 아마존이 직원을 대하는 방식을 둘러싸고 광범위하고 혹독한 비판의 근거가 되기도 했다. 지난 2014년 CNBC는 아마존 물류창고의 비인간적인 노동환경을 폭로하는 다큐멘터리를 공개했다. 〈아마존 라이징Amazon Rising〉[36]이라는 제목의 이 다큐멘터리는 아마존에서 일하면서 겪게 되는 극심한 신체적·정서적 부담을 극명하게 보여주었다. 이 다큐멘터리는 아마존 물류창고가 '감옥'과 같다고 묘사하면서, 아마존 직원들이 이미 많이들 알고 있는 사실, 즉 회사는 어떤 대가를 치르더라도 고객 만족과 효율성을 보장하기 위해 운영된다는 것을 대중에게 알렸다. 그 중심에는 물류창고 노동자들에게 무자비한 작업 속도를 요구함으로써 발생하는 인명 피해가 있다. 한 창고 직원은 이렇게 말한다. 기온이 섭씨 40도에 이르는 상황에서 "사람들이 열기 때문에 쓰러지고, 숨쉬기도 힘든데 [……] 그들은 아랑곳없이 100퍼센트를 해내기를 원하죠. 그 열기 속에서 그러기는 훨씬 더 힘들어요. 그건 고문이에요." 그 결과는 광범위한 불만, 법적 소송, 노동자 시위였다.

그 밖에도 의무적인 초과 근무, 최소한의 업무 휴식, 노동자의 일거수일투족을 가혹하게 관찰하는 감시 기반의 관리 스타일에 불만을 표시하는 직원들도 있었다. 퇴사한 한 직원은 이렇게 설명했다.

"아마존이 감옥 같다고 느껴졌어요. 화장실에 갈 수 있는 시간이 정해져 있어서, 만약 그 시간 내에 화장실에 갔다가 나오지 않으면 그들이 나를 찾곤 했죠. 몸이 아파도 쉴 수가 없고, 물 한 잔 마시려고 쉴 수도 없어요. 그럴 때마다 그들은 내가 어디 갔는지 묻거든요."[37]

이런 폭로가 나왔는데도 상황은 바뀌지 않았고 전 세계 노동자에 대한 학대는 수그러들지 않고 계속되었다. 2018년 한 보고서는 영국의 물류창고 직원들이 성과 목표치에 미달하지 않으려고, 또는 근무 태만으로 징계를 받지 않으려고 화장실에 가는 대신 병에 소변을 본다고 전했다. 2019년에는 독일의 아마존 노동자들이 파업에 돌입했고, 노동조합은 노동자들에게 가해지는 극심한 압력이 '기본권 유보'에 해당한다고 주장했다.[38] 2020년 뉴욕에서는 아마존 직원 600명이 적절한 휴식 시간, 부상 발생률(미국 평균의 세 배에 달하는) 감소, 불가능한 근무조건 철폐 등의 기본 사항을 요구하는 청원서를 경영진에게 전달했다. 아마존 물류창고의 재고관리 직원, 즉 스토워stower 중 하나는 이렇게 설명했다.

창고에 있는 동안은 내내 컴퓨터로 추적을 당해요. 관리자가 나에 관해 보고하거나 보고서를 작성하는 게 아니에요. 알고리즘으로 내가 기록되는 거예요. […] 나를 추적하는 알고리즘이 있다는 것을 잘 알기 때문에 정신을 바짝 차리고 가능한 한 빠르게 쉼 없이 움직이도록 해야 해요. 이 물건에서 저 물건으로 넘어가는 시간이 너무 많이 걸린다 싶으면, 컴퓨터가 알게 되고, 나에 관해 보고서를 작성할 것이고, 결국엔 해고될 테니까요.[39]

스토워가 하는 일이 얼마나 악명 높았는지, 아마존 직원들을 위한 풍자적인 티셔츠를 만드는 회사 스웨거존Swagazon[40]은 다음 문구가 새겨진 셔츠를 출시할 정도였다.

스토워로
일한다는 것은
자전거 타기와 같다

차이가 있다면 자전거가 불타고

당신도 불타고

모든 것이 불타고 있는

지옥에 있다는 것

이 글을 쓰는 지금, 그 셔츠는 심지어 아마존의 미국 웹사이트에서 구매할 수 있다.[41]

직장 내 코로나19 전파 위험에 대한 아마존의 대응도 전혀 다르지 않았다. 코로나 초기부터 아마존 직원들은 직장 내 코로나19에 대한 보호 조치가 없다고 항의했지만, 소용이 없었다. 코로나에 감염된 아마존 직원은 10월까지 거의 2만 명에 이르렀다.[42] 행동가들은 아마존 노동자들과 합류해 '아마존이 지불하라 Make Amazon Pay' 캠페인을 벌이면서 이렇게 선언했다.

우리 물류창고 노동자, 기후운동가, 세계 각국의 시민들은 세계 최고 부자들과 그 배후의 다국적 기업을 살찌우고 있다.

코로나 팬데믹 기간에 아마존은 1조 달러 규모의 기업이 되었고 CEO 제프 베이조스는 역사상 최초로 개인 자산 2,000억 달러를 축적한 사람이 되었다.

그러는 사이에 아마존 물류창고 노동자들은 필수 노동자로서 생명의 위험을 무릅썼고, 정당한 임금을 받을 권리를 주장하기라도 하면 위협과 협박에 직면했다.[43]

아마존의 사례는 깨어있는 자본주의의 명백한 모순 중 하나를 보여준다. 기업들은 한편에서는 대체로 진보적·자유주의적, 심지어 좌파라고 여겨질 만한 사회적·정치적 대의를 옹호하고 지지한다. 아마존의 경우는 기후 변화, 빈곤, 교육, 동성 결혼, 인권을 옹호한다. 그러나 다른 한편으로 앞에서 살펴본 사례처럼 세금 회피와 노동자 착취의 측면에서 볼 때, 이들 기업의 사업 운영은 자본주의적 탐욕과 착취의 극단을 보여준다. 그러나 깨어있는 자본주의의 술수를 풀어내는 것과 관련해, 문제는 이런 모순이 진짜인가 하는 것이다. 마음씨 좋게 공공의 이익을 중시하는 것처럼 보이는 이들 기업의 행동이 실제로는 기업의 재정적 이익을 추구하는 더욱 정교한 수단에 지나지 않는 건 아닐까? 달리 말해, 깨어있는 자본주의는 비용을 최소화하고 노동자에게서 최대의 노동력을 뽑아내는 전통적이고 명백한 기업 전략과 완전히 양립할 수 있을까?

제프 베이조스가 기후 변화 해결을 위해 수십억 달러 기부를 약속한 것은 특히 좋은 예다. 겉으로 보면, 이는 억만장자 사업가가 인류의 지속적 생존이라는 가장 큰 과업을 위해 자신의 재정적 역량을 쏟아붓는 단순한 행동으로 보인다. 그러나 베이조스가 그저 지구를 구하기 위해 오고 있다는 생각에는 그보다 많은 것이 있으며, 일부에서는 이런 움직임이 베이조스가 2024년 미국 대통령 선거 캠페인을 시작하기 위한 잠재적인 초기 단계라고 추측하기도 한다.[44] 더욱 보수적으로, 아난드 기리다라다스Anand Giridharadas는 베이조스 같은 억만장자 자선가들의 동기를 고려할 때의 핵심 요소와 관련해 저서 『엘리트 독식 사회*Winner Takes All: The Elite Charade of Changing the World*』[45]에서 비판적으로 분석한 바 있다. 기리다라다스는 세계의 초부유층이 대담한 자선활동을 펼치고 있으며, 사회적·환경적·정치적 대의에 보란 듯이 관대하게 참여하고 있다고 지적했다. 그러나 그 이유는 "세계를 더 나은 곳으로 만들기" 위한 것이 아니라, 그들을 극도의 부로 이끌어준 현 상태를 유지, 심지어 강화하기 위한 것이다. 그나마 변화가 있다고 해도, 그것은 부자와 권력자가 용인할 수 있는 수준으로 제한되는 '가짜 변화'다.[46] 사회적 진보와 평등은 이런 겉치레 이타주의로는 나아지지 않는다. 오히려 겉치레 이타주의는 부자와 권력자들을 최고의 위치에 올려놓고, 나머지 사람들을 그들의 자비에 맡기는 기존 사회구조를 강화한다.

기리다라다스가 지적하는 핵심은 정치적 문제를 해결하는 데는 부자들의 겉치레 이타주의가 매우 비민주적이며, 무엇보다 그 해결책이 정부를 우회한다는 점에서 특히 그렇다. 더욱이 베이조스를 필두로 한 억만장자 계층이 선호하는 '해결책'은 대체로 "잘못을 해결하기보다는 잘못된 시스템 내에서 삶을 개선"[47]하는 데 초점을 맞추고 있다. 이는 결국, 그들이 애초에 기부하겠노라고 약속한 부를 축적하게 해준 바로 그 활동들이 환경과 사회적 평등에 끼쳐왔던 폐해를 인정하지 않으면서 사회에 무언가를 돌려주겠다는 몸짓으로 나타난다. 기리다라다스는 억만장자들이 세계를 구하러 올 거라고 제안하는 것은 곧 민주주의가 실패했다고 선언하는 것과 같다고 주장한다. 그는 이렇게 말한다.

중요한 것은 우리의 공동생활에 대한 개혁을 주도하는 것이 국민이 선출하고 국민에게 책임을 지는 정부인가, 아니면 우리 최선의 이익을 안다고 주장하는 부유한 엘리트인가 하는 것이다. 종종 진정으로 상황이 개선되기를 바라기도 하지만 무엇보다 먼저 자신을 보호하려는 민간 행위자들이 민주적 목적을 강탈하는 현실에서, 우리가 효율성이니 규모니 하는 우세한 가치의 이름으로 이를 기꺼이 허용하고 있지는 않은지 판단해야 한다.[48]

아마존의 우선적인 초점은 자기 보호와 자기 이익에서 벗어난 적이 없다. 베이조스지구기금이 어느 정도 의미가 있음에도, 아마존은 그 기업의 활동이 기후 변화에 미치는 영향 때문에 엄청난 비판을 받고 있다. 2019년 4월, 아마존 직원 8,703명은 베이조스에게 기후 위기에 책임을 지기 위해 회사가 더 많은 조치를 취해야 한다고 요구하는 서한[49]을 보냈다. 이 서한은 탄소 배출 감축에서 아마존의 리더십 결여, 추출 산업에 대한 지원, 기후 변화 부정론을 지지하는 의원들에 대한 정치적 기부, 적절한 지속가능성 목표의 부재 등에 대해 불만을 제기했다. 2020년 초 베이조스가 지구기금 출범을 발표했을 때 '기후 정의를 위한 아마존 직원들'은 곧바로 그 모순을 지적했다. 진짜 문제는 더 가까운 데 있다고 그들은 주장했다.

아마존은 석유·가스 회사가 더 많은 유전과 가스 유정으로 지구를 황폐화하도록 돕는 행위를 언제 중단할 것입니까? 아마존은 경쟁기업연구소Competitive Enterprise Institute처럼 기후 변화를 부정하는 싱크탱크와 기후 지연 정책에 대한 자금 지원을 언제 중단할 것입니까? 아마존은 물류창고 주변에 사는 어린이의 폐를 책임지기 위해 디젤 트럭에서 순수 전기 트럭으로 언제 전환할 것입니까? 아마존은 기후 위기와 석유·가스 사업에서 아마존의 역할에 대해 경종을 울리는 직원들을 무슨 이유로 해고하겠다고 위협했습니까?[50]

심지어 이보다 더 큰 질문에도 여전히 답이 없다. 즉, 베이조스는 왜 기후 변화에 대해 자기 회사 내에서는 아무 조치도 하지 않으면서 그 문제에 대처하는 데는 그렇게 엄청난 공개적 제스처를 취했을까 하는 것이다. 프랭클린 포어Franklin Foer는 『애틀랜틱』에 기고한 글에서, 다소 기괴하고 예상치 못했던 베이조스의 기부는 한때 국가의 영역이었던 일에 대한 억만장자의 자금 지원 프로젝트로서 기본적인 정치적 기능장애의 징후라고 주장한다. 베이조스의 기부는 초부유층의 개인적 변덕과 성향이 세계 시민의 미래를 결정하는 새로운 '민간 국가'의 성장을 알리는 신호라는 것이다. 포어는 계속해서, 기후 논쟁을 형성할 수 있는 이런 능력은 궁극적으로 아마존 자체에 엄청난 가치가 될 것이라고 말한다. 어쨌거나 베이조스는 정부 정책이 자기 사업에 해가 되는 방향으로 바뀌기를 원하지는 않을 것이다. 베이조스의 수십억 달러 기금으로 운영되는 프로젝트가 신속 배송망을 가진 글로벌 네크워크 효과에 관해 진지한 질문을 할 수 있을까? 포어는 이렇게 말한다.

지구의 미래에 대한 합리적인 논쟁이라면, 적어도 중국산 플라스틱 장난감을 당일 배송하는 것의 타당성에 대해 의문을 제기할 것이다. 그리고 아마존 같은 기업들이 세금, 즉 이른바 그린 뉴딜Green New Deal에 이상적으로 자금을 대게 될 세입을 한 푼도 내지 않도록 허용하는 정책들도 있다. 베이조스지구재단[원문대로]이 그 자체의 자금을 조달하는 부의 기반 자체를 잠식하려 들 가능성은 거의 없어 보인다.[51]

이 모든 상황이 보여주는 것은 깨어있는 자본주의가 금권정치, 즉 부자들이 장악한 정부의 연장선이라는 점이다. 베이조스의 경우, 세계에서 가장 부유한 그는 미국 정부 전체가 기후 변화와 싸우기 위해 투자한 금액과 맞먹는 100억 달러를 개인적으로 기부할 수 있었다.[52] 물론 미국의 금권정치는 전혀 새로운 것이 아니며, 베이조스 자신은 오래전부터 부자들이 어떻게 미국의 정치, 정치적 로비, 선거 자금을 지배하는지 보여주는 전형으로 여겨지곤 했다.[53] 사적인 개인과 기업들이 공공재를 직접 공급하고 공적 문제 해결을 위한 책임을 지기 시작할 때, 깨어있는 자본주의는 이 금권정치를 확장한다.

이 차이가 바로 깨어있는 자본주의가 민주주의에 미치는 심각한 위험의 핵심이다. 정부는 적어도 국민에 대해 일정 수준의 책임을 갖는 데 반해, 법의 한계 내에서는 자신 외에 누구에게도 의무가 없는 개별 시민으로서만 행동하는 베이조스의 경우에는 그렇지 않다. 설상가상으로 그 효과 때문에 세계의 문제를 다루는 일과 관련해서는 민주 정부 자체가 불필요해 보일 수도 있다. 베이조스는 자본주의에서 더욱 일반적인 추세를 대표하는 사례이며, 이 추세를 통해 초부유층은 그들이 중심이 되어 만들어왔고 그들에게 수십억 달러를 안겨준 시스템의 구세주로서 스스로를 내세운다. 그 선물은 민주주의의 종말에 대한 대가로 주어지는 배신의 은화다.

8장

CEO

행동가

옛날 대기업 수장들은 다소 관습적인 인물로 여겨지곤 했다. 기업 직원으로서 그들의 주요 관심사는 자신이 운영하는 회사의 상업적 목표를 직접 추구하는 것이었고, 보수적이고 부유한 엘리트 성원으로서 그들은 그렇게 했다. 관리자 계급의 이런 이미지는 정치행동가의 이미지와 극명한 대조를 이루었다. 행동가는 진보와 정의의 이름으로 현상 유지에 저항하는 비순응주의자였다. 기업이 기득권을 대표해온 반면, 행동가들은 지배 체제가 만들고 착취해온 불평등과 불의에 맞서 싸웠다.

깨어있는 자본주의는 이 질서를 완전히 뒤집어버렸다. 오늘날 CEO들은 자신의 지위를 이용해 의심스럽게도 정치적 행동주의처럼 보이는 일을 하는 경우가 점점 늘고 있다. 예를 들어 스타벅스의 수장 케빈 존슨Kevin Johnson은 조직 내의 인종주의 방지를 위해 마련한 교육에 전 직원이 참석할 수 있도록 매장 문을 닫았다. 존슨은 비판적 인종론에서 빌려온 용어를 써가며, "백인 우월주의자들의 폭력, 혐오, 권한 부여"를 개탄했다.[1] 그리고 애플의 팀 쿡Tim Cook의 예도 있다. 그는 도널드 트럼프에게 맞서 오랫동안 미성년 입국자 추방 유예Deferred Action for Childhood Arrivals 정책을 소리 높여 지지해왔다. 일명 DACA로도 불리는 이 정책은 미성년자일 때 미국에 입국한 서류 미비 이민자가 체류 허가증을 받을 수 있게 해준다.²

또 다른 예로, 2017년 버지니아 샬러츠빌의 신나치 우파들의 '우파여 단결하라Unite the Right' 집회에서 한 명이 사망하고 열아홉 명이 부상당한 사건이 있은 후 CEO들이 항의하며 뭉친 적이 있다. 인텔의 브라이언 크르자니크Brian Krzanich, 머크의 케네스 프레이저 Kenneth Frazier, 언더아머의 케빈 플랭크Kevin Plank 등은 모두 트럼프 대통령의 미국제조업자문위원회American Manufacturing Council에서 공개적으로 사임한 유명 CEO들이었다. 이들은 샬러츠빌에서 나타난 인종적 극단주의에 대해 트럼프가 리더십을 보이지 못하자, 이에 대한 경멸을 그런 식으로 표현했다.³ 제너럴 모터스의 메리 T. 배라 Mary T. Barra와 월마트의 CEO 더그 맥밀런처럼 '미국의 도덕적 목소리'로 묘사되는 CEO들은 우파 시위대와 트럼프의 결기 부족을 노골적으로 비난했다. 배라는 대통령을 직접 질책하면서 이렇게 말했다.

버지니아 샬러츠빌에서 일어난 참사를 비롯한 최근의 사건들과 그 여파는 우리에게 하나의 국가로서 뭉치고, 관용·포용·다양성 등 우리를 단합시키는 가치와 이상을 강화하며, 인종차별과 편견, 인종에 기반한 정치 등 우리를 분열시키는 것들에 반대할 것을 요구하고 있습니다.⁴

포드재단 회장인 대런 워커Darren Walker는 이와 같은 CEO 행동주의의 예를 "미국 기업사에서 중대한 한순간"이라고 묘사하면서 "이 소용돌이 속에서 가장 분명한 목소리는 기업의 목소리"라고 했다. 더는 엘리트 권위의 전형으로 묘사되지 않게 된 워커는 "이들 CEO는 권력 앞에 진실을 말하기 위해 위험을 무릅썼다"[5]라고 말하면서 새로운 형태의 반체제 경영진을 제시했다. "권력 앞에 진실을 말하다"라는 문구는 역사적으로 인권 옹호자, 내부 고발자, 반전 시위자, 좌파 지식인, 반체제 소설가 등의 대중적 용기를 설명하는 데 쓰이곤 했다. 그런데 CEO에게 그 문구를? 과거였다면 엘리트 권력자인 CEO들은 타인에게 진실을 말하는 사람이 아니라 진실을 말해줘야 할 대상으로 여겨졌을 것이다!

2018년에 JP 모건 체이스의 대표 제이미 다이먼은 "CEO들이여, 국가가 여러분을 필요로 합니다!"라는 동원령으로 그 추세를 요약했다. 또한 워커는 저렴한 주택 공급, 인종차별적 경제 불평등, 빈곤과 실업, 노동자 교육에 이르기까지 온갖 사회문제를 해결하기 위해 기업이 어떻게 힘을 보여줄 수 있고 또 그래야 하는지에 관해 설교하고 있었다.[6] 그보다 2년 전에는 뱅크오브아메리카의 CEO 브라이언 모이니한Brian Moynihan이 정색을 하고서 "이제 CEO로서 우리가 할 일은 사업을 넘어선 문제에 관해 [……] 우리가 옳다고 생각하는 것을 추진하는 것이 포함된다"라고 했다.[7]

기업 대표들이 이런 행동주의 추세를 내세우는 이유는 다양하다. 가장 단순하고 가장 기업 친화적인 설명은 오늘날에는 수익 동기를 뛰어넘는 더 높은 사업 목적이 떠오르고 있다는 것이다. '계몽된 자본주의'라는 오랜 전통을 바탕으로, 우리는 기업의 수익 동기가 윤리적 미덕과 완전히 양립할 수 있다고 받아들일 수도 있을 것이다. 깨어있는 경영진은 사업활동을 통해 사회적 병폐를 해결하는 방식으로 '선을 행함으로써 성공'할 수 있다.[8] 긍정적인 언론의 관심, 진정성 있는 분위기의 조성, 직원 참여 개선, 브랜드 충성도 강화 등은 모두 CEO 행동주의가 달러에서 곧바로 순익을 끌어내는 방법으로 여겨졌다.[9]

또한 행동주의가 CEO들로 하여금 자신의 윤리적·정치적 신념의 이름으로 권력을 행사할 수 있게 해준다는 주장도 있다. 많은 풀뿌리 행동가와는 달리, CEO는 막강한 영향력을 갖는 위치에 있다. 대중적 인지도를 이용해 의식을 고취하고 회사의 자금력을 정치적 목적에 활용한다면 이들의 행동주의는 특히 효과적일 수 있다.[10] 더욱이 기업 리더들은 과거에도 정치에 관여하곤 했지만, 오늘날에는 소셜 미디어 덕분에 그것이 더 쉬워졌으므로 훨씬 더 많은 영향력을 행사한다. 오늘날 CEO 행동주의가 더 활발하다는 것은 이야기의 절반일 뿐이다. 마케팅 컨설턴트인 프랭크 그릴로Frank Grillo와 마크 블레싱턴Mark Blessington이 주장하는 것처럼, 이 행동주의에는 더욱 실질적인 차이점이 있다. 첫째는 "정치문제에 관해 보수적이거나 종교적인 입장보다는 자유주의적 입장을 취하는 CEO들이 더 많아지고 있다"는 것이며, 둘째는 정치적 행동주의를 '브랜드 전략'의 중심으로 삼고자 하는 그 기업들이 이제 자유주의적 행동주의와 브랜드 성공, 주가 사이의 긍정적인 관계를 더 잘 활

용할 수 있다는 것이다.[11]

문화적으로 기업이 어느 때보다 강력하고 전 세계 자원을 점점 더 통제하는 시대인 만큼, 기업 CEO들이 정치행동가의 역할을 맡는 것이 적절해 보일 수 있다. CEO 행동주의가 깨어있음을 이용해 덜 낙관적인 동기를 추구하기 위한 '브랜드 술책'에 지나지 않는다는 비난은 지나치게 단순하다는 주장이 제기되곤 했다. 정치학자 코리 막스 살러먼Cory Maks-Solomon은 CEO 행동주의가 "정책 결정 과정에 대한 진지한 참여"라고까지 말한다. 막스 살러먼의 조사에 따르면, 2008년부터 2017년까지 미국 대기업의 거의 절반이 성소수자의 권리를 지지하고 인종 정의를 옹호한다는 입장을 공개적으로 밝혔다. 그런 한편 대기업 중에서 같은 사안에 관해 보수적 입장을 보인 곳은 단 한 곳도 없었다. CEO들이 진보적 명분을 지지했으므로, 이는 그들의 정치적 이념과 긍정적인 상관관계가 있었다.[12]

그렇다면 적어도 어떤 경우에는 CEO들이 기업 리더라는 막강한 지위를 이용해 공적 영역에서 자신의 정치적 의제를 추진하는 것처럼 보이기도 할 것이다. 그들에게는 잘된 일이지만, 그럼으로써 회사의 상업적 성과도 끌어올릴 수 있다. 만약 이것이 사실이라면, CEO 행동가들은 자신들의 주머니를 채우는 동시에 도덕적 정의로움의 따뜻한 빛을 느끼는 일과 관련해서는 계속 승승장구할 것이다. CEO들이 이런 방식으로 자기 권력을 행사할 수 있다는 것은 역사 속 현재 시점에서는 그다지 놀랄 일도 아닌 것처럼 보인다. 오늘날은 포퓰리즘 정치인이라는 새로운 종들, 미국의 도널드 트럼프부터 영국의 개혁당 대표 나이절 페라지Nigel Ferage를 비롯한 많은 정치인이 일반 시민에게 영향을 미치는 경제문제의 근원으로 대기업을 표적 삼느라 지나치게 열심인 시대다. 기업 행동주의는 그저 도덕적 기반을 되찾기 위해 이에 반격하는 한 방법일 수도 있다.[13]

인터넷 기업가이자 클라우드 컴퓨팅 회사 세일즈포스의 억만장자 수장인 마크 베니오프Mark Benioff는 CEO 행동가의 역할을 다음과 같이 설명하면서 그 예를 보여준다.

> 우리가 하는 일은 우리 직원들을 대표해 옹호하는 것이다. 우리는 직원 2만 명의 회사다. [……] 그것이 전통적으로 사업의 일부는 아니다. 하지만 만약 내가 오늘 책을 쓴다면, 그 제목은 **"CEO 2.0: 차세대 CEO는 어떻게 주주뿐 아니라 이해관계자의 대변자가 되어야 하는가"**로 정할 것이다. 다시 말해 오늘날의 CEO는 주주뿐 아니라 직원, 고객, 파트너, 지역사회, 환경, 학교, 모든 사람을 옹호해야 한다. 그들 생태계의 핵심 부분을 모두 옹호해야 한다.[14]

베니오프의 말에는 부유하고 막강한 사회 구성원으로서 CEO들에게는 정치문제에 대해 다양한 구성원을 대표할 권리와 도덕적 책임이 있다는 관점이 드러난다. 이들 경영진은 선출되지 않은 민주적 대표, 그 정치적 권위가 순전히 경제력에 따라 정당화되는 대표라는 자기 모순적 위치에 스스로를 자리매김한다. 이런 발전은 기업의 리더가 된다는 것의 의미가 현대적으로 진화했음을 보여준다. 불안한 오늘날 이 시대에 매우 결여된 강력한 공적 리더십을 제공하기 위해 CEO들이 떠오르고 있다는 얘기다.[15] 물론 CEO 행동주의가 민주주의의 실패를 바로잡으려 노력하는 대신, 새로운 기업 금권정치를 향한 추세를 반영할 위험이 존재한다.

CEO들이 특히 목소리를 높이는 핵심적인 사회문제 중 하나는 성소수자, 즉 LGBTQI+(레즈비언, 게이, 양성애자, 트랜스젠더, 퀴어, 간성, 기타)를 위한 평등이다. 실제로 성소수자 행동가들은 명시적으로 기업을 겨냥해 지지를 얻곤 했다. 이는 큰 효과를 거두어 2000년대에는 많은 대기업이 적극적이고 열성적으로 그 명분을 지지하게 되었다. 불과 수십 년 전만 해도 기업들은 성소수자 권리에 냉담한 태도를 보이거나 반대했지만, 최근에는 완전히 반전된 모습이다. 애플·구글·매리어트·월마트 등 다양한 기업이 모두 개방적이고 가시적인 입장을 취하고 있으며, 성소수자 단체들은 기업이 결혼 평등을 지원하도록 하는 데 특히 적극적이다. 행동가들은 직접적이고 조직적인 캠페인의 일환으로 기업 고위 임원들과의 개인적인 만남, 기업 연합 설립 촉진, 지지를 표명할 준비가 된 기업들에 대한 공개적 인정 등을 통해 압력을 가했다.[16] 이는 진보적 목표를 지지하기 위한 기업들의 대담한 결단력처럼 보이는 것이 사실은, 평등이라는 이름으로 자신의 영향력을 창의적으로 행사하는 시민들의 민주적 행동이 낳은 결과임을 보여주는 분명한 예다. 기업들은 뒤따를 뿐이지, 앞장서지 않는다.

2017년 오스트레일리아에서 실시된 결혼 평등 국민투표는 기업들이 어떻게 진보적 대의를 지지하게 되었는지를 보여주는 단적인 예다. 여기서 더욱 문제적인 것은, 기업의 이런 지원이 민주적 평등의 근본 측면에 관한 공적 토론을 이용해 어떻게 기업 이익을 도모하는지를 이 사례가 보여준다는 점이다. 2017년 11월, 오스트레일리아에서 동성 결혼 합법화 여부를 결정하기 위한 공공 우편투표가 실시되었다. 투표를 앞두고 우파의 대중 선동 정치에 대한 사례 연구가 있었다. 일부 보수적인 반대자들은 결혼 평등이 종교계 학교나 병원, 복지기관과 노인 돌봄 서비스에서 성소수자 직원이나 학생, 환자, 거주자 등을 차별하지 못하게 막을 것이므로 사실상 종교의 자유에 관한 문제라고 주장했다.[17] 종교적 불관용이 민낯을 드러낸 채 공개적으로 지지를 받고 있었다. 그 국민투표 이후 크리스천 스쿨스 오스트레일리아Christian Schools Australia와 어드벤티스트 스쿨스 오스트레일리아Adrentist Schools Australia가 종교의 자유에 관해 정부에 공동으로 제출한 질의서에는 이렇게 쓰여 있었다.

종교의 자유가 오스트레일리아 교육의 합법적인 특징으로 남아 있기 위해서는 종교적 신념에 따라 학교 공동체를 운영할 권리가 지켜져야 한다. 여기에는 해당 종교의 신념, 교리, 교리에 대한 믿음과 준수에 근거해 모든 직원을 선택할 권리가 포함되어야 한다. 그리스도교 학교를 포함하는 신앙 공동체는 공동체를 흔드는 행동을 하는 개인을 해당 공동체에서 분리하는 조치를 취할 수 있어야 한다.[18]

본질적으로 이들은 자신들의 종교적 신앙 자체가 성정체성과 젠더에 따라 사람들을 차별하고 공개적으로 비난할 권리를 부여한다고 주장하고 있었다.

나머지 반동적인 반응에는 동성 커플이 키운 아이들은 방치되거나 학대당할 위험이 높다는 식의 근거 없는 자극적인 주장이 포함되어 있었다.[19] "동성애는 그만"이라는 구호와 함께 "게이 부모가 키우는 아동의 92퍼센트가 학대를 받는다"라는 가짜 주장을 하는 포스터들이 수도의 거리에 나붙었다.[20] 또한 동성애가 "죽음의 저주"라고 주장하는 전단지도 배포되었다.

반동적인 정치 전문가들은 심지어 성소수자 권리 확대의 의미는 곧 게이나 레즈비언의 결혼식 축하 웨딩케이크 제작을 종교적인 이유로 거부할 권리가 제빵사에게 있는가 하는 질문을 던짐으로써 사람들을 자극하려 하기도 했다.[21] 신을 두려워하는 우파는 종교적 편견을 민주적 자유와 평등보다 우선시하게 만들도록 작정한 것 같았다.

결국 오스트레일리아인 가운데 거의 80퍼센트에 이르는 이들이 자발적인 우편투표에 참여했다. 이는 엄청난 투표율이었고, "동성 커플의 결혼을 허용하도록 법을 바꿔야 하는가?"라는 질문에 61.6퍼센트가 "그렇다"고 대답함으로써 평등을 지지하는 쪽이 압도적인 승리를 거두었다. 오스트레일리아의 모든 주와 준주에서 찬성표가 과반을 기록했다.[22] 이 승리는 결혼 평등에 대한 대중의 지지가 압도적임에도 대다수의 보수 정부가 고의적이고 용의주도하게 평등을 가로막는 수단이 되어온 다년간의 격렬한 정치적 논쟁에 종지부를 찍었다. 동성 결혼 찬반 투표를 실시하기 13년 전, 집권 우파 정부는 자신들의 독단적인 소수 편견을 전체 오스트레일리아인들에게 강요할 생각으로 헌법 개정에 나서기까지 했다. 2004년에 통과된 혼인법 개정안에는 다음과 같은 차별 조항을 법으로 명시하고 있었다.

> 결혼이란 다른 모든 이를 배제한 남성과 여성이 자발적으로 평생을 함께하는 결합을 의미한다. [······] (a) 한 남성과 다른 남성 또는 (b) 한 여성과 다른 여성이 외국에서 행한 결합이 오스트레일리아에서 결혼으로 인정되어서는 아니 된다.²³

2017년 국민투표는 오스트레일리아의 자유·평등·민주주의를 위한 승리였고, 대중은 헌법에 따라 자행되었던 오랜 차별과 불의가 종식되어야 한다는 점을 분명히 했다. 오스트레일리아는 축하했다.

대기업들은 이 캠페인에서 찬성표를 던지는 데 중요한 역할을 했다. 800여 개 기업이 오스트레일리아 결혼 평등 공개 서한에 서명함으로써 평등 캠페인과 여론에 공적으로 동참했다. 그 서한에는 이렇게 쓰여 있었다.

> 결혼 평등을 지지하는 오스트레일리아인이 더욱 늘어나고 있으며, 최근의 [······] 설문조사는 72퍼센트가 동성 커플의 결혼을 허용해야 한다

고 믿고 있음을 보여준다. 우리도 동의한다. 나머지 28퍼센트 가운데 14퍼센트만이 이 제안을 강력하게 반대하고 있다.²⁴

기업들의 재정적 지원은 거의 없었지만, 은행, 자동차 제조업체, 주요 소매업체, 양조업체, 테크 회사 등은 이 캠페인 지지 명단에 이름을 올렸다.²⁵ 가장 목소리가 크고 유명했던 지지자는 세계에서 세 번째로 오래된 항공사인 콴타스의 CEO 앨런 조이스Alan Joyce 였다.²⁶ 당시 그는 이렇게 말했다.

저는 우리가 그것을 지지하고 찬성표를 던지도록 만전을 기해야 한다고 믿습니다. 저는 찬성표를 위해 강력하게 캠페인을 벌일 것입니다. [……] 그것이 우리 직원과 고객, 주주들에게 매우 중요하다고 생각하며, 바로 그것이 콴타스가 결혼 평등을 지지하는 이유입니다.²⁷

그리고 그는 실제로 캠페인에 참여했다. 그는 그 대의를 위해 개인적으로 미화 100만 달러를 기부했을 뿐 아니라 다른 기업들도 함께 결혼 평등을 지지하게끔 압력을 넣었고, 그 주제에 관해 솔직하고 공개적으로 발언했다. 그의 노력은 굉장한 이목을 끌어 2017년 『파이낸셜 타임스』의 '아웃'스탠딩 인물 목록에서 가장 영향력 있는 성소수자 경영진으로 이름을 올리며 국제적으로 인정받았다.²⁸ 심지어 그는 당시 오스트레일리아 이민부 장관 피터 더턴Peter Dutton과 매우 공개적인 언쟁에 가담하기도 했다. 우파 포퓰리즘적 정치관으로 잘 알려진 더턴은 이렇게 말했다.

조이스 씨는 예외적인 CEO입니다. 좋은 사람이죠. 저는 개인적으로 그를 알아요. 그에 대한 불만은 전혀 없습니다. 하지만 어떤 문제에 대해 특정한 견해를 가지고 있다면 개인 자격으로 표현해야죠. 기업과 상장 기업의 돈을 이용해 직권을 남용하는 것은 용납할 수 없는 일이에요. [……] 개인이나 선출된 의사결정권자에게 판단을 맡기면 좋을 만한 문제에 상징적인 브랜드와 수십억 달러짜리 기업의 힘을 이용하지 마세요. 저라면 상장 기업이 할 일에 집중하는 편을 택하겠습니다. 고객에게 서비스를 제공하고 주주에게 수익을 돌려주는 것이 그 일이죠.[29]

아마도 더턴은 자신도 모르게 기업의 사회적 책임에 관한 고전적 논쟁에 뛰어들면서, 기업은 자본주의적 소관을 넘어선 일에는 간섭할 수 없다는 프리드먼식의 입장을 취했을 것이다. 그러나 '선출된 의사결정권자'가 이끄는 민주주의 보존에서 정부의 역할을 거론한 것은 실제 이념적인 헌신이라기보다는 정치적 자리매김에 더 가까운 것처럼 보였다. 더턴은 결혼 평등에 맞서 목소리를 높인 독선적인 반대론자였을 뿐 아니라, 결혼 평등에 대해 분열적이고 불필요한 우편투표를 꾀한 보수파인 오스트레일리아 자유당 소속이다. 이 국민투표는 성소수자 권리를 정쟁의 불씨로 활용하는 오랜 반동적 전략의 일부였다. 이 경우 초반의 노림수는 만약 야당인 노동당이 동성 결혼을 지지한다면, 이에 동의하지 않는 노동당 유권자들이 마음을 바꿔 자유당에 표를 줄 수 있다는 희망이었다.[30] 그러나 사실 국민투표는 궁극적으로 불필요했는데, 오스트레일리아 국민 대다수가 동성 결혼을 지지한다는 것을 다년간의 여론조사가 일관되게 보여주었기 때문이다.[31]

오스트레일리아의 동성 결혼권 캠페인 사례를 보면, 조이스와 같은 CEO 행동가들이 자신들의 의도가 더 나은 미래를 위한 사회 건설의 열망에 바탕을 두고 있다고 주장할 때[32] 그들의 말이 과연 진심인가 하는 의문이 생긴다. 사회적·도덕적으로 주도되는 동기에 따른 그런 식의 깨어있는 주장들은 오늘날 기업들이 자사 브랜드를 사회적 대의와 연관시키는 이유를 파헤친 많은 연구와는 상반된다. 실제로 아주 냉소적인 사람이 아니라 해도 브랜드를 대중의 정치적 입장과 연결하면 그 브랜드의 상업적 성공 가능성이 높아진다는 사실을 알 수 있다.[33] '깨어있는' 자본주의가 광범위한 현상으로 발전하기 훨씬 전, 기업윤리 교수인 데이비드 보걸David Vogel은 '미덕의 시장the market for virtue'이라는 용어를 만들었다.[34] 아주 간단히 말하자면, 이는 윤리적 행동(또는 적어도 윤리적 행동의 외양)이 향상된 공적 이미지, 또는 규제 회피와 서로 교환되는 시장이다. 이 설명에 따르면, 기업들은 사업적 사고방식을 가지고 사회적으로 책임 있는 활동에 참여한다. 만약 상업적인 보상이 있다면 그 활동에 투자한다. 한편에서 이 원리는 기업이 사회적으로 유익하다고 생각되는 활동을 수행할 유인을 제공한다. 그러나 다른 한편으로는 기업이 실제로 얼마나 투자할 수 있는가, 또는 투자할 것인가 하는 한계를 설정한다. 보걸의 설명에 따르면, 기업의 미덕은 시장 메커니즘의 규제를 받으며, 시장 제약에 좌우된다. 따라서 그 한계는 취해진 행동의 교환가치를 근거로 결정된다. 물론 이런 유형의 기업활동은 우리가 이해하는 일반 시민에 대한 정치적 책임, 즉 사람들의 자유·평등·연대를 주요 목표로 삼는 그런 책임과는 거리가 멀다. 미덕의 시장에서 미덕 자체는 목적이라기보다는 목적을 위한 수단이다. 만약 상업적 이익을 추구하면서 경영진이 정의감까지 느끼게 된다면, 그것은 보너스다.

앨런 조이스가 자신의 정치적 입장을 방어하는 것을 살펴보면, 그가 미덕의 시장에서 거래하는 방식이 분명히 드러난다. 조이스가 자신의 정치적 신념을 좇느라 주주들의 돈을 낭비한다는 피터 더턴의 비난에 대응할 때, 이 거래가 뚜렷이 부각되었다. 조이스는 공개 성명에서 이렇게 말했다.

결혼 평등에 관해서는 연구에 근거한 경제적 주장이 있습니다. 간단히 말해, 개방적인 사회일수록 더 재능 있는 인재를 끌어들인다고 합니다. 그러나 기본적으로 콴타스 항공은 결혼 평등에 대한 지지를 공개적으로 약속한 200개 오스트레일리아 기업 중 하나입니다. 우리는 어떤 사람들의 권리가 나머지 사람들의 것보다 적어야 한다고 생각하지 않습니다. 설문조사에 따르면, 오스트레일리아 사회의 대다수, 즉 우리의 주주, 고객, 직원들도 그렇게 믿고 있습니다. 따라서 우리는 우리 입장을 편안하게 여기며 이에 대해 목소리를 내고 있습니다.[35]

여기서 우리가 보는 것은 결혼 평등에 대한 경제적 주장과 정치적 주장의 외관상의 융합이다. 한편으로 동성 결혼 합법화는 기본적인 인권의 문제다. 다른 한편으로 콴타스 같은 조직의 입장에서 그것은 경제적 측면에서 생산적이다. 조이스는 결혼 평등을 지지하는 비즈니스 사례를 주장하면서, 컨설팅 회사 딜로이트Deloitte의 연구를 들어 자기 입장을 뒷받침했다.[36] 딜로이트의 연구는 존중과 공정한 대우 같은 '다양성 문제'와 관련해 성소수자 고객들, 즉 원주민 혈통의 성소수자는 물론 장애가 있는 성소수자는 평판이 나쁜 기업을 피할 가능성이 다른 고객들보다 세 배 더 높다는 사실을 발견했다. 딜로이트의 연구에 참여한 전체 응답자의 4분의 1이, 그리고 청년층의 40퍼센트 이상이 결혼 평등에 대한 기업의 입장이 구입 결정에 영향을 미친다고 답했다.

깨어있는 자본주의가 전형적으로 그렇듯, 여기서는 경제적인 것과 정치적인 것 사이의 구분이 모호해진다. 결혼 평등을 지지해야 하는 이유는 그것이 민주적 자유와 평등의 기본적 차원이기 때문일까, 아니면 결혼 평등이 사업에 도움이 되기 때문일까? 이 두 주장이 일치한다는 조이스의 말은 분명 행복한 우연의 일치 이상일 것이다. 그렇다면 우리는 이런 질문을 해볼 수 있을 것이다. 만약 정치적 주장과 경제적 주장이 서로 상충한다면 어떻게 될까? 만약 성소수자 시민의 권리가 사업에 방해된다는 것을 입증할 수 있다면, 사회는 성소수자의 권리를 단념할까? 조이스의 정당화를 액면 그대로 받아들인다면, 그 답은 '그렇다'일 것이다.

실제로, 정치 참여를 정당화하려는 CEO 행동가들이 종종 이 비즈니스 사례를 인용하지만, 그렇게 간단하거나 경제적으로 합리적인 경우는 거의 없다. 연구에 따르면, 경영진 자신의 신념이 그 기업이 추구하는 대의에 영향을 미치며, 비용-편익 분석은 실제 근본적인 이유라기보다는 정치적 대의를 취하기 위한 정당화인 경우가 많다.[37] 이런 발견은 행동주의에 이념적 차원을 덧씌운다. 다시 말해 경영진은 단지 비용 대비 최대의 이익을 기업에 안겨주는 대의보다는 자신이 강력하게 믿는 대의를 지지할 가능성이 더 높다. 비즈니스 사례와 도덕적 사례들이 논의될 수 있겠지만, CEO의 행동주의와 관련해서는 중요하고 인기 있는 정치적 입장이라 여겨지는 것에 동조함으로써 기업의 힘을 강화하려는 강력한 정치적 동기가 작용한다.[38]

오스트레일리아에서 결혼 평등이 과반의 지지를 얻은 후에야 콴타스 같은 기업들이 그 대의를 옹호했다는 사실에서 그것을 확인할 수 있다. 이는 우리 중에서 결혼 평등을 믿었던 사람들에게는 좋은 소식이다. 적어도 그것은 오스트레일리아인들이 성적 특질에 관계없이 평등권이라는 근본적 차원을 지지하고 있었다는 신호였기 때문이다. 그리고 조이스가 그런 견해를 가지고 있었다는 것 역시 의심의 여지가 거의 없다. 그러나 이 문제는 한 사람의 윤리-정치적 신념보다 더 큰 문제다. 2010년 후반이 되자 결혼 평등은 매우 확고한 정치적 사안이 되었고, 사람들은 오래전부터 이 대의를 위해 싸워왔다. 그러나 바뀐 것은 비즈니스 사례였다. 딜로이트 연구로 정당화되었듯, 성소수자 권리를 지지하는 것은 괜찮은 사업이었고, 따라서 기업들은 여기에 편승하기 시작했다. 조이스를 비롯한 여러 CEO의 개인적 신념이 어떻든, 깨어있는 자본주의 아래서 상업적 논리는 정치적으로 가능한 것에 대해 한계를 둔다. 2017년이 되자 성소수자 권리는 전에 없던 방식으로 미덕의 시장에서 거래될 수 있었다.

결혼 평등 지지는 기업 입장에서는 이미 손쉬운 제안이 되어 있었다. 보도자료를 보내거나 중요한 경영진에게 공개적으로 그 대의에 호의적으로 말하도록 하는 것은 거의 비용이 들지 않는 일이다. 더욱이 딜로이트 연구가 지적했듯, 이 사안과 관련해 좋은 평판을 얻게 되면 직원과 고객, 특히 미래 소비자의 대부분을 차지할 젊은 층에게 긍정적인 영향을 미칠 수 있었다. 이런 경우, 설사 비즈니스 리더들이 개인적으로 지지한다고 해도 윤리적 명분을 추구하느라 상업적 이익을 희생하는 일은 벌어질 수 없다.

경영진과 기업은 사회 전체보다 관심사의 폭이 좁으며, 자신이 매력을 느끼는 하나의 정치적 대의에 매달리는 경우가 종종 있다. CEO 행동가들을 위선자로 치부할 수는 있겠지만, 그것은 지나친 단순화일 것이다. 예를 들어 조이스는 게이임을 숨기지 않았고, 그 캠페인에 개인적으로 공헌함으로써 그의 지지가 진심이었음을 보여준다.[39] 결혼 평등에 대한 그 기업의 지지는 긍정적이었지만, 그렇더라도 더 폭넓게 보면 그것은 깨어있는 자본주의의 성장에 내포된 위험을 말해준다. 기업이 직접적으로 상업적 이익을 넘어선 영역에서 정치적 행위자가 됨에 따라, 그 이해관계의 개별적이고 상업적인 한계가 공적 토론을 형성하는 경우가 갈수록 더 많아질 것이며, 잠재적으로는 그 토론을 제한하게 될 것이다.

예를 들어 주요 기업들이 발표하는 기업의 사회적 책임 보고서에서 세금 회피에 대한 언급을 거의 찾아볼 수 없고, CEO들도 이를 비난하지 않는다는 점은 놀랍지도 않다. 교육, 의료, 빈곤 퇴치 등을 위해서는 세금 납부가 중요한데도 현실이 그렇다. 대신에 기업들은 환경이나 다양성 프로그램 같은 명목상 윤리적인 나머지 형태의 행위들에 중점을 둔다. 콴타스 항공 사례는 이 사건에서 조이스가 역사의 옳은 편에 서 있었지만, 그의 정치적 입장은 자신의 개인적 신념과 고용주의 이익을 결합하고 있었음을 보여준다. 말할 필요도 없지만, 정치 방송에서 비중 있게 다뤄지는 사안에서 기업의 이해관계를 말할 기회가 있을 때, 소득 불평등과 불안정한 노동 같은 중요한 문제는 제외될 가능성이 높다. 부와 소득은 특히 그런 예인데, 그것이 우리 시대의 가장 시급한 정치적 문제 중 하나임에도[40] CEO 행동가들이 이 문제를 정면으로 이야기하는 일은 거의 없다. 이 경우 CEO들 자신의 개인적인 재정적 이해관계는 기업이 어떤 부류의 정치를 위해 싸울 것인가, 또는 싸우지 않을 것인가 하는 방정식에 들어간다.

결혼 평등 캠페인을 벌인 직후, 앨런 조이스는 오스트레일리아에서 가장 높은 급여를 받는 임원이 되었고, 2018년에 그가 받은 연봉은 2,300만 오스트레일리아 달러로 추산된다.[41] 나머지 사안에 대한 조이스의 사회 정의 본능이 어떻든, 그는 불평등에 관해 이야기하는 사람이 아니다. 그는 불평등에 대해 그냥 침묵한 정도가 아니다. 엄청난 연봉이 공개되었을 때, 그는 사임하고 '집무실'로 물러나는 대신, 오스트레일리아 평균 소득의 거의 300배에 이르는 자신의 급여를 옹호하기 위해 공격적으로 나왔다. 그는 "내 연봉은 우리 주주들이 결정해준 것입니다"라고 말했다. "우리 시가 총액이 20억 달러를 조금 넘는 수준에서 100억 달러까지 늘어났기 때문이죠. 그리고 우리 주주들은 예외적으로 좋은 결과를 얻었습니다."[42] 조이스의 말은 깨어있는 자본주의의 기본 교리를 반영한다. 결국 상업적 이기심과 기업 행동주의는 결코 양립 불가능하지 않다는 것이다. 당연한 귀결이지만, 제한된 범위의 진보적인 사회적 대의를 지지하는 것과 엄청난 임원 급여로 대표되는 불평등을 옹호하는 것은 전적으로 양립 가능하다.

조이스는 상업적인 근거만으로 자신의 급여를 정당화했지만, CEO 행동주의와 관련해서는 그 이상의 정치적·도덕적 정당화를 한다. 조이스의 말을 빌리자면, 그가 결혼 평등을 지지한 것은 그와 콴타스 항공의 민주적 의무였다. 거기에 "중대한 비즈니스 사례"가 있기도 했지만, 그것이 "도덕적으로 해야 할 옳은 일"이기도 했기 때문이다.[43] 그러나 여기서 도덕적 정의로움은 결혼 평등과 관련한 조치를 하는 데서는 제 역할을 하는 반면, 소득 불평등을 인정하는 데서는 재빨리 발을 빼서 그 문제를 피할 수 있는 것처럼 보인다. 깨어있는 자본주의는 기업의 상업적 이익, 또는 그 경영진 개인의 재정적 이익을 위협하지 않는 정치에 관심을 가질 뿐이다. 그렇다면 이것이 민주주의에는 어떤 의미가 있을까?

조이스가 했던 것처럼, 선출되지 않은 기업 경영진이 경제 서열 내의 특권적 지위를 이용해 기업 친화적인 정치적 대의를 추진할 책임이 있다고 선언하는 행위는 잘해봐야 논란을 일으킬 뿐이다. 그러나 최악의 경우 그 선언은 그를 정치적 대표자로 선택하지 않은 사람들을 대표할 권리가 대기업 우두머리에게 있다는 믿음을 나타낸다. 그와 같은 정치적 자기 임명이 깨어있는 자본주의의 핵심적 차원인데, 이것은 완전히 반민주적이다. 더욱 현실적으로 말하면, 이는 노동자들 사이의 경제 번영의 공정한 분배가 민주주의의 테이블에서 제외되었음을 뜻한다. 바로 그것이 깨어있는 자본주의의 한계다.

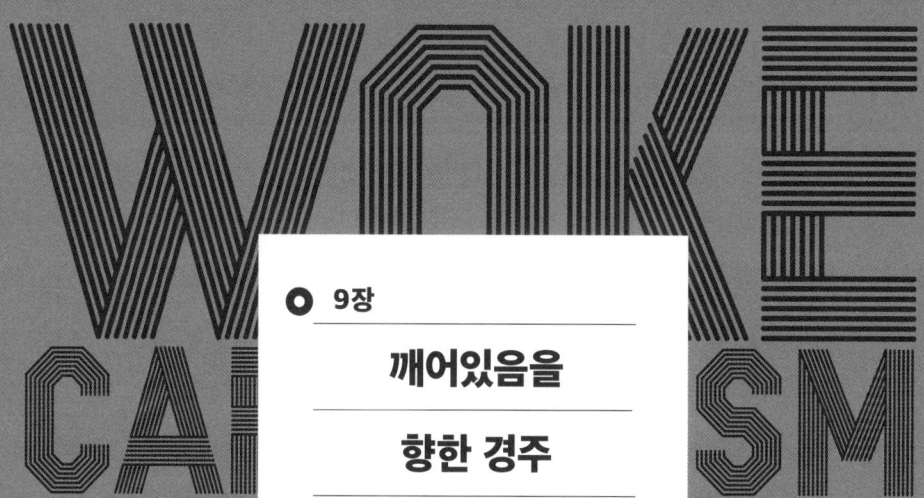

9장

깨어있음을 향한 경주

2018년 9월의 첫 번째 월요일, 미국내셔널풋볼리그NFL의 전 쿼터백인 콜린 캐퍼닉은 트위터에 한 게시물을 올리며 정치적 소용돌이의 시작을 알렸다. 그 트윗에는 흑백으로 된 그의 얼굴 이미지를 가로질러 "설령 모든 것을 희생할지라도, 무언가를 믿어라. #JustDoIt(그냥 실행하라)"이라고 쓰여 있었다. 그 트윗에서 스포츠화 회사 나이키의 이름은 언급되지 않았지만, '저스트 두 잇'이라는 그 회사의 유명한 슬로건은 어떤 식으로든 그 연관성을 분명히 하고 있었다. 유명한 일이지만, 당시 미국의 대통령 도널드 트럼프는 나이키가 캐퍼닉을 지지했다는 사실에 너무 화가 나서 바로 다음 날 악명 높은 자신의 트위터 계정에 접속해 이렇게 말했다. "나이키는 분노와 불매운동으로 완전히 죽어가고 있다. 일이 이렇게 될지 그들이 짐작이나 했을지 모르겠다." 며칠 후, 그는 자포자기한 듯 트윗에 다시 글을 올렸다. "나이키는 무슨 생각이었을까?"[1]

캐퍼닉의 원래 트윗은 NFL 시즌 개막 직전에 게시되었다. 이윽고 나이키의 대대적인 인쇄물과 텔레비전 광고 캠페인이 시작되었다. '드림 크레이지Dream Crazy'(미친 꿈을 꾸세요)라고 불리고 캐퍼닉이 내레이션을 맡은 이 텔레비전 광고는 사람들에게 어떤 장애

물에도 아랑곳없이 자신의 꿈을 좇으라고 촉구했다. "지상 최고의 농구 선수가 되지 마십시오. 농구보다 더 크게 되십시오"라고 캐퍼닉이 말한다. 이와 함께 미국 프로농구의 슈퍼스타 르브론 제임스LeBron James가 오하이오 주 애크런에 그의 가족재단이 지원하는 아이프라미스I Promise 초등학교를 개교하는 장면도 나온다. 독일의 복싱스타 차이나 마사어Zeina Massar, 패럴림픽 농구 선수 메건 블렁크Megan Blunk, '스케이트보드의 반란 여왕' 레이시 베이커Lacey Baker 또한 캐퍼닉의 이런 말을 지지하는 것으로 묘사되고 있다. "당신의 꿈이 미친 꿈인지 묻지 마세요. 그 꿈이 충분히 미쳤는지 물으세요."²

액면 그대로 보면, 이 광고는 아메리칸드림이라는 신화를 지지하는 또 하나의 광고 캠페인처럼 보일 수 있다. 열정·노력·결단력만 있다면 누구나 자신이 선택한 분야에서 최고의 자리에 오를 수 있다는 생각이 더욱 강화된다. 인종·계급·젠더 등 날 때부터 주어진 구조적 장벽이 무엇이든 간에 성취를 결정하는 것은 개인의 공과라고, 그렇게 이야기는 이어진다. 이 아메리칸드림을 이루는 데 실패하는 것은 사회적 실패가 아니라 개인의 실패이며, 각 개인은 자신의 성공에 책임이 있다. 당신이 뉴욕의 부유한 백인 가정에서 태어났든, 인근 빈민층 공영 주택에서 자라났든, 삶에서 성공 여부는 오로지 당신의 주도권에 달려 있다.

나이키가 미국 문화에 뿌리내린 오랜 판타지를 이용했다는 점은 분명하지만, '드림 크레이지'에는 그보다 훨씬 많은 것이 있었다. 그 이유는 특히 나이키가 그 캠페인의 중심 인물로 캐퍼닉을 선정했다는 것이다. 캐퍼닉은 풋볼 경력으로 유명하기도 했지만, 그 광고가 나오기 몇 년 전부터 아프리카계 미국인의 권리를 위한 그의 직접적이고 비타협적인 정치 행동주의 덕에 그 이름을 모르는 사람이 없었다. 이 행동주의는 특히 미국 내 흑인을 향한 경찰 폭력과 살해에 저항하는 데 초점을 맞추고 있었다.[3] 캐퍼닉은 그런 행동주의로 굉장한 인지도를 얻어 2017년 남성 패션 문화 잡지 『지큐GQ』가 선정한 '올해의 시민'에 이름을 올릴 정도였다. 이 잡지는 캐퍼닉을 "행동주의와 저항의 피뢰침이자 강력한 상징"으로 묘사했다.[4]

캐퍼닉의 가장 강렬한 이미지는 풋볼 경기가 시작될 때 미국 국가인 〈성조기여 영원하라〉를 따라 부르지 않고 한쪽 무릎을 꿇고 있었던 모습이다. 이 무릎 꿇기는 경찰의 손에 사망하는 미국 흑인들이 급증하는 현상에 대한 노골적인 항의였다. 이 모든 것은 캐퍼닉이 풋볼팀인 샌프란시스코 포티나이너스49ers의 쿼터백이었던 2016년에 시작되었다. 당시 그는 그 팀에서 약 6년째 뛰고 있었다. 2016년 8월 26일, 그린 베이 패커스Green Bay Packers 팀과 맞붙은 프리시즌 경기에서 경기 전 미국 국가가 연주될 때, 다른 선수들이 애국심의 전통적인 상징으로 일어서 있는 동안 캐퍼닉은 자리에 앉아 있었다. 그는 다음 경기에서도 국가 연주 때 일어나지 않았다. 이때 그의 동료인 아프리카계 미국인 에릭 리드Eric Reed가 연대의 뜻으로 그의 옆에서 한쪽 무릎을 꿇었다. 캐퍼닉은 자신이 일어서지 않은 이유를 인터뷰에서 이렇게 설명했다.

저는 흑인과 유색인을 억압하는 나라의 국기에 대해 자부심을 보이려고 일어서는 행위는 하지 않을 겁니다. 나에게 이것은 풋볼보다 더 중요한 일이며, 못 본 척 외면한다는 건 이기적입니다. 거리에 시신들이 있는데 살인을 저지르고도 급여를 받고 빠져나가는 사람들이 있습니다. [……] 이건 제가 누군가와 상의할 그런 일이 아닙니다. 저는 승인을 구하는 게 아닙니다. 저는 억압받는 사람들을 위해 일어서야 합니다. [……] 그들이 저에게서 풋볼을 빼앗는다고 해도, 저에 대한 지지를 거둔다고 해도, 저는 제가 옳은 일을 위해 일어섰다는 것을 알고 있습니다.[5]

풋볼 시즌이 시작되었어도 캐퍼닉은 계속해서 국가가 연주되는 동안 무릎을 꿇었다. 전국적인 논쟁이 이어졌다. 트럼프의 포퓰리즘 시대를 맞아 기세등등했던 반동적 보수주의자들은 캐퍼닉이 미국을 무시한다며 상상도 못 할 정도의 비난을 퍼부었다. 일부는 인형에 그의 풋볼 유니폼을 입혀 화형시키기까지 했다.[6] 그런 극단적인 반감 행위도 캐퍼닉의 단호한 행동주의를 막지 못했다. 결국 그의 무릎 꿇기 시위는 강력하고 의미 있는 결과로 이어졌다. 흑인 좌파 뉴스 웹사이트 「블랙 어젠다 리포트」의 마거릿 킴벌리Margaret Kimberley가 설명한 것처럼, 캐퍼닉은 미국의 인종 폭력에 맞서 수많은 선출직 공무원과 공인들이 하지 못했던 방식으로 맞선 '혁명적 인물'로 떠올랐다.[7] '새로운 민권운동의 얼굴'로 묘사되는 캐퍼닉은 비록 상업적 플랫폼을 통해서이긴 해도 대중의 각성과 정치 논쟁을 부활시켰다. '뭉치면 산다 연합United We Stand Coalition'의 기치 아래 민권운동가들이 선언했듯, 캐퍼닉은 미국 내 인종 평등에 대한 촉구에 새 힘을 불어넣은 것이나 마찬가지였다. 민권단체 피플스 컨소시엄People's Consortium의 대표인 스티븐 A. 그린Stephen A. Green은 당시 이렇게 설명했다.

그가 개인적으로 무엇을 걸었는지, 그것으로 무엇을 잃을 수 있었고 이미 어떤 길을 헤쳐왔는지를 생각해본다면, 그건 [과장이] 아니다. 그는 미국의 흑인과 갈색인들의 신체에 가해지는 문제를 제기하기 위해 수많은 위험을 감수했다. 우리 공동체를 위해서 그가 침묵당하게 내버려둘 수는 없다.[8]

정치적 저항의 리더로서 캐퍼닉의 활동은 아프리카계 미국인에 대한 차별, 경찰 폭력과 싸우기 위한 결집 행동에서 매우 중요한 부분이었다. 정치학자 크리스토퍼 타울러Christopher Towler, 니런 크로포드Nyron Crawford, 로버트 베닛Robert Bennet은 "캐퍼닉은 흑인의 정치 행동에 상당한 영향을 미치며, 특히 투표 이상의 행동을 장려"한다는 것을 보여주면서, "흑인 프로스포츠 선수들의 행동주의는 흑인의 정치적 행동에 중요하다"라는 결론을 내렸다.[9]

캐퍼닉의 저항 행위는 막대한 대가를 불러왔다. 2016~2017년 풋볼 시즌이 끝날 때 그의 스포츠 경력은 때 이른 마침표를 찍었다. 2017년에 그는 포티나이너스를 떠나 자유계약 선수가 되었다. 그의 실력과 업적이 리그의 나머지 많은 선수보다 출중했음에도 어떤 팀도 그에게 계약을 제안하지 않았다. NFL은 방어 전략을 취했다. 캐퍼닉의 시위가 자신들의 상업적 이익에 부합하지 않는다는 결론을 내린 리그는 사실상 캐퍼닉을 배제했다. 캐퍼닉이 시위할 당시 NFL의 커뮤니케이션 담당자였던 조 록하트Joe Lockhart는 몇 년 후 이렇게 고백했다. "캐퍼닉처럼 재능이 있는 선수라 할지라도, 논란의 여지가 있고 따라서 사업에 좋지 않다고 생각되는 선수와 계약하려는 팀은 없었다."[10]

2017년 캐퍼닉 논란에 다시 한 번 기름을 부은 사람은 도널드 트럼프였다. 나이키의 입장은 사람들에게 미친 꿈을 꾸라고 권장하는 것이었지만, 트럼프는 "미국을 다시 위대하게Make America great again: MAGA"라는 슬로건을 내세우며 아메리칸드림 카드를 매우 다른 방식으로 활용했다. 아메리칸드림의 황금기는 1950년대와 1960년대로, 노엄 촘스키Noam Chomsky가 저서 『불평등의 이유 Requiem for the American Dream』에서 설명했다시피 경제가 성장하고 그 성장의 혜택이 상대적으로 공평하게 분배되던 시기였다.

그것은 상당히 평등주의적인 성장이었으므로 인구의 하위 5분의 1의 삶은 항상 상위 5분의 1의 삶만큼 향상되고 있었다. 그리고 몇 가지 복지국가 조치로, 대다수 인구의 삶이 개선되었다. 이를테면 흑인 노동자가 자동차 공장에서 괜찮은 일자리를 얻고, 집을 사고, 자동차를 사고, 아이들을 학교에 보내는 일 등등이 가능했다. 그리고 전반적으로 똑같이 개선되었다.[11]

오늘날은 이와는 근본적으로 다르다. 어떤 의미에서는 전 세계적인 불평등 확산에 따라 경제적 성장은 주로 부유층에게 일어나기 때문이다.[12] 그러나 촘스키가 설명하듯, 여기엔 훨씬 더 질적인 차이가 있다. 나머지 많은 자유민주주의 국가가 그랬던 것처럼, 미국의 전후 시기는 희망의 시기, "상황이 나아질 것이라는 기대"의 시기였다. 오늘날에는 그런 희망을 품기가 훨씬 더 어려우며, 우리가 미친 꿈을 꾸고 있건 미국이 다시 위대해질 수 있다고 믿건 간에, 우리는 이전 시대의 희망을 수단으로 삼을 뿐이다.

트럼프는 MAGA의 백인 우월주의와 맹목적 애국심의 아메리칸드림, 그리고 나이키의 인종적 진보와 기회균등에 대한 아메리칸드림을 분명하게 구별했다. 캐퍼닉은 2017년까지 NFL에서 축출되었지만, 그의 시위방식은 다른 선수들에게도 확산되어 국가가 연주될 때 나타나지 않거나 캐퍼닉을 따라 무릎을 꿇는 일이 많아졌다. 트럼프는 2017년 9월 22일 앨라배마에서 연설하면서 완전히 폭도 선동 모드에 들어갔다.

"누군가 우리 국기를 무시한다면 이들 NFL 구단주 중 하나가 이렇게 말하는 것을 보고 싶지 않습니까? '그 개자식을 당장 경기장에서 쫓아버려. 어서. 그 자식은 해고야. 해고라고!' 몇몇 구단주는 그렇게 할 겁니다. 그리고 이렇게 말하겠죠. '우리 국기를 무시하는 그 녀석은 해고야.' 하지만 그 구단주가 모르는 게 있어요. 구단주들은 모릅니다. 그들이 일주일 동안은 가장 인기 있는 사람이 될 거라는 사실을요. 그들은 이 나라에서 가장 인기 있는 사람이 될 겁니다."[13]

트럼프의 발언은 다양한 미국인의 애국심에 호소하고 있었지만, 한편으로는 전통적 자본주의의 가장 근본적인 요소 중 하나, 즉 자본을 소유한 사람이 노동을 통제할 권리가 있다는 가정을 지적하고 있기도 했다. 트럼프는 NFL 구단주들에게 미국에 대한 충성의 의미를 보수적인 관점으로 해석하고 권한을 행사하라고 요구하면서 이런 권력관계를 정치화했다. 트럼프는 아프리카계 미국인을 향한 폭력, 살해, 인종적 불의의 역사에 항의를 표현한 그 방식 때문에 캐퍼닉이 비애국적이라고 설명했다. 이는 가능한 모든 수단을 동원해 반대 의견을 침묵시킴으로써 진보를 가로막는 매우 반동적인 정치를 대표한다. 또한 표현의 자유를 금지할 어떠한 법적 근거도 없음을 명백히 밝히는 미국 수정헌법 1조를 침해하려는 노골적인 시도이기도 하다. 그렇게 하는 과정에서, 첫째로는 아메리카 원주민에 대한 학살로, 둘째로는 아프리카인의 노예화로 행사된 '미국의 원죄'인 백인 인종주의에 대한 일체의 인정이나 책임 역시 침묵당하게 된다.[14] 그 원죄의 지속적인 유산은 오늘날까지도 미국에서 신봉되는 자유와 평등의 가치와 화해하지 못하고 있다.[15] 캐퍼닉이 리그에서 축출되고 자신이 사는 국가에서 최고 정치가에게 공개적으로 조롱거리가 된 것은 바로 미국의 핵심부에서 인종적 모순을 알리려는 확고한 의지 때문이었다.

그냥 앉아 있는 것이 아니라 한쪽 무릎을 꿇는 그 상징성이 다름 아닌 전쟁에서 목숨을 잃은 병사들의 무덤 옆에 무릎을 꿇음으로써 경의를 표하는 미국의 군사 전통에서 따왔다는 점은 주목할 가치가 있다.[16] 실제로 캐퍼닉은 미 육군 특수부대원이자 참전 용사인 네이트 보이어Nate Boyer에게서 이와 관련한 조언을 받고, 바로 그 이유에서 무릎 꿇기를 저항의 한 형태로 채택했다.[17] 그러나 트럼프는 무릎 꿇기를 경의의 표시로 여기지 않았고, 그 저항을 이용해 자기 추종자들의 분노를 조장했다. 이는 의도적으로 분열을 일으키며 정치적으로 이기적인 포퓰리즘적 행동이었다. 트럼프가 씨앗을 뿌린 분열은 상업적인 성격이 뚜렷했지만, 한창 커져가던 깨어있는 자본주의의 추세에는 무지한 면이 있었다. 트럼프가 한 주장의 일부는 무릎 꿇기에 대한 반대의 표시로 팬들이 텔레비전을 시청하지 않고, 그로써 시청률이 하락했기 때문에 캐퍼닉의 항의가 NFL에 타격을 주고 있다는 것이었다. 결국 트럼프는 정치적 측면과 경제적 측면의 구분을 인정하지 않는 입장을 취한 것이다. 사실상 구단주들이 상업적인 이유로 선수들을 해고할 것이라는 믿음과 그들이 애국적인 이유로 그렇게 할 것이라는 생각이 뒤섞여 있었다. 기업이 사회적 문제를 멀리하고 오로지 이익 창출에만 집중해야 한다는 믿음에 근거해서 보면, 이는 결코 자본주의에 대한 전통적 방어가 아니었다. 오히려 트럼프는 그런 정치적 입장이 적어도 자신의 퇴행적인 공화당 보수주의와 일치하는 한 기업이 정치에 참여해야 한다고 믿었다.

나이키는 그들의 '드림 크레이지' 캠페인의 대변인으로 캐퍼닉을 영입하면서, 트럼프가 옹호하는 것과는 완전히 반대되는 상업적·정치적 논리에 베팅하고 있었다. 우리는 농구계의 슈퍼스타 마이클 조던Michael Jordan의 에어 조던 시리즈가 엄청난 성공을 거두며 나이키라는 브랜드가 전 세계로 뻗어나간 1990년대를 떠올릴 수 있을 것이다. 이 시리즈는 탄생 이래 조던에게 13억 달러로 추산되는 수익을 안겨주었을 뿐 아니라,[18] "미국에서 가장 성공적인 마케팅 사례 중 하나"로 홍보되곤 했다.[19] 그러나 그것은 특정 부류의 마케팅이었다. 1990년 조던은 노스캐롤라이나 상원의원 투표에 출마한 공화당 후보 제시 헬름스Jesse Helms와 민주당 후보 하비 갠트 Harvey Gantt 중 누구를 지지하느냐는 질문을 받았을 때 답변을 거부했다. 대신 그는 "공화당원들도 운동화를 삽니다"라고 재치 있게 둘러댄 것으로 알려졌다.[20] 물론 그 말은 정치적 입장을 취하는 것은 잠재적 고객을 소외시킬 위험이 있기 때문에 상업적으로 나쁜 결정이 될 것이라는 뜻의 농담이었다.

고객을 잃을지도 모른다는 이 두려움은 NFL이 2017년의 낭패를 불러온 행동의 동기였다. 트럼프와 NFL이 미처 깨닫지 못했던 것은 그사이 문화에서 자본주의의 기능이 급격히 바뀌어, 트럼프와 그 비슷한 부류 사람들의 사업 접근방식을 사실상 시대착오적으로 보이게 만들었다는 것이었다. 반면에 나이키는 조던의 항변과는 무관하게, 깨어있는 자본주의의 사업방식을 남들보다 일찍 채택한 기업이었다. 이르게는 1970년대 후반에 나이키는 여성운동에 동조해 여성들의 달리기 쇼를 주최하면서 행사 제목을 '해방자the liberator'라고 명명했다. 그 이후 브랜드를 사회적으로 의식 있는 대의와 연결하는 것은 나이키의 모티브가 되어왔다. 1988년 나이키는 최초의 '"저스트 두 잇' 광고에 80세의 러너를 등장시키며 노인차별을 다루었다. 1년 후에는 패럴림픽 선수 크레이그 블랜칫Craig Blanchette이 장애인 지원 광고에 등장했고, 2007년에는 휠체어 농구 선수 맷 스콧Matt Scott이 또 다른 광고에 출연했다. 1995년 나이키는 '사회적으로 의식 있는 브랜딩'의 일환으로 HIV 양성 달리기 선수인 릭 무뇨스Ric Muñoz가 등장하는 캠페인을 벌였다.²¹

나이키의 광고 캠페인이 사회적으로 진보적인 정치 견해에 동조한다는 논란을 이용하기 위해 기획된 반면, 신발 생산방식과 관련해 나이키는 전혀 다른 부류의 관심을 끌었다. 1990년대 후반에 나이키는 그 회사 신발을 생산하는 아시아의 노동착취 공장에서 벌어지는 학대 때문에 비난을 받았다. 이들 공장에서는 어린이를 포함해 빈곤에 처한 노동자들이 비인간적으로 과도한 교대 근무를 강요당하면서, 위험한 양의 유독가스에 노출되고 있었다. 노동운동가 제프리 밸린저Jeffrey Ballinger는 1991년 인도네시아 나이키 공장의 아동착취를 폭로하는 보고서를 발표했다.

10년 후에 짐 키디Jim Keady의 다큐멘터리 〈스워시의 이면Behind the Swoosh〉은 나이키 공장 노동자들이 쥐꼬리만한 임금을 받고 빈곤으로 내몰리게 되는 비인간적인 생활환경을 폭로했다.²² 이는 나이키의 사업을 근본적으로 위협한 국제적인 스캔들이었다. 나이키는 생산 공장의 노동조건을 개선하겠다고 약속하고 상당한 홍보활동을 펼쳤음에도 크게 바뀐 것은 없었다. 인권운동가 레일라 살라자Leila Salazar가 2001년에 말했듯이 "나이키는 계속해서 노동착취 공장의 문제를 심각한 인권문제라기보다는 홍보상의 불편사항으로 다루어왔다."²³ 그런 태도는 성과가 있었다. 그 후 10여 년 동안 나이키는 노동착취자 이미지를 대수롭지 않게 여기면서 깨어있는 자본주의의 사회적으로 진보적인 리더라는 정체성을 강화할 수 있었다. 오늘날까지도 그 공장 내의 열악한 노동환경에 대한 비난이 계속되고 있음에도 나이키는 그것을 해냈다.²⁴

나이키의 '드림 크레이지' 광고는 대성공이었다. 그 광고는 한편으로 노동착취 공장의 부당이득자라는 나이키의 이미지를 중화하는 해독제였다. 다른 한편으로는 트럼프와 NFL 같은 이들이 추종하는 구식 자본주의가 더는 유일한 선택지가 아님을 보여주었다. 당시의 반응은 정치 노선에 따라 양극화되어 있었다. 우파 쪽 사람들은 나이키가 깨어있는 좌파의 압력에 굽실거리고 있다고 불평했다. 심지어 나이키 신발을 불태우고 나이키 옷에서 유명한 스위시 모양 상표를 잘라내며 퇴행적이고 변변찮은 저항 행위를 하는 이들도 있었다. 이와 동시에 그 캠페인에서 캐퍼닉의 입장이 명확하게 드러나지 않았음에도 좌파 중에는 그의 행동가적 대의를 지지하는 대기업 브랜드에 열광하는 이들도 있었다.²⁵ 그러나 이러한 분열도 나이키가 캐퍼닉과의 연관성을 재정적으로 활용하는 데 방해되지는 않았다.

1990년대에 조던은 분열적 입장에 따르게 될 상업적 위험성을 농담으로 타개했지만, 2010년대 후반에는 그런 위험성이 작용하지 않았다. 결국 캐퍼닉처럼 양극화를 초래하는 비타협적인 정치적 인물과 연관되어 있다는 위험성이 오히려 큰 성과로 이어지면서 그 캠페인은 엄청난 상업적 성공을 기록했다. 나이키는 논란의 여지가 있는 마케팅의 경험이 있었기에 이를 활용할 수 있었다. 어쨌거나 그들은 성폭행 혐의로 기소된 NBA 스타 코비 브라이언트Kobe Bryant를 계속해서 지지한 적이 있었다. 또한 맨체스터 유나이티드의 축구 스타 에릭 칸토나Eric Cantona가 나이키 축구화를 신고서 팬을 발로 차고 다시 머리를 가격했을 때도 그에 대한 지지를 거두지 않았다. 나이키는 골프 선수 타이거 우즈Tiger Woods의 불륜 스캔들이 터졌을 때도 그와 함께했다. 매출은 계속 증가했다.[26] 인종차별에 맞서 무릎을 꿇은 캐퍼닉을 지지하는 것이 정치적으로 논란이 될지언정 오히려 방어하기가 훨씬 쉬웠다.

'드림 크레이지' 광고는 에미상 우수 광고 부문에서 크리에이티브 아트상을 받았다.[27] 재정면에서는 그 광고가 나간 후 나이키의 주가는 5퍼센트 올라 시장가치가 약 60억 달러 증가했다. 이후 매출과 주가는 매년 꾸준히 상승해 경쟁사들의 부러움을 샀다. 나이키는 무슨 생각이었을까? 그들은 자신들에게 유리하게 작용할 계산된 위험을 만들고 있었다. 뱅킹 마켓 전략가 아트 호건Art Hogan은 나이키의 동기를 솔직하게 설명했다. "그들이 '정치적으로 올바른 자살을 하자'는 생각으로 그냥 아무렇게나 그 광고를 내기로 하지는 않았을 겁니다. 사람들은 지갑으로 의사표시를 하는데, 운동복에서 확실한 승자는 여전히 나이키입니다."[28]

나이키는 깨어있는 자본주의의 핵심 교리를 보여주면서, 진보적인 정치 대의와 연관되는 것이 표준적인 상업적 목표와 결코 모순되지 않음을 증명했다. 실제로 논란을 이용한 광고 노출이 나이키사에는 매우 긍정적인 상업적 결과를 가져왔다는 사실을 보여주기까지 했다. 아울러 '드림 크레이지' 광고는 코트나 트랙, 길거리, 또는 어디서든 유명한 스포츠 스타들이 나이키 신발을 신고 있는 모습을 보여주는 회사의 장기적 마케팅 전략과 대체로 일치했다. 나이키와 마이클 조던의 오래도록 이어진 관계가 좋은 예다. 2019년 출시된 에어 조던 11은 나이키 역사상 가장 많이 팔린 신발이며,[29] 조던 시리즈 제품은 오늘날까지도 나이키사에는 수십억 달러 규모의 사업으로 남아 있다.[30] '드림 크레이지' 광고에는 테니스 선수 서리나 윌리엄스Serena Williams도 등장하는데, 이는 나이키의 협찬 광고 전략의 측면에서 같은 궤적을 따른다. 특히 캐퍼닉과 비교해서 주요 차이점은 아프리카계 미국인의 역할 모델로서 조던과 윌리엄의 위치가 개인주의, 성공, 경쟁, 결단력이라는 미국의 지배적인 사회적 가치를 대표한다는 것이다. '드림 크레이지' 캠페인은 바로 그 이상을 강화하면서, 여기에 인종차별에 맞서고 사회적 평등을 위해 싸운다는 형태로 자유와 평등의 가치를 추가했다. 나이키가 이런 정치적 입장으로 바꾸었다는 것은 그것이 자신들의 상업적 지위를 강화해주리라고 믿었음을 암시하는데, 그 자체가 자본주의 내에서 깨어있는 전환이 일어났음을 말해준다.

사회주의는 자본주의가 만들고 조장하는 부당함에 대한 근본적인 질문을 토대로 하지만, 이에 반해 진보 정치와 연계한 깨어있는 자본주의는 그 부당함을 인식하지 못한다. 깨어있다는 관념이 좌파 진보 정치와 관련이 있음에도, 깨어있는 자본주의자에게 정의로움과 자본주의 사이의 필연적인 모순은 없다. 캐퍼닉은 '새로운 민권운동의 얼굴'로 묘사되었으며, 우리가 본 것처럼 도널드 트럼프에 이르기까지 모든 우파 포퓰리스트의 분노를 불러일으켰다.[31] 나이키는 '드림 크레이지'를 통해 깨어있는 자본주의가 어떻게 작용하는지 보여주었는데, 캐퍼닉 같은 논란의 여지가 있는 인물과 그의 진보적 정치를 포용하는 것이 그들의 확장주의적 기업 의제와 완전히 일치했기 때문이다.

캐퍼닉의 정치적 입장을 두고 그를 비난한 미국인들이 많았다는 사실을 기억하자. 그 한 예가 켄터키 주 공화당 상원의원인 알렉스 화이트Alex White였다. 그는 캐퍼닉에 대한 트럼프의 비난에 덧붙여 이렇게 이야기했다.

캐퍼닉은 정의상으로 인종주의자입니다. 미합중국이 세계 역사에서 최고의 문화 중 하나라는 현실, 우리 군인들이 존경과 명예를 누릴 자격이 있고, 살인을 일삼던 공산 독재자를 기념하거나 티셔츠에 새기는 대신 공공광장에 매달아 총살해야 한다는 현실과는 완전히 동떨어져 있습니다.[32]

이 말은 1960년대 흑인 인권운동가 맬컴 X Malcolm X와 쿠바의 전 공산주의 지도자 피델 카스트로 Fidel Castro의 만남 장면이 인쇄된 티셔츠를 입은 캐퍼닉의 오래전 사진을 언급한 것이다.

콜린 캐퍼닉이 대중과 언론의 인지도를 이용해 인종차별에 항의한 최초의 아프리카계 미국인 스포츠 스타는 아니었다. 미국의 민권운동이 한창이던 1968년, 멕시코시티에서 열린 올림픽에서 존 카를로스 John Carlos와 토미 스미스 Tommie Smith는 200미터 달리기 금메달과 은메달을 받기 위해 시상대에 섰다. 두 사람은 아프리카계 미국인의 평등을 요구하는 강력한 상징으로서 각각 검은 장갑 한 짝을 끼고 머리 위로 주먹을 들어올렸다. 이는 즉석에서 나온 행동이 아니었다. 카를로스와 스미스는 '인권을 위한 올림픽 프로젝트 Olympic Project for Human Rights' 회원이었고, 그 창립자 중 하나가 스미스였다. 이는 국제 스포츠 행사에서 활용할 수 있는 플랫폼과 홍보를 통해 흑인 해방을 촉진하려는 아이디어였다. 몇십 년 후 캐퍼닉이 그랬던 것처럼, 이 행위는 미국 주류의 비난을 불러일으켰다. 한 기자는 이 시위를 "웅대한 육상 경기를 완전히 빛바래게 만든 비열한 행위"라고 묘사하면서, 스미스와 카를로스를 "검은 피부의 두 돌격대원"이라고 비난했다.[33]

이와 같은 반동적인 반응은 아프리카계 미국인 스포츠 선수들의 성공에 담긴 문화적·정치적 중요성을 완전히 지워버린다. 경쟁 스포츠는 '평평한 운동장'이라는 이상적인 개념에 의존하면서, 삶의 나머지 영역을 특징짓는 편견·차별·분열과는 극명하게 대조

된다. 역사적으로 보면 프로복싱이 이에 들어맞는 특수한 사례인데, 20세기 초까지도 미국의 백인 복서들은 아프리카계 미국인 복서와 맞붙기를 거부했다. 예외가 있다면, 1908년 아프리카계 미국인 헤비급 복서 잭 존슨Jack Johnson이 캐나다 타이틀 보유자 토미 번스Tommy Burns를 14라운드에서 이겼을 때였다. 흑인 헤비급 복서가 백인과 함께 링에 오른 것은 이때가 처음이었다. 이 시합은 굉장한 논쟁을 불러일으켰고, 미국의 어떤 도시도 그 행사를 주최하려 하지 않았다. 결국 시합은 오스트레일리아의 시드니에서 2만 명의 관중이 지켜보는 가운데 치러졌다. 관중은 존슨에게 인종차별적 욕설을 외치고 싶어하는 것만큼이나 그 시합을 보고 싶어했다. 지배적인 백인 사회는 흑인이 어떤 것에서든 우월함을 증명하는 모습을 견딜 수 없었다.[34] 당시 또 다른 헤비급 챔피언 제임스 J. 제프리스James J. Jeffries는 이렇게 말했다.

번스는 자신의 자부심, 코카서스 인종의 자부심을 팔아버렸습니다. [……] 그 캐나다인은 세계 최고의 신체를 가진 남자라는 타이틀을 아프리카 인종이 빼앗도록 허용했으니 결코 대중에게 용서받지 못할 겁니다. [……] 저는 타이틀을 보유하는 동안은 내가 존슨을 이길 수 있다는 것을 알면서도 그를 만나지 않겠다고 계속 거부했죠. 저라면 세계 챔피언십을 놓고 싸울 기회를 검둥이에게 허용하지 않을 거예요. 그리고 다른 모든 챔피언에게도 같은 길을 따르라고 조언하는 바입니다.[35]

2년 후 제프리스는 스스로 그 약속을 어겼다. "제가 이 싸움에 나서는 것은 백인이 검둥이보다 낫다는 것을 증명하려는 단 하나의 목적 때문입니다."[36] 시합을 앞두고 그는 그렇게 말했다. 제프리스를 '위대한 백인의 희망'이라 환호하면서 네바다 주 리노에서 열린 그 시합은 항상 인종에 관한 것이었고, 백인 중심 미국 언론의 관점에서 보면 미국 흑인의 상징인 존슨을 그가 있어야 할 자리인 복종의 위치로 돌려보냄으로써 백인 우월주의에 대한 믿음을 회복할 계기였다. 『시카고 디펜더*The Chicago Defender*』 신문이 보도한 바와 같이, 그 싸움은 "고려할 가치도 없는 우월성의 문제를 해결"할 터였다.[37] 『뉴욕 타임스』는 "만약 그 흑인이 이긴다면, 그의 무지한 형제들 수천수만 명이 그 승리를 잘못 해석할 것"이라고 말했다.[38] 일은 그렇게 흘러가지 않았다. 15라운드 동안 지독히 얻어맞은 끝에 제프리스 측의 코너에서 수건을 던졌고, 존슨은 타이틀을 지켰다. 미국 전역에서 폭동이 잇따랐고 스스로 주장한 우월성에 대한 불안감이 터지면서 미국 백인 사회는 폭력적으로 대응했다. 일부 경우에는 치명적인 무력이 동원되었다.[39]

존슨은 비록 분명하게 정치적 항의도 하지 않았고, 다른 아프리카계 미국인과 연대하지도 않았지만, 존슨과 캐퍼닉 사이에는 직접적인 혈통이 있다.[40] 그러나 정신과 의사 J. 코리 윌리엄스J. Corey Williams가 설명하는 것처럼, 이 두 사람이 받은 반격은 "사회 질서에서 빗겨나거나 그에 항의해도 그들은 그럴 수 없다는 말을 들었던 흑인들의 전체 역사"의 일부였다. 이는 "특출하고, '행실이 안 좋은' 흑인을 향한 기저에 깔린 증오, 역겨움, 처벌 충동"을 반영한다.[41] 캐퍼닉의 경우 이는 사실상 NFL에서 축출되는 것을 의미했다. 존슨의 경우는 날조된 혐의를 받고 전체가 백인인 배심원단의 평결로 감옥에 가는 것을 뜻했다.

역사는 영향력 있는 정치행동가로 활약했던 아프리카계 미국인 운동선수들의 막강한 예를 다수 기록하고 있는데, 이들 중 많은 선수가 어마어마한 대가를 치러야 했다. 제시 오언스Jesse Owens는 히틀러가 지켜본 1936년 베를린 올림픽 경기에서 금메달 네 개를 땄지만, 육상 경기가 순전한 아마추어 경기로 여겨지던 시대에 협찬 광고를 받으려 했다는 이유로 보이콧을 당한 뒤 육상 선수 경력이 좌절되었다. 무하마드 알리Mohammed Ali는 미국 제국주의에 대한 항의로 베트남 참전 징집을 거부해 복싱 선수 자격을 정지당했다. 1990년대에는 농구 선수 마무드 압둘 라우프Mahmoud Abdul-rauf가 미국 국기는 '억압과 폭정'[42]을 상징한다며 국가가 울리는 동안 기립하기를 거부해 NBA로부터 자격 정지 징계를 받았다. 이는 아프리카계 미국인 선수들이 미국의 가혹한 인종차별 현실을 대중에게 알리고 평등과 정의를 위한 폭넓은 정치 프로젝트를 지지할 목적으로 스타의 지위를 플랫폼으로 활용하며 자신을 희생한 몇 가지 예에 불과하다.

콜린 캐퍼닉이 이들과 다른 점은 그의 행동주의가 수십억 달러 규모에 달하는 기업의 지지를 받으며 상업적으로 이용되었다는 사실이다. 나이키는 의도적으로 자사 브랜드와 캐퍼닉을 연계시켰다.

이 조치로 정치적 행동주의는 기업 마케팅과 밀접하게 얽혀들었다. 갑자기 정치적 저항과 반체제의 상업적 가치가 완벽하게 실현되었다. 이와 관련해 전문 마케터들은 스스로 이런 질문을 하기 시작했다. "경영진이나 소비자, 또는 양측 모두가 가장 관심을 가진 문제에 대해 위험을 무릅쓰고 나이키/캐퍼닉 유형의 접근방식을 택할 것인가? 아니면 그냥 외면할 것인가?"⁴³

그런 질문의 존재 자체는 깨어있는 자본가들이 정치 행동주의에 접근하는 방식을 나타낸다. 물론 관련 기업의 대표들(또는 적어도 그들 중 일부)에게 인종 평등, 인종차별적 경찰 폭력 척결이라는 진정한 정치적 의지가 있다는 점을 의심할 이유는 없다. 아울러 기업이 상업적으로 이익이 될 것이라고 믿는 경우에만 그런 대의를 기업 평판보다 앞세울 것이라는 점 또한 의심할 이유가 없다. 어떤 이들은 이것을 '윈윈' 시나리오라고 부른다. 나머지는 이것을 천박한 기회주의이자 착취라고 부른다. 어느 경우든 이는 다국적 대기업들이 점점 더 지배력을 넓혀가는 세계에서 미디어의 이목을 끌 그런 부류의 정치가 갖는 한계를 나타낸다. 그 대의를 지지하는 이들에게 나이키와 같은 기업이 만들어내는 인지도는 매력적일 수 있지만, 그 선물을 꼼꼼히 따져보는 것 역시 가치가 있다. 도시사회학자 조더나 매틀런Jordanna Matlon은 이렇게 주장한다.

> 콜린 캐퍼닉과 나이키의 계약을 둘러싼 논란은 [……] 투쟁의 지형을 브랜드 인지도와 소비자 충성도의 구도로 변모시켰다. 그런 한편, 캐퍼닉

의 협찬 광고가 승리로 받아들여지면서, 그를 나이키 대변인으로 내세웠다 해도 해외 나이키 착취 공장의 열악한 환경은 물론 미국 내 흑인 삶의 취약성이 전혀 바뀌지 않았다는 사실을 가려버린다.⁴⁴

매틀런이 계속해서 설명하듯, 우리는 나이키의 행동이 실질적이거나 의미 있는 변화로 이어질 가능성이 있는지, 아니면 그것이 "흑인성과 남성성을 자본주의적 가치 등록부"와 연관시키는 인종 자본주의의 또 다른 예는 아닌지 질문할 수 있을 것이다. 아프리카계 미국인에 대한 경찰 폭력과 관련해 인식을 높이는 데 캐퍼닉의 시위에 담긴 가치나 진정성에 의문을 제기할 이유는 없다. 그러나 기업이 자사의 이익을 위해 다른 사람들이 만들어낸 추세에 그저 올라타고 있는 것은 아닌지 질문할 이유는 충분하다.

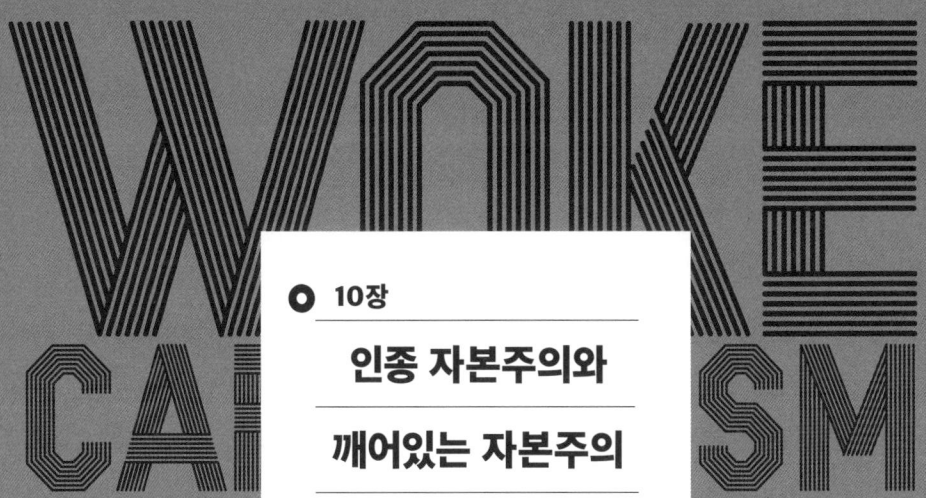

10장
인종 자본주의와 깨어있는 자본주의

2020년 7월, 내셔널풋볼리그는 2020년 시즌 개막전에 국가 〈성조기여 영원하라〉 직전에 〈모두 목청 높여 노래하라Lift Every Voice and Sing〉가 연주될 것이라고 발표했다. 불과 몇 년 전 미국 국가가 연주될 때 항의의 표시로 무릎을 꿇었던 콜린 캐퍼닉을 비롯해 몇몇 선수를 둘러싼 논란을 생각하면, 그 발표는 특히나 의미심장한 리그의 몸짓이었다.[1] 아프리카계 미국인에 대한 인종차별과 경찰 폭력에 반대했다는 이유로 캐퍼닉을 사실상 보이콧했던 바로 그 리그가 정치적으로 180도 방향을 전환한 것처럼 보였다.

〈모두 목청 높여 노래하라〉는 민권단체 '전미유색인지위향상협회 National Association for the Advancement of Colored People: NAACP'의 지도자 제임스 웰던 존슨James Weldon Johnson이 쓴 시에서 따온 노래다. 그의 동생인 존 로저먼드 존슨John Rosamond Johnson이 1899년에 그 시에 가락을 입혔다.[2] 그 후 수십 년 사이에 이 노래는 아프리카계 미국인들 사이에서 더욱 인기를 끌었고, 1919년 NAACP는 이 노래를 '흑인들의 국가'로 선언했다.[3] 넬슨 만델라Nelson Mandela가 1990년에 감옥에서 석방되었을 때 불린 것도 이 노래였다. 2009년 버락 오바마가 미국 대통령으로 취임할 때도 이 노래가 연주되었다.[4]

〈성조기여 영원하라〉의 애국적 승리주의와 비교하면, 〈모두 목청 높여 노래하라〉는 아메리칸드림에 담긴 기회와 모순을 드러낸다. 그 꿈에서 자유의 약속은 인종문제로 더럽혀져 있다. 음악학 교수이자 아프리카계 미국학 교수인 샤나 L. 레드먼드Shana L. Redmond의 설명에 따르면, 이 노래는 노예제·분리·인종차별·억압의 역사에 맞서 자기 결정권을 얻기 위한 투쟁과 "흑인 경험에 대한 살아 있는 기록문서"라는 의미가 있다.[5] 레드먼드는 "그 노래를 부르는 것은 과거를 되살리는 것이지만, 그 노랫말이 나타내듯, 희망적인 미래가 올 수 있음을 깨닫는 것이기도 하다."[6]

대체로 찬가로서 연주되고 불리는 이 노래는 인간 정신의 가능성을 증언하며 희망적으로 시작한다.

> 모두 목청 높여 노래하라,
> 땅과 하늘이 울릴 때까지,
> 자유의 하모니로 울릴 때까지,

그러나 그것은 순진한 희망도 쓸쓸한 몽상도 아니다. 그 가사는 더 나은 미래를 쫓느라 과거의 고난을 잊어서는 안 된다는 것을 상기시킨다.

> 우리가 걸었던 길은 돌투성이,
> 훈계의 채찍은 쓰라렸으니,

태어나지 않았던 희망을 그 시절엔 죽었다고 느꼈네.[7]

미국학 교수 루돌프 P. 버드Rudolph P. Byrd는 이 노래의 역사와 의미를 탐구하면서, 이 노래가 아프리카계 미국인의 인종적 자부심에 대한 선언이라고 묘사했다. 이 노래에는 비록 미국 내 인종·인종화의 역사가 명시적으로 언급되지 않지만, 노예제 위에서 이루어진 미국 건국에 대한 기억과 자유를 위한 계속된 투쟁에서 오는 희망이 함께 담겨 있다.[8] 이 노래는 아프리카계 미국인 공동체에서는 깊은 의미가 있으며, 희망과 영감의 원천으로 널리 알려져 있다. 또한 이 노래는 종종 논란을 불러일으키면서 미국에서 인종 평등을 위해 지속해서 싸워야 할 필요성을 상기시키는 수단이 되어왔다.[9]

〈모두 목청 높여 노래하라〉에 관한 발표가 나오기 얼마 전, NFL 위원인 로저 구델Roger Goodell이 과거 풋볼리그가 인종차별에 대한 항의를 다루어온 방식에 대한 사과 성명을 영상으로 발표했다. 그는 앞으로 더 잘하겠다고 다짐하면서 이렇게 말했다.

우리 내셔널풋볼리그는 인종주의와 흑인에 대한 체계적 억압을 규탄합니다. 우리 내셔널풋볼리그는 더 일찍부터 NFL 선수들의 말에 귀 기울이지 않았던 잘못을 인정하고, 모두가 기탄없이 말하고 평화롭게 항의하도록 장려합니다. 우리 내셔널풋볼리그는 흑인의 생명이 소중하다고 믿습니다. 저 개인적으로는 여러분과 함께 항의하며, 이 나라에 절실하게 필요한 변화의 일부가 되고 싶습니다. 흑인 선수들 없이는 내셔널풋볼리그도 없습니다. 그리고 전국에서 벌어지는 시위는 흑인 선수, 코치, 팬, 스태프들에 대한 수 세기에 걸친 침묵, 불평등, 억압을 상징적으로 보여줍니다. 우리는 귀 기울여 듣고 있습니다. 제가 듣고 있습니다. 그리고 더 낫고 더 단결된 NFL 가족을 위해 함께 나아갈 수 있는 방법과 관련해 저는 목소리를 높인 선수들에게, 그리고 나머지 선수들에게 다가가려 합니다.[10]

구델의 성명은 조지 플로이드George Floyd가 경찰관 데릭 쇼빈Derek Chauvin의 무자비하고 치명적인 무릎 압박에 목이 짓눌려 마지막 숨을 거두며 잔혹하게 사망한 후 세계적인 항의가 이어지자, 이에 대한 직접적인 반응으로 나온 것이었다. 플로이드는 2020년 5월 25일 미네소타 주 미니애폴리스에서 담배를 사러 한 편의점에 갔다. 계산원은 그가 내민 20달러 지폐가 위폐라는 의심이 들어 경찰에 신고했다. 경찰이 도착할 때쯤 플로이드는 근처에 있는 자동차 안에 앉아 있었다. 총을 뽑아 든 경찰은 무장하지 않은 플로이드에게 두 손이 보이도록 올리라고 요구했다. 그런 다음 강제로 플로이드를 차에서 끌어내려 수갑을 채웠고 '위조지폐 유통' 혐의로 체포했다. 경찰이 도착하고 불과 10분 만에 플로이드는 수갑이 채워진 채 바닥에 엎드리게 되었다. 쇼빈이 무릎으로 그의 목을 누르기 시작한 것은 바로 그때였다. 이후 7분 46초 동안 플로이드는 숨을 못 쉬겠다고 20번 넘게 호소했다. "이러다 사람 죽겠어요." 플로이드는 살려달라고 애원하며 말했다. "내 아이들한테 사랑한다고

전해줘요. 나 죽어요." 그가 가까스로 말했다. 몇 분 후 그는 사망했다.[11]

행인들이 휴대전화로 찍은 사건 영상이 소셜 미디어에서 들불처럼 퍼져나갔다. 미국 전역과 전 세계에서 광범위한 대중 시위가 일어났고 또 한 번 '흑인의 생명은 소중하다'라고 주장해야 했다. 이는 체계적인 인종차별과 인종 폭력으로 촉발된, 전에 볼 수 없었던 분노와 연대의 국제적인 시위였다. 미국에서는 50개 주 전체에서, 그리고 크고 작은 도시 400곳에서 약 1,000건의 시위가 벌어졌다. 특히 주목할 만한 것은 그때까지 인종 정의나 경찰 폭력에 대해 어떤 의미 있는 방식으로도 목소리를 내지 않았던, 백인 다수의 보수적인 주에서도 시위가 일어났다는 사실이다. 조지 플로이드가 경찰관의 무릎 아래서 질식해 죽는 장면을 지켜본 충격적인 현실이 마침내 '흑인의 생명은 소중하다'에 대한 주류의 지지로 이어진 것이다.[12] 플래카드에는 "침묵은 폭력이다", "인종차별도 팬데믹이다", "평화 없이 정의 없다"라고 쓰여 있었고, 무엇보다 끔찍하게도 "숨을 쉴 수 없다"라는 글귀까지 있었다.

시위는 곧 전 세계로 퍼져 유럽, 아시아, 캐나다, 오스트레일리아 곳곳의 100여 개 도시에서 많은 사람이 동참했다. 플로이드 살해가 이들 사건의 도화선이었지만, 그 시위들은 전 세계 사람들이 오래도록 겪어온 인종 폭력의 역사에 대한 연대의 실천이기도 했다. 오스트레일리아에서는 특별한 연대가 있었다. 플로이드의 죽음은 2015년 교도소에서 사망한 뉴사우스웨일스 주의 원주민 덩

후티족 청년 데이비드 던게이David Dungay에 대한 고통스러운 기억을 떠올리게 했다. 그해 12월 29일 교도관들은 던게이가 겨우 비스킷 한 봉지를 먹는 것을 막으려고 그의 감방으로 들어갔다. 던게이는 당뇨 환자였다. 먹는 걸 중단하라는 지시에 따르기까지 주어진 시간은 단 2분, 곧바로 배치된 교도관 다섯 명은 물리력을 행사해 던게이를 다른 감방으로 옮겼다. 던게이는 열두 번이나 "숨을 쉴 수 없다"고 비명을 질렀지만, 교도관들은 진정제를 주사했다. 곧바로 그에게선 반응이 사라졌고, 소생술을 시도했지만 실패했다. 그는 심정지 상태에 빠져 곧 사망했다. 던게이는 출소 예정일을 불과 2주 앞두고 있었다.[13] 이 사건은 오스트레일리아에서 경찰 구금 중에 원주민이 사망한 또 하나의 비극적인 참사였고, "숨을 쉴 수 없다"라는 씁쓸한 후렴구가 붙은 사례였다. 1991년 이후 450명의 오스트레일리아 원주민이 경찰 구금 중에 사망했다. 이런 사망에 대해 책임을 추궁당한 경찰은 단 한 명도 없었다.[14]

흑인에 대한 인종차별이라는 세계적인 폐해에 맞서 광범위하고 효과적인 정치 행동주의가 가능했던 것은 조직력을 갖춘 '흑인의 생명은 소중하다' 단체들이 그 시위를 지원하고 지도한 덕분이었다. 이러한 시위의 성공은 인종차별에 대한 주류의 정치 견해에서 일어난 변화를 반영하고 있었다. 사회운동 전문가 더글러스 맥애덤Douglas McAdam 교수는 그 현상을 이렇게 요약했다.

모든 면에서 이런 시위들은 중요하고 지속적이며 광범위한 사회적·정치적 변화의 시기를 열어젖히는, 극소수만이 해내는 성과를 달성하고 있는 것처럼 보인다. [······] 우리는 사회 변화의 티핑 포인트, 즉 잠재적으로 중요하면서도 사회에서 매우 드문 순간을 맞이하는 듯하다.[15]

이처럼 막강한 대중적 지지에 직면해서 NFL이 인종 폭력과 항의에 대해 기존 입장을 뒤집는 상업적인 결정을 내린 것도 놀라운 일이 아니다. 인종 폭력과 부당함에 대한 압도적인 증거에 마침내 미국과 세계가 귀를 기울이게 되면서, NFL은 콜린 캐퍼닉과 국기 시위에 대해 그때까지 자신들이 취했던 입장이 사람들의 눈 밖에 난다는 것을 깨닫게 되었다. NFL은 하나의 기업인데, 기업으로서 고객을 소외시킬 수는 없는 법이다. 만약 세계가 '흑인의 생명은 소중하다'를 지지한다면, 설사 그 운동을 지지하는 것이 불과 몇 년 전 진정한 애국심의 표현으로 제시되었던 시위 반대 입장을 뒤집는 것을 의미한다 해도, 그렇게 하는 것이 상업적으로 합리적이다. NFL 스타이자 베스트셀러 『백인을 불편하게 만드는 것들 Things that Make White People Uncomfortable』의 공저자인 마이클 베넷 Michael Bennett 은 NFL의 그런 입장을 이렇게 설명했다.

도널드 트럼프를 지지하는 구단주들이 여전히 있는 상황에서 그들이 이런 사안을 믿는다고 말하기는 힘들 겁니다. 하지만 NFL은 기업으로서 존재하는 것과 사회적으로 행동하는 것 사이의 균형을 잡을 수 있는 공통 기반을 찾으려 노력하고 있는 것 같아요. 문제는 이 노력이 선전을 위한 것인가, 아니면 타인의 삶을 변화시키기 위한 것인가 하는 점이죠. 나는 아직도 그다지 믿음이 가지 않아요. [……] NFL은 과거 자신들이 하던 식의 노골적인 인종차별을 세계가 받아들이지 않을 거라는 사실을 이제 이해하기 시작한 것 같습니다.[16]

세계가 더는 노골적이고 공공연한 인종차별을 받아들이지 않는다면, 기업이 같은 노선을 택하지 않는 것은 상업적인 재앙이 될 것이다. 여기서 기업의 정치 견해가 실질적으로 달라진 것은 전혀 없다. 단지 자기 이익이라는 상업적 논리가 달라진 상황에 반응하고 있을 뿐이다. 반인종차별이 빠르게 다수의 지지를 얻고 있다는 사실을 기업이 깨닫기까지는 국제적인 사회운동의 성공이 필요했다. '흑인의 생명은 소중하다'를 강력하게 옹호하지 않으면 홍보에 재앙이 될 수도 있었다. 이는 NFL에만 국한되지 않았다. 온갖 기업들이 공개적인 지지 성명을 발표하면서 빠르게 시류에 편승했다. 실제로 전 세계 기업들이 갑자기 정치적으로 각성한 척 행세한 것은 반인종주의에 대한 지지가 주류가 된 정치적 환경이 있었기 때문이다.

누가 봐도 뻔한 이런 성명의 공허함은 많은 사람에게 '브랜드 행동주의'의 예라는 비난을 받았는데, 이는 기업이 브랜드를 정치적 대의에 맞추는 관행을 말한다. 브랜드 행동주의가 사회에 긍정적으로 공헌하려는 진정한 열망을 가진 계몽된 기업의 활동이라고 설명하는 것은 참으로 낙천적이고 순진한 접근방식이다. 마케팅 전문가이자 기업 신봉자인 필립 코틀러Philip Kotler는 이렇게 설명한다.

> 사회는 사회적인 문제로 허덕이고 있고 정부는 지나치게 양극화되어 있거나 너무 무력해서 행동할 수 없는 것처럼 보입니다. 하지만 기업은 사람들 삶의 개선을 위해 행동하고 도울 자원을 보유한 주요 기관이죠. 브랜드 행동주의는 공익 증진을 위해 사회적 책임을 지고자 하는 기업의 선언입니다.[17]

브랜드 행동주의와 기업 이익 간에 노골적인 연관성이 있음에도 코틀러는 브랜드 행동주의에 대해 다른 방식으로 도덕적 정당화를 꾀한다. 코틀러에게 브랜드 행동주의는 정부의 실패에 따른 결과로서 기업이 사심 없이 사회정치적 책임을 떠맡는 것에 다름 아니다. 그것은 개인적 이익이나 유불리를 전혀 생각하지 않고 행하는 시민 이타주의의 행위로 제시된다. 예상하는 바와 같이, 이는 조지 플로이드가 살해된 후 기업들이 '흑인의 생명은 소중하다' 운동을 지지하는 쪽으로 자리매김한 방식이었다. 트위터·인스타그램·페이스북 같은 초고속 마케팅 미디어는 이들이 선호한 플랫폼이었다.

NFL이 〈모두 목청 높여 노래하라〉를 연주하기로 한 결정은 그 대표적인 사례다. NFL은 인종차별에 관한 새로운 입장을 공개적으로 표명했다. 그들은 인종차별에 맞서기 위해 상당한 기금을 약속하면서 이런 성명을 발표했다.

NFL은 체계적인 인종차별에 맞서 싸우고 아프리카계 미국인이 처한 지속적이고 역사적인 불의와의 싸움을 지원하기 위해 10년간 총 2억 5,000만 달러의 기금을 통해 사회 정의를 위한 노력을 확대하고 있습니다. NFL과 우리 클럽들은 앞으로도 NFL 선수들과 협력해 사법 개혁, 경찰 개혁, 경제와 교육 증진을 위한 프로그램을 지원할 것입니다. 재정적인 약속에 덧붙여, 우리는 계속해서 NFL 네트워크와 모든 미디어 자산을 활용해 팬들을 대상으로 사회 정의 문제에 관한 인식을 높이고 교육을 홍보하는 데 더욱 중점을 둘 것입니다.[18]

그들은 심지어 그 명분을 홍보하기 위해 풋볼 경기장 엔드존에 "모두가 해야 합니다"와 "인종차별 철폐"라는 문구를 걸겠다는 결정도 했다. 나아가 선수들이 헬멧에 슬로건을 붙이는 것을 금지하던 예전의 규칙을 거두어들였다. 2020년부터는 인종차별 피해자의 이름들을 헬멧에 표시하는 것이 허용되었다.[19]

표면적으로 보면 NFL이 그저 중요한 정치적 대의를 지지하고 있다고 생각할 수도 있지만, 거기엔 그보다 훨씬 많은 것이 있다. 비판적 입장의 인종학·민족학 교수인 로드니 코츠Rodney Coates는 NFL의 새로운 정치의식을 평가하면서 가차 없는 통찰력을 보여주었다. 그는 NFL의 정치적 돌변은 "대중 정서에 뻔뻔스럽게 영합"했음을 보여주는 사례이자 "떠들썩한 선전"의 예라고 묘사했다. 코츠가 우리에게 깨우치는 문제점은 NFL이 '흑인의 생명은 소중하다'와 관련해 상징적인 성명을 내면서도 미국 흑인들의 실제 삶에 조금이라도 실질적인 변화를 일으킬 수 있는 행동은 전혀 하지 않았다는 것이다. "그들의 의지를 보여줄 방법은 아주 많습니다. 그 의도가 진지하다면 여러 방법으로 기회의 길을 열어주겠지요. 그런데 고작 노래라고요? 안 될 말이죠"라고 그는 말했다.[20] 이 말은 풋볼에서 이익을 거두기 위해 흑인 남성의 신체를 착취하던 오랜 전통이 교활하게 발전했음을 반영한다. NFL 선수 중 70퍼센트는 아프리카계 미국인이지만, 그 팀을 소유한 구단주들은 거의 다 백인 남성들이다. 인종 정치가 수익을 높일 가능성을 더 많이 제공하는데, 그저 구장 내의 잔혹함에서 이익을 거둘 이유가 있겠는가?

스포츠 비즈니스업계 경영자인 놀런 롤린스Nolan Rollins도 이와 비슷한 정서를 분명한 어조로 표현하면서, NFL이 캐퍼닉에 대한 그들의 기존 입장에 동의하지 않는 팬들을 달래려는 것에 불과하다는 관점이 점점 많아지고 있음을 반영했다. 롤린스는 이렇게 말했다.

아프리카계 미국인 사회에서 다뤄야 할 영역은 경제적 이동의 불가능성입니다. [······] 〈모두 목청 높여 노래하라〉를 원하는 만큼 실컷 부를 수는 있지만, 그것이 누구의 은행계좌에든 한 푼도 넣어주지 않을 겁니다. 그것이 누구에게 일자리를 주지도 않아요. 어느 어머니나 아버지가 식탁에 음식을 올리도록 해주지도 않고요. [······] 그 노래는 아무것도 바꾸지 않을 겁니다.[21]

심지어는 관대해 보이는 2억 5,000만 달러의 약속도 리그에서 가장 많이 받는 선수에 비하면 큰 의미가 없다. 이 지원금을 10년에 걸쳐 나눠보면 팀당 매년 78만 1,250달러가 된다.[22] 쿼터백들이 매년 NFL에서 평균 576만 달러를 받는 것을 고려하면 이 금액은 푼돈이나 마찬가지다. 시애틀 시호크스 소속 러셀 윌슨Russell Wilson의 개인 소득은 연간 계약액인 2,500만 달러를 훨씬 능가한다. 그는 1억 4,000만 달러에 4년 계약을 맺고 있다. 한편 2019년 NFL 방송을 위해 텔레비전 광고에 지출한 금액은 총 44억 8,000만 달러였다. 우선순위가 어디에 있는지는 분명하며, NFL의 재정 세계에서 사회 정의 계획에 지출한 돈은 회계상의 반올림 오류보다도 적다.

NFL이 예외라고 할 수 없을 만큼 재계의 많은 대기업이 발 빠르게 이 대열에 합류했다. 맥도날드는 평범하고 가벼운 트위터와 인스타그램 활동을 잠시 접고 일곱 명의 이름을 나열한 간단한 게시물을 올렸다. "트레이번 마틴, 마이클 브라운, 앨턴 스털링, 보덤 진, 애타티아나 제퍼슨, 아모드 아버리, 조지 플로이드." 모두 미국에서 경찰의 총에 맞아 사망한 이들의 이름이다. 이 트윗에 첨부된 동영상에는 이렇게 적혀 있었다. "맥도날드 가족 전체가 애도합니다. 이것이 바로 우리가 그들을, 그리고 체계적인 억압과 폭력의 모든 희생자를 옹호하는 이유입니다."[23] 물론 맥도날드의 접근방식도 전혀 독특한 건 아니었다. 리복은 이런 메시지를 꺼내들었다. "우리는 당신에게 우리 신발을 사라고 부탁하는 것이 아닙니다. 우리는 다른 누군가의 신발을 신고 그 사람의 입장이 되어보라고 요구합니다."[24] '저스트 두 잇' 슬로건을 내걸고 있던 나이키는 그 슬로건의 'Do It'을 바꿔 이렇게 내보냈다. "이번만큼은 하지 마세요 For once, Don't Do It." 넷플릭스는 "침묵은 공모입니다"라는 말로 가담했고, 워너 미디어는 아프리카계 미국인 소설가 제임스 볼드윈James Baldwin을 인용했다. "사랑도 공포도 사람을 눈멀게 만들지 않는다. 무관심이 사람을 눈멀게 한다." 스타벅스는 '용기 있는 대화'를 장려했다.[25]

 이는 미국 흑인들이 경찰의 손에 반복해서 살해당하는 체계적인 인종차별과의 싸움을 진심으로 지지하는 행동이었을까? 아니면 변화하는 여론의 흐름을 이용하고자 하는 냉담한 기업 기회주의의 예였을까? 마케팅 분석 회사 에이스 메트릭스Ace Metrix는 이 질문을 고려하면서, 외관상 논쟁적인 정치적 대의를 지지하게끔 만드는 기업 논리의 효과적인 예를 제시한다. 소비자는 맥도날드식의 광고가 대변하는 정치에 동의할지 말지를 고려할 수 있지만, 에이스 메트릭스의 분석에 따르면 깨어있는 광고의 성공 여부는 두 요소 사이의 균형에 달려 있다. 첫 번째 요소는 그 광고가 어느 정도 '힘을 실어'주는가(즉, 사회정치적 문제에 대해 긍정적이고 가치 있는 입장을 그려내는 것)에 대한 소비자의 인식이다. 두 번째 요소는 그 광고가 얼마나 착취적인가(즉, 기업의 이익을 증진하기 위해 사회정치적 문제를 이용하는 것) 하는 것이다.

 에이스 메트릭스가 보기에 당시는 2020년 '흑인의 생명은 소중하다' 시위 이후 대기업들이 목소리를 내고 입장을 밝힐 것이라는 대중의 기대가 널리 퍼진 상황이었다. 대기업들이 한 일은 기존 정치적 입장의 표시라기보다는 그런 기대에 대한 부응일 뿐이었다. 맥도날드 광고에 대한 소비자 반응은 특히 이를 잘 보여주었다. 설문조사에 참여한 소비자의 절반 이상은 그 광고의 메시지가 힘을 실어주고 있다고 답했다. 또한 대부분은 그 광고가 착취적이라는 데 동의했는데, 특히 정치적 입장이 '흑인의 생명은 소중하다' 운동에 동조하는 소비자의 경우가 그랬다. 한 응답자는 이렇게 말했다. "맥도날드는 '흑인의 생명은 소중하다'가 미국 주류 사회에서 더 폭넓게 수용될 때까지 기다리다가 이제야 그 대의를 지지했다. 그 메시지가 캐퍼닉이 무릎을 꿇었다는 이유로 비난받고 있을 때 나왔다면 훨씬 강력했을 것이다."[26]

진정성에 관한 질문은 '흑인의 생명은 소중하다' 마케팅과 광고에 대한 기업 반응을 의심하는 공적인 질문의 핵심이었다. 변화하는 여론의 흐름을 그냥 따라가는 것이 진지하게 받아들여질 리 없다. 하지만 그런 시류에 편승하는 것은 오랫동안 기업 마케팅 전략으로 활용되곤 했다. 조지타운대학교의 아프리카계 미국인을 연구하는 역사학 교수인 마르시아 채틀레인Marcia Chatelain이 설명했듯이, "맥도날드는 브랜드를 계속 유지하고 있다. [……] 그들은 어떤 입장이 소비자들의 지지를 얻을 뿐 아니라 인지도를 높여줄 것이라고 판단되면 그 입장을 취하는 방법을 일관되게 써왔다."[27]

맥도날드와 같은 기업의 가짜 정치 행동주의가 주로 자기 이익 때문이라는 사실은 낱낱이 까발려져 있다. 채틀레인은 『프랜차이즈: 블랙 아메리카의 황금 아치 Franchise: The Golden Arches in Black America』[28]에서, 특히 맥도날드와 미국 흑인 운동가들의 관계를 탐색하면서 1960년대의 민권운동까지 거슬러 올라간다. 1940년대와 1950년대 미국의 패스트푸드 식당들은 주로 백인 소비자만을 위한 곳이거나 인종적으로 분리되어 있었지만, 1960년대에 와서 상황이 바뀌기 시작했다. 1968년에 마틴 루터 킹 주니어가 살해된 후, 미국의 100여 개 도시는 약탈과 폭동으로 들끓는 시민 소요의 현장이 되었다. 그 암살 사건이 불쏘시개가 되어 흑인 거주 도심의 빈곤, 열악한 주택, 적절한 학교 시설의 부족, 경찰의 괴롭힘 등에 대한 분노와 좌절이 거센 반응으로 타올랐다. 이 봉기의 여파로 맥도날드 프랜차이즈의 백인 소유주들은 흑인 위주의 거주지에서 사업 재개를 꺼리거나 사업이 아예 불가능해졌다. 따라서 맥도날드는 완전히 새로운 인종 기반의 사업 전략을 개발하게 되었다.[29]

맥도날드는 흑인 프랜차이즈 가맹점을 적극적으로 찾기 시작했다. 이것은 그 시대의 비즈니스 정신이었는데, "매디슨 애비뉴와 월스트리트는 기업들에게 상향 이동하는 흑인 소비자들의 수익성 높고 성장하는 시장을 잡을 수 있다고 조언하는 광고·마케팅 보고서를 검토"하고 있었다.[30] 한편, 맥도날드는 그들의 기업 전략을 마틴 루터 킹의 꿈과 결부시키려는 시도에서 민권단체에 돈을 기부하기 시작했다. 킹이 명백한 반자본주의적 입장을 보였음에도, 맥도날드는 자신들의 공적 이미지의 일부로서 오늘날까지도 계속 그를 기념하고 있다. 채틀레인이 주목하다시피, 이런 형태의 '흑인 자본주의'를 위한 기업 지원은 기업이 미국 흑인을 지원한다는 징표라기보다는 미국의 수많은 '도시 흑인'이 직면한 경제적 어려움을 정부가 방치하고 있다는 징표에 가깝다. 이것은 깨어있는 자본주의가 구체화된 가장 초기의 형태 중 하나였다.

채틀레인은 맥도날드가 미국 흑인과 구축해온 관계의 역사는 "자본주의가 자신의 이익을 위해 어떻게 집단을 통합"하는지 보여주는 사례 중 하나이며, 그 통합은 오직 "인종적 트라우마, 정치적 배제, 사회적 소외가 낳은 스트레스" 때문에 가능했다고 결론짓는다.[31] 바로 이 때문에 채틀레인은 맥도날드와 미국 흑인의 관계를 '인종 자본주의'의 전형으로 묘사하는데, 이는 "현대 자본주의의 발전과 인종차별적 예속·억압 사이의 깊은 연관성"으로 이해된다.[32] 채틀레인이 말하는 인종 자본주의는 미국 자본주의 자체의 시초까지 올라가는 오랜 역사가 있다. '인종 자본주의'라는 용어는 시드릭 J. 로빈슨Cedric J. Robinson이 처음 쓴 것으로, 자본주의가 어떻게 노예 소유, 인종 폭력, 심지어 대학살로 나타난 인종차별의 제국주의적 역사와 묶여 있는지 설명하기 위한 것이었다. 이 설명에 따르면, 인종주의는 인권이라는 정치적 문제에 국한되지 않고 경제구조 안에 내장되어 있다. 미국의 경우, 가장 간단하게 말해 자본주의는 노예제의 기반 위에 세워졌다.[33]

로빈슨은 1983년에 펴낸 『검은 마르크시즘: 흑인 급진주의 전통의 형성*Black Marxism: The Making of the Black Radical Tradition*』[34]에서 인종

주의는 심지어 자본주의 이전의 봉건 유럽에서도 존재했다고 주장한다. 그러나 이는 지배적인 그리스도교 집단과 유대인, 아일랜드인, 슬라브인, 집시들 사이의 인종 구분에 기반해 사회 계층을 만들어낸 '내부적 인종주의'였다. 로빈슨이 보기에, 자본주의는 봉건주의와의 완전한 단절로 생겨난 것이 아니었다. 오히려 자본주의는 여전히 인종으로 구분된 집단들에 대한 착취를 바탕으로 하면서, 인종 기반의 경제적 활동과 불평등을 다른 방향으로까지 확대했다. 로빈슨의 말에 따르면, 노예제도는 인종 자본주의의 극단을 나타내는데, "노예노동은 현대 자본주의가 시작된 이후에도 300년 이상 지속되면서 임금노동, 빚을 갚기 위한 노예적 노동, 농노제와 그 밖의 노동 강제 방법을 보완해왔다." 자본주의는 계급 구분은 물론 인종 구분에 따른 이해 충돌과 착취에 관한 것이다. 로빈슨에 따르면, 이것은 "아프리카계 집단이 억압에 맞서 계속 진화시킨 끈질긴 저항" 속에서 입증된다. 그는 흑인 저항과 흑인 급진주의의 전통이 "인종차별, 착취, 지배에 대해 조직적으로 반대하는 포괄적이고 의식적인 경험"으로서 탄생한 배경에는 바로 이와 같은 인종 기반의 적대감이 있다고 주장한다.[35]

'흑인의 생명은 소중하다' 운동에 영향을 미친 것이 바로 그 전통이다. 2016년 '흑인의 생명을 위한 비전 A Vision for Black Lives'이라는 정책 요구 성명에서, 행동가 연합인 '흑인의 생명을 위한 운동 Movement for Black Lives: M4BL'은 이를 국제적 규모로 명확하게 제시했다.

가부장제, 착취적 자본주의, 군국주의, 백인 우월주의에는 국경이 없다. 우리는 글로벌 자본주의와 반흑인 인종주의, 인간이 만든 기후 변화, 전쟁, 착취의 파괴 행위에 맞서 국제 가족과 연대한다. 우리는 또한 계속되는 역사적 식민주의와 노예제의 해악에 대한 배상을 끊임없이 요구하고 투쟁하는 전 세계 아프리카계 후손들과 함께한다.[36]

전 세계 흑인들이 겪는 종종 치명적인 경찰 폭력에 저항하고 맞서는 활동 속에서 더욱 뚜렷해지는 것이 또 있으니, 바로 봉건제에서 노예 제국주의, 그리고 오늘날까지 이르는 인종 자본주의의 연속성이다. 비판적인 인종학자 시던트 이사르Siddhant Issar가 설명했듯이, 인종 자본주의는 자본주의 기업과 그 안에서 벌어지는 착취에서 예나 지금이나 항상 인종이 중심이라는 점을 인정하도록 유도한다. 이 점이 중요한데, 그것을 인정함으로써 "노예제와 식민주의의 역사를 현대 흑인들이 겪는 경제적·물질적 곤경과 연관"시키게 되며,[37] 그 역사에 백인 우월주의와 제국주의가 스며들기 때문이다. 이사르의 요점은 '흑인의 생명은 소중하다' 운동이 "식량과 주택 거래제한, 대량 투옥, 감시 등을 통해 인종 지배가 식민주의에서 노예제까지, [……] 자본주의 경제를 구조화한다"는 확신에 입각해 있다는 것이다.[38] 이는 웹사이트와 소셜 미디어 계정을 통해 '흑인의 생명은 소중하다'는 슬로건을 외치는 깨어있는 기업들의 입장과는 거리가 먼 급진적인 생각이다. 맥도날드는 경찰의 폭력에 잔인하게 목숨을 잃은 미국 흑인들의 죽음을 애도하면서도, 이미지 관리를 목적으로 흑인 행동주의의 급진성을 삭제해버린다. NFL도 마찬가지인데, 저항에 반대하는 애국주의가 유행에 뒤진 것처럼 보이자 기꺼이 태도를 180도 바꾸었다. 이처럼 기업들이 온갖 호들갑을 떨었음에도, 예를 들어 '흑인의 생명은 소중하다' 운동이 요구하는 역사적인 노예착취와 흑인 억압에 대한 배상에 대해서는 이들 기업이든 나머지 기업들이든 아무런 언급도 하지 않는다.

'흑인의 생명은 소중하다'의 정치적 요구에는 이런 내용이 포함되어 있다.

> 과거와 현재에도 계속되는 피해에 대한 배상: 식민주의부터 노예제까지 식량과 주택 거래제한, 대량 투옥, 감시를 통해 흑인에게 해를 끼침으로써 이득을 취해온 정부와 그에 책임 있는 기업이나 기타 기관은 그 피해를 배상해야 한다.[39]

'흑인의 생명은 소중하다' 트윗과 자선단체에 대한 소액 기부는 요구된 배상금에 전혀 미치지 못하는 푼돈이다. 미국 자본주의가 노예노동을 기반으로 건설되었다면, 미국 자본주의가 책임져야 할 것은 홍보 슬로건 따위가 아니다. 기업들이 '흑인의 생명은 소중하다' 운동에 탈급진화한 형태로 대거 편승한 것은 과거는 물론 현재에도 인종 탄압과 뒤얽혀 있는 자본주의 구조를 붕괴시키지 않게 하기 위함이다.

깨어있는 기업들이 탈급진화시킨 '흑인의 생명은 소중하다'는 그 운동이 지닌 근본적인 정치적 성격 또한 강탈해버린다. 바버라 랜즈비가 『모든 흑인의 생명을 소중하게 만들기Making All Black Lives Matter』에서 "흑인 주도의 계급투쟁"[40]이라고 규정한 바로 그 성격 말이다. 랜즈비의 요점은 인종 정의와 경제 정의는 떼려야 뗄 수 없다는 것이다. 경제적 조치가 없는 정치적인 말 잔치는 사실상 정치적으로 무의미하다. 오늘날의 자본주의 아래 삶의 중심 특징인 불평등은 보수 옹호자들이 주장하는 것처럼 차등적인 능력과 노력의 결과가 아니다. 오히려 불평등은 계급주의와 인종주의의 결합, 즉 노예제와 식민주의에서 진화한 억압의 한 형태에 뿌리를 둔 경우가 허다하다. 랜즈비는 이 점을 지적하면서, 2014년 뉴욕에서 싸움을 말리려다가 경찰에게 살해된 에릭 가너Eric Garner의 어머니 그웬 카Gwen Carr의 말을 인용한다.

당시 [에릭은] 자기 가족을 먹여 살리려고 담배를 팔고 있었죠. 물론 이두 가지는 서로 연관되어 있어요. 그것은 흑인 사회가 날마다 마주하는 인종 정의와 경제 정의를 위한 지속적인 투쟁을 반영하고 있죠. 그것이 '흑인의 생명은 소중하다' 운동의 핵심이에요. 에릭의 어처구니없는 죽음 덕에 이 나라는 경찰이 저지른 만행의 해로운 영향을 직시하게 된 거예요. 내게 희망이 있다면 우리가 함께, 에릭은 물론 우리 도시와 전국의 수많은 흑인 남녀를 빈곤에 빠뜨린 시스템을 바꿀 수 있었으면 하는 겁니다.[41]

기업들이 공개적으로 지지 성명을 발표하는 것이 나쁜 일은 아니다. 그러나 필요한 것은 인종과 계급 기반의 불균등한 빈곤과 억압 수준을 척결하는 근본적인 변화다. 많은 기업 행동주의에 섞여든 피상성으로는 성에 차지 않는 듯, 기업의 알랑거리는 행동주의 역시 '비즈니스 사례'로 간주해야 한다고 요구한다면 '흑인의 생명은 소중하다'에 대한 기업의 열정은 상처에 더 많은 소금을 뿌리는 격이 된다. 기업들은 배상 회피는 남의 일이라는 듯 행동주의를 가지고 장난치면서, 단순히 금전적·상업적 보상을 추구할 뿐이다. '흑인의 생명은 소중하다'가 '흑인의 생명 마케팅'에 도용될 때, 우리가 보는 것은 진정한 변화가 아니라 기업의 부와 이익을 증대하기 위해 흑인의 저항 자체를 활용하는 인종 자본주의의 냉소적인 확장이다. 여기서 깨어있는 자본주의는 흑인과 노동계급을 착취하는 또 다른 형태에 지나지 않는다. 그 착취는 흑인 신체의 노동력에 국한되지 않으며 그들의 투쟁, 정치, 아이디어, 정신에까지 확장된다.

티파니 호건Tiffany Hogan은 온라인 잡지 『블랙 엔터프라이즈Black Enterprise』에 기고한 글에서 그 점을 이렇게 표현한다.

이미 우리는 이런 '흑인의 생명은 소중하다' 선언 중 일부가 얼마나 공허하게 들리는지 목격하고 있다. 많은 기업은 인종차별의 역사와 유색인 착취의 역사를 가지고 있으며, 그들은 흑인 직원을 고용하고 승진시키고 공정한 보상을 하는 데 실패해왔다. 그들의 게시물에 달린 댓글들은 많은 것을 말해준다. 현재와 이전의 고용인들은 자신이 무시당하고,

과로하고, 저임금을 받고, 학대당한 이야기를 공유한다. 위선자와 착취자들이 폭로되고 있다.[42]

실제로 애플·구글·페이스북·트위터 같은 테크 기업들이 '흑인의 생명은 소중하다'를 지지하는 목소리를 내는 것은 좋은 일이다. 그러나 그들이 주로 백인 남성 인력을 보유하고 결과적으로 사무실 주변 적당한 가격의 주택들을 노동계급에게서 강탈했다는 사실과 관련해 아무것도 하지 않았다면, 그런 목소리가 무슨 차이를 불러오겠는가?[43] 깨어있는 자본주의와 인종 자본주의가 만났을 때 기업들이 '흑인의 생명은 소중하다' 운동의 슬로건을 증폭시킬 수는 있겠으나, 그들은 자신의 이익을 위해 그 운동을 이용하면서도 자본주의적 불평등과 착취가 변화하는 데 필요한 급진적 정치를 제거하려고 애쓰고 있다.

11장 깨어있는 기업의 최선

2019년 1월 12일 일요일, 질레트는 "남자로서 될 수 있는 최고의 것The best a man can be" 슬로건을 내세운 텔레비전 광고를 내보냈다. 겉으로 보기에 이 광고는 유해한 남성성에 정면으로 도전하고 있었다. 그러면서 남성의 성희롱, 괴롭힘, 가정 폭력이 일상으로 받아들여지던 시절로 돌아갈 수 없다고 공언했다.[1] 질레트에게 이 광고는 대단한 반전이었다. 그때까지 질레트는 오랫동안 경쟁적이고 적극적인 알파 남성의 이미지, 이때쯤 의문이 제기되던 지배적인 남성성 형태와 결합한 바로 그 이미지로 제품을 마케팅해왔다. 그런 질레트가 갑자기, 흔히 좌파 페미니즘과 연관되는 남성성에 정치적 비판을 하다니, 어떻게 된 일일까?[2]

처음으로 돌아가면, 질레트사는 킹 C. 질레트King C. Gillette가 안전 면도날을 발명한 1901년에 설립되었다. 안전 면도날은 남성의 몸단장에 혁명을 불러온 혁신으로, 그 덕분에 남성들은 정기적으로 이발소를 방문하지 않고도 집에서 쉽게 면도할 수 있게 되었다. 자랑스러운 혁신의 역사를 기반으로 삼아 질레트는 오늘날까지도 가장 잘 알려진 면도 제품 브랜드 중 하나로 남아 있다.[3] 마케팅 측면에서 보면, 1980년대 후반부터 질레트의 광고 슬로건은 "남자가 얻을 수 있는 최고의 것"이었고, 이는 이 회사의 면도기가 얻을 수 있는 최고의 제품이며, 남성성의 정점임을 의미한다고 암시하는 말장난이었다. "남자가 얻을 수 있는 최고의 것"이라는 첫 번째 광고는 1989년 슈퍼볼에서 미국내셔널풋볼리그 통합 우승팀 자리를 놓고 신시내티 벵골스와 샌프란시스코 포티나이너스가 치열하게 싸운 경기에서 방송되었다.

대회 역사상 처음으로, 이 슈퍼볼 경기의 하프타임 기록은 동점이었다. 슈퍼볼을 더욱 유명하게 만든 하프타임 쇼에는 마술사 엘비스 프레슬리를 흉내 낸 엘비스 프레스토Elvis Presto가 출연했다. 그와 그의 백업 가수들인 매직 완다스Magic Wandas는 〈비밥 뱀부즐드BeBop Bamboozled〉라는 정례적인 공연을 했다. 1950년대의 극장처럼 꾸민 세트에서 엘비스는 립싱크를 하며 마술을 선보였고, 그러는 사이에 옅은 파란색 바탕에 물방울무늬가 있는 홀터넥 드레스를 입은 완다스는 엘비스 주변에서 춤을 추었다.⁴ 이 무대는 전후 미국의 자신감 넘치던 과거를 상기시키면서, 남성이 중심 무대를 차지하고 여성은 그 주변에서 아양 부리며 미국을 축하하는 기괴한 광경을 연출했다.

질레트의 1989년 슈퍼볼 광고는 서구 남성성의 전통적이고 인습적인 형태를 찬양하는 주제였다. 자랑스레 울리는 배경음악의 가사는 아버지들과 아들들, 달리기 경주를 하고 챔피언이 되는 남성들을 묘사하다가 마지막에 "남자가 얻을 수 있는 최고의 것"이라는 유명한 슬로건으로 마무리된다. 노래 속에서 이런 남성 챔피언들이 등장하는 동안, 광고 화면 속 남성들은 열심히 일하고 열심히 노는 이성애 가장으로 묘사된다. 그들은 아들에게 남성성의 문화적 유산을 물려주고, 사랑하는 아내의 애정을 듬뿍 받으며, 다른 남성들과는 든든한 동성들만의 관계를 즐긴다. 이들은 단정하고 잘생겼으며, 근육질에 신체적으로 활동적인 남성들이다. 그들은 아령을 들어 올리고, 마라톤을 뛰고, 서핑과 풋볼을 한다. 그들이 월스트리트의 임원이든 프로스포츠 선수든 우주비행사든 간에 모두가 승자다. 그들은 거의 다 백인이다.[5] 이 광고 캠페인은 질레트가 감당하기 힘들 만큼 엄청난 성공을 거두었다. 질레트 제품에 대한 수요는 폭발적으로 증가했고 생산 속도가 그에 따라가지 못할까 봐 두려운 나머지 1990년에는 텔레비전 광고 방송을 중단할 정도였다.[6]

이후 30년 동안, 질레트는 1989년의 슈퍼볼 광고와 거의 같은 맥락의 지배적인 남성성에 뿌리를 둔 이미지 전략을 구사하면서 "남자가 얻을 수 있는 최고의 것" 슬로건을 유지했다. 최고의 남자란 삶의 경쟁에서 승리한 사람들이었다. 그들은 최고의 직업을 가졌고, 가장 잘생기고 가장 건강했으며, 가장 아름다운 아내를 두었고, 아들을 자신과 닮게 키웠다. 독립적인 승리자인 그들은 자신의 목표를 달성한 강인한 리더였고, 어떤 것도 그들을 방해할 수 없었다. 이렇게 수십 년째 성공을 거두고 있었음에도, 2010년대 후반부터 질레트는 여전히 이 전략이 면도기 구매 시장에 의의가 있는지 질문하면서 의문을 품기 시작했다. 이에 대해 그들은 전보다 더욱 세심하며 덜 냉철한 남성으로서 '현대적 남자'를 묘사하는 마케팅 전략을 실험하기 시작했다. "남자들에게 남자다워지라고, 감정을 억누르고 약점을 드러내지 말라고 하는 말은 더는 받아들여지지 않는다"라는 것이 질레트 크리에이티브 팀의 메시지였다.[7]

2019년 1월 12일에 발표된 광고는 이 새로운 방향을 최대한 활용했다. 우선 "남자가 얻을 수 있는 최고의 것"이라는 슬로건은 "남자로서 될 수 있는 최고의 것"으로 바뀌었다. 질레트가 묘사하는 이 새로운 남성은 어떤 사람이었을까? 새 광고는 '집단 괴롭힘', '성희롱', '유해한 남성성'이 소녀와 여성은 물론 소년과 남성에게도 영향을 미치는 심각한 사회문제라고 지적하기 시작한다.[8] 광고는 "이것이 남자가 얻을 수 있는 최고의 것인가?"라는 질문을 던지면서 '계집애' 같다고 괴롭힘을 당하는 소년들, 여성들에게 휘파람을 불고 성희롱하는 남성들, 여성 임원에게 거들먹거리며 사업을 설명하는 남성 임원의 깜짝 놀랄 만한 이미지를 보여준다. 광고는 "이것은 너무 오래 지속되고 있다"면서 우리더러 "남자들이 원래 그렇지"라는 낡은 변명을 둘러대는 것을 중단해야 한다고 말한다. 대신에 그 광고는 성차별적이고 폭력적인 행동에 대해 서로 책임을 묻는 새로운 형태의 남성성을 묘사한다. 이제 우리 앞에는 여성을 성희롱에서 보호하기 위해 개입하는 남성, 여성을 스토킹하는 다른 남성을 막는 남성, 딸을 강하게 키우는 남성, 싸움을 말리는 남성, 괴롭힘을 당하는 사람을 보고 개입하는 남성이 등장한다. 광고는 "최고에 더 가까워질 수 있는 길, 더 많은 일에 도전하는 것뿐입니다"라는 메시지로 끝난다.

애초에 유튜브로 공개된 이 광고가 입소문을 타면서 엄청난 논란이 이어졌다. 광고는 공개 이틀 만에 400만 건의 조회수를 기록했다. 이 광고를 지지하는 이들은 질레트가 유해한 남성성에 반대 입장을 취했다며 칭찬했다. 예를 들어 잡지『글래머 Glamour』는 "질레트가 자랑스러워해야 할 자신감 넘치는 광고"에 열렬한 찬사를 보냈다. 질레트는 시대에 따라 변화하는 능력, 그리고 사회, 특히 남성들이 성희롱 현실을 숨겨서는 안 된다는 진보적 입장을 취한다는 점에서 극찬받았다. 옹호자들은 이 광고가 남성이 다른 남성에게 책임을 물을 수 있는 권한을 부여했다고 주장했다.[9] 대기업인 질레트가 이 대의를 받아들이게 되었다는 사실은 소비자에게 그 대의가 주류의 매력을 가지고 있다는 회사의 믿음을 암시했다. 컬럼비아대학교의 영어학·젠더학 교수인 잭 핼버스탬Jack Halberstam은 당시 이렇게 말했다. "남성적 규범을 둘러싸고 뚜렷한 문화적 변화가 일어나고 있으며, 기업 광고가 남성 대상의 마케팅과 남성성의 표현방식을 수정할 필요성을 깨닫는다는 사실은 그런 변화가 단지 하위문화의 수준에서만 일어나는 것은 아님을 시사한다."[10]

우리가 이 문제를 낙관적으로 바라본다고 가정해보자. 이 경우 질레트는 남녀 모두에게 미칠 수 있는 남성성의 해로운 영향에 관심을 끌어들이고 새로운 남성성을 만들기 위해 오랫동안 싸워온 사람들의 목소리를 지지하고 증폭시키고 있었다고 말할 수 있을 것이다. 그러나 비판적으로 생각한다면, 질레트가 젠더 정체성, 특히 남성성에 대한 대중의 정서 변화를 이용해 돈을 벌려 하고 있었다는 결론이 나올 것이다. 결국 질레트가 광고 메시지를 바꾸기로 결정한 것은 단지 이데올로기 때문만은 아니었다. 이는 관심 집단을 참여시킨 광범위한 연구와 남녀에 대한 설문조사에 영향받은 것이었다. 사실상 남성성에 대한 인식 변화는 '시장 트렌드'임이 확인되었다.[11] 그리고 잊지 말아야 사실이 또 있다. 불과 6개월 전 미국심리학회APA가 처음으로 『소년과 남성을 대상으로 한 심리 실습 지침Guidelines for Psychological Practice with Boys and Men』을 배포했다는 사실이다. 남성과 소년을 상대하는 임상의를 돕기 위해 만든 이 지침서는 전통적인 남성성의 한계와, 그 남성성이 많은 남성의 심리적 행복에 미치는 해로운 영향에 대해 매우 비판적이었으며, 이를 여성과 젠더 다양성을 가진 사람들을 향한 폭력이나 차별과도 연결하고 있다.[12]

그러나 질레트 광고에 사람들이 보인 반응은 남성성의 다양한 가능성에 대한 진보적 시각을 모두가 공유하지는 않는다는 사실을 말해주었다. 비방하는 이들은 그 광고가 반남성적이라고 비난했다. 영국의 방송인 피어스 모건Piers Morgan은 질레트에 대한 비난을 주도한 사람들 중 하나였다. 모건은 그 광고가 "정치적 올바름에 미친 헛소리"라고 했다. 그것은 "남성 혐오"이자 "남성성과의 전쟁"에 다름 아니라고 외쳤다. 모건은 급진적 페미니스트들과 깨어있는 미덕의 과시자들이 "남자다운 것, 남자가 된다는 것은 틀렸다, 해롭다"라고 주장함으로써 남성들을 거세하려 한다고 비난했다.[13] 모건과 같은 우파 반동주의자들이 전 세계에서 들끓었다. 많은 사람은 그 광고가 남성에 대한 '좌파의' 음모라고 규정하면서, 질레트가 거세해버린 남성성의 형태를 보존할 가치가 있다고 믿었다. 셀윈 듀크Selwyn Duke는 잡지 『뉴 아메리칸The New American』에 실린 한 논평에서 이런 시대착오적인 입장을 요약하고 있다. "남성은 더욱 거친 성이며, 따라서 남성은 위험성뿐 아니라 역동성을 가진다. 남성의 원동력인 폭발적인 남성성이 없다면 남성적인 창의성, 혁신, 문명 건설, 인명구조는 있을 수 없다."[14]

이와 같은 극단적인 반응들은 보수주의자들이 종종 타인을 쉽게 비난할 때의 부당하고 과도한 민감성을 보여준다. 일부 남성이 자신의 마초적 자아상에 대한 도전에 그렇게 극단적으로 반응한다는 것 자체가 전통적 남성성의 불안과 취약성을 나타낸다. 질레트 유튜브 채널에 대한 부정적인 댓글은 긍정적인 댓글에 비해 10대 1의 비율로 많았고, 이 광고가 남성을 비하하고 고정관념을 형성하고 있으며, 질레트 제품을 보이콧해야 한다는 의견이 나돌았다.[15] 할리우드의 거침없는 배우이자 도널드 트럼프의 떠들썩한 지지자인 제임스 우즈James Woods는 트위터에서 반동적 비판의 예를 보여주었다. 2019년 1월 15일, 그는 이런 트윗을 올렸다. "@질레트가 주류 미디어와 할리우드 엔터테인먼트에 스며들고 있는 '남자는 끔찍하다' 캠페인에 동참하다니 아주 반가운 일이다. 나는 다시는 당신네 제품을 쓰지 않겠다."[16]

당연한 일이지만, 질레트는 깨어있는 자본주의적 반영웅으로 간주되기도 했다. 정치적으로 보수 색채가 강한 잡지 『스펙테이터』는 우파 비판의 전형을 보여주었다. 그들의 주장은 질레트가 이목을 붙잡는 떠들썩한 선전을 노리고 그 광고를 만들었으며, 아울러 그 광고는 "진보입네 하면서 기업 세계를 감염시키는 속물주의 역병이고, 더욱 양극화되는 이 시기에 자기가 더 잘 안다고 생각하는 사람들이 삶의 모든 구석을 쓸데없이 정치화할 거라는 신호다. 이 깨어있는 자본주의를 타도하라"였다.[17]

미국의 보수적인 싱크탱크인 위더스푼연구소Witherspoon Institute 사람들도 비슷한 주장을 하면서, 그 광고는 우리 시대의 "감성적 인도주의 환경"에 대한 도착적 반응이라고 묘사했다. 이들은 "기업은 마르크스주의 같은 의식 고양 활동에 가담하거나, 가족구조를 바꾸거나, 세계 평화를 건설하거나, 심지어 한 국가의 역사적 잘못을 바로잡기 위해 존재하지 않는다"라며 불만을 토로했다.[18]

질레트가 영합한다고 비난받았던 '감성적 인도주의'란 바로 #미투MeToo운동의 인도주의였다. 이것은 암시적이지 않았다. #미투는 해로운 남성성에 대한 사회적 인식과 관련해 하나의 문화적 전환점으로 광고에서 공공연히 거론되었다. 여성에 대한 성희롱과 성폭력을 고발하고, 이에 맞서 싸우기 위해 고안되어 매우 영향력 있는 국제 사회운동이 된 이 흐름에 질레트라는 브랜드는 의도적으로 동조하고 있었다. #미투운동은 "남자로서 될 수 있는 최고의 것" 광고가 발표되기 불과 몇 달 전에 갑자기 등장해 대중의 상상력을 사로잡고 있었다. 이 운동이 시작된 것은 2017년 10월 5일, 언론인 조디 캔터Jodi Kantor와 메건 투히Megan Twohey가 할리우드의 유명 제작자 하비 와인스타인Harvey Weinstein에 관해 쓴 기사가 『뉴욕 타임스』에 특보로 실리면서였다.[19] 와인스타인은 지난 40년 동안 할리우드 제국을 건설해 성공가도를 달리고 있었다. 그는 200여 편의 영화를 제작 또는 감독하면서 아카데미 작품상을 여섯 번이나 수상했다. 〈섹스, 거짓말, 비디오테이프〉(1989), 〈펄프 픽션〉(1994), 〈굿 윌 헌팅〉(1997), 〈만델라: 자유를 향한 머나먼 여정Mandela: Long Walk to Freedom〉(2013) 등은 그가 발표해 평단의 찬사와 상업적 흥행을 동시에 거둔 수많은 영화 중 일부다. 활동적인 자선사업가였던 그는 빈곤, 에이즈, 당뇨, 다발성 경화증 관련 자선단체들을 지원했다.[20]

캔터와 투히의 기사 제목은 "하비 와인스타인, 수십 년 동안 성희롱 고발자들에게 돈으로 입막음"이었다. 『뉴욕 타임스』 조사팀은 와인스타인의 직원들과 영화업계에서 일하는 사람들을 인터뷰하는 한편, 그의 사업 관련 이메일과 문서를 꼼꼼히 조사했다. 그들이 발견한 것은 와인스타인이 30년 동안 성희롱 혐의로 여러 번 고소당했지만, 그 고소를 취하시키기 위해 피해자들과 금전적 합의를 중개했다는 사실이었다. 그 기사는 학대 행위가 이루어진 오랜 역사, 그리고 와인스타인이 막강한 할리우드 권력과 유명인사들을 이용해 이미 유명하거나 유망한 여배우들을 조종하고 괴롭힌 방식을 자세히 설명하고 있었다. 그 기사에서 배우 애슐리 주드Ashley Judd는 1990년대 와인스타인이 비즈니스 미팅을 위해 자신을 퍼닌슐라 베벌리힐스 호텔로 초대한 과정을 직접 증언했다. 그녀는 호텔에 도착해서야 그 미팅 장소가 그의 호텔 침실이라는 것을 알았다.

와인스타인은 목욕 가운만 걸친 차림으로 그녀에게 마사지를 해줄 수 있는지 물었다. 그는 또 자신이 샤워하는 모습을 지켜보라고도 했다. 다른 여성들은 와인스타인이 어떻게 '마사지'의 대가로 엄청난 경력을 쌓을 기회를 약속했는지, 싫다는 대답을 거절하며 얼마나 요지부동이었는지 설명했다.

캔터와 투히의 기사가 나오고 일주일도 되지 않아 로넌 패로Ronan Farrow가 『뉴요커』에 「공격적인 접근부터 성폭행까지: 하비 와인스타인의 고발자들이 들려주는 이야기」[21]를 발표하면서 폭로가 물밀듯 쏟아졌다. 패로는 와인스타인에게 성폭행과 성희롱을 당한 여성들의 더 많은 증언을 공개했다. 와인스타인이 어떻게 여성을 더듬고, 여성에게 자신을 노출하고, 여성이 있는 자리에서 자위행위를 하고, 거짓된 핑계를 대며 여성을 침실로 유인하고, 구강성교를 강요했는지 등등 끔찍한 이야기들이 열거되었다. 그는 악질적 연쇄 성범죄자이자 강간범이었다는 사실이 드러났다. 2020년 3월, 와인스타인은 맨해튼 법원에서 성폭행과 강간 혐의로 23년 징역형을 선고받았다.[22]

와인스타인이 연쇄 성희롱자로 공표되면서 세계적인 운동이 촉발되었다. 배우 알리사 밀라노Alyssa Milano는 와인스타인의 정체가 언론에 공개된 후 2017년 10월 15일에 다음과 같은 트윗을 올렸다. "당신이 성희롱이나 성폭행을 당한 적이 있다면 이 트윗에 '나도me too'라고 답해주세요." 수천 명의 여성이 거의 동시에 답했다. 그중 몇몇은 레이디 가가Lady Gaga나 비올라 데이비스Viola Davis 같은 슈퍼스타였다. 나머지는 성적 학대를 경험한 적 있는 보통 사람들이었다. 강간·괴롭힘·협박·실직에 관한 끔찍한 이야기들이 소셜 미디어에 넘쳐났다. 몇 주 만에 #미투운동은 국제적인 현상이 되면서, 여성들이 이런 식으로 고통받는 일이 얼마나 흔한지 세계가 관심을 갖게 되었다.[23] 체조 선수 매케일라 마로니McKayla Maroney는 자신의 전 주치의이자 아동 포르노 제작자로 유죄 판결을 받은 로렌스 G. 나사Lawrence G. Nassar에게 성폭행을 당했다고 증언했다. 배우 앤서니 랩Anthony Rapp은 아역 배우였던 14세 때 배우 케빈 스페이시Kevin Spacey에게서 극성스럽게 잠자리를 제안받았다고 폭로했다. 코미디언 루이 C. K.Louis C. K.는 다수의 여성이 자신에게 제기한 성추행 혐의가 사실이라고 인정했다. 가해자 명단은 계속 이어졌다.[24] 유명인, 사업가, 정치인, 각계각층의 권력자들이 마침내 그들의 폭력적인 학대 행위에 대한 책임을 져야 했다.

해시태그 #미투의 배경이 된 아이디어는 새로운 것이 아니다. 이는 2006년 정치행동가 타라나 버크Tarana Burke가 젊은 여성들이 스스로 힘을 갖도록 돕기 위해 처음 활용했다. 버크는 그것을 이렇게 설명한다.

나는 이 일을 시작했어요. [⋯⋯] 2006~2007년 남부의 젊은 흑인과 갈색인 소녀들과 일하고 있을 때였는데, 성폭력 생존자이자 성폭력의 경험을 공유하고 있었던 그들을 돕기 위해 자원을 찾으려 애쓰고 있었죠. [⋯⋯] 그리고 나도 같은 생존자로서 그들을 위한 안전한 공간을 찾는

것이 중요했어요.[25]

버크의 운동으로 대변된 연대는 소셜 미디어에서 입소문을 타면서 세계적인 현상이 되었고, 버크가 꿈꾸는 '성폭력 없는 세상'의 비전은 그 어느 때보다 더 가까워진 것처럼 보였다.[26] 2017년 후반기가 되면 #미투는 『타임』지가 이 운동을 있게 한 '침묵을 깬 사람들silence breakers'을 '올해의 인물'로 선정할 만큼 매우 막강해졌다. 전 세계 여성들이 수년, 때로는 평생 숨겨왔던 이야기를 공유하면서 연대의 힘이 인정되었다. 묵살과 조롱, 수치심을 극복하고, 거짓말이라는 비난과 실직의 두려움에 함께 맞선 여성들이 목소리를 높였고, 사람들은 귀를 기울였다. 남성들은 책임을 추궁당하고 법적으로 기소되었다. 『타임』지는 이 운동이 마침내 남성 가해자들에게 실질적 결과를 가져온 '거부의 혁명'이라고 표현했다.[27]

질레트가 자사의 소중한 브랜드 이름을 이 운동과 연계하기로 결정한 시기는 이런 혁명이 한창일 때였다. 질레트는 "남자로서 될 수 있는 최고의 것"이라는 슬로건을 내세움으로써 #미투운동이 세계에 경고하는 유해한 남성성에 맞서 커져가던 대중의 동조 물결에 편승하고 있었다. 질레트는 기업 정치 행동주의의 새로운 유형을 보여주었다.[28] 이는 기업과 CEO가 비즈니스 활동과 직접 연관되지 않은 정치적 대의를 공개적으로 지지하는 깨어있는 자본주의의 중심 차원이다. 과거에는 기후 변화나 노동착취 같은 문제와 관련해 기업이 정치행동가들의 표적이 되곤 했지만, 오늘날에는 깨어있는 기업이 행동가가 된다. 그러나 우리는 기업 행동주의가 전통적인 정치 행동주의와 같다고 생각하지 않도록 조심해야 한다. 기업 행동주의는 정치적인 만큼 상업적이다. 그것은 기업의 가치와 정체성을 관리하고 평판 구축을 노린 하나의 마케팅 전략이다. 기업 행동주의는 여론에 영향을 미치는 **동시에** 그 회사에 대한 소비자의 태도를 제고하는 두 가지 목표를 가진 것임이 명백히 확인되었다.[29]

이 말은 질레트 사내에 그 기업이 공개적으로 지지하는 대의에 대해 진정한 정치적 신념을 가진 사람이 없었다는 의미가 아니다. 하지만 그 행동주의가 사회적 이익과 이기적인 상업적 이익을 일치시킬 수 있다는 '비즈니스 사례' 테스트를 통과하지 못했다면 그런 지지는 없었을 것임을 말해준다. 이 중 어느 것도 기업행동가들이 가진 사회적 동기의 진정성을 말해주지 않지만, 한편으로는 그들이 지지하는 대의에 관한 무언가를 우리에게 알려준다. 간단히 말해, 기업이 어떤 진보적인 사회적 대의를 지지할 때는 그것이 주류의 지지를 받고 있다고 믿기 때문이라는 점이다.

질레트가 #미투운동에 동조한다는 것은 그들이 축하받을 일이 아니다. 칭찬받아야 할 것은 #미투운동이다. 진짜 행동가들의 매우 헌신적이고 때로는 대가 없는 활동 덕분에 #미투는 남성들에게 성희롱, 성적 학대, 성폭행을 당한 여성들의 경험을 세상 밖으로 꺼내준 세계적인 사회운동이 되었다.[30] #미투가 없었다면 하비 와인스타인뿐 아니라 금융가 제프리 엡스타인, 음악 프로듀서 R. 켈리R. Kelly, 코미디언 빌 코스비Bill Cosby를 비롯한 많은 사람이 공개적으로 책임을 추궁당하지 않았을 가능성이 높다. 법학 교수 페니 베너티스Penny Venetis는 이렇게 설명한다.

무엇보다 형사 사법제도의 보호를 받고 있던 다양하고 많은 유명인이 현재 조사를 받고 기소되고 있다. [······] 검찰은 정말 충분한 근거가 있다고 생각하지 않는 한 누군가를 기소하지 않을 것이다. 하지만 지금은 배심원들이 성적 학대와 성폭행 혐의에 전보다 더 적절히 대응하고, 유명인, 부자, 인맥 좋은 사람들이 저지른 짓을 포함해 이런 일들이 있었다고 기꺼이 믿는 분위기가 조성되었을 수 있다는 것이 내 생각이다.[31]

여기까지 오는 데 필요했던 중대한 조치는 면도기 판매도 남성에 대한 비방도 아니었다. 그것은 집단적 목소리의 힘과 연대, 그리고 #미투 창립자 타라나 버크의 말을 빌리면 "성폭력 없는 세상"[32]을 건설하고자 하는 세계적인 운동을 축하하는 것과 관련되어 있었다.

깨어있는 자본주의의 시기에, 질레트가 #미투운동에 동조하기로 선택한 것은 전혀 놀라운 일이 아니다. 그보다 훨씬 흥미로운 것은 이 광고가 질레트의 재무 성과와 어떤 관련이 있었을까 하는 점이다. 2019년 중반까지 질레트의 모회사인 프록터앤드갬블은 질레트에 대해 80억 달러를 손상차손으로 처리했다. 결국 모회사는 6월 30일에 끝나는 분기에 52억 4,000만 달러의 손실을 보고했다. 이번 손상차손은 오래전부터 예상되었는데, 세계적으로 면도 제품

시장이 축소되고 있었고, 특히 남성들이 면도를 자주 하지 않거나 아예 하지 않는 사회적 추세를 보이는 개발도상국에서는 더욱 그랬기 때문이다. 2019년까지 이전 5년 동안 면도기 시장은 11퍼센트 감소했다. 질레트의 시장 점유율이 2018년부터 감소하기 시작했으므로, 프록터앤드갬블의 상황은 더 좋지 않았다. 더욱이 미국 딜러가 강세여서 질레트의 미국 달러 수익은 감소하고 있었다. 질레트의 손상차손은 이런 시장 상황 때문에 취해진 조치였다. 그러자 주식시장은 프록터앤드갬블의 2019년 중반의 조치에 우호적으로 반응했고, 회사 주가는 사상 최고치를 기록했다.[33]

이 손상차손은 질레트의 핵심 사업 내의 기존 추세에 대한 반응이었음에도, 보수 언론은 그 재정 상황을 "남자로서 될 수 있는 최고의 것" 광고 탓으로 돌리려 애썼다. 이런 결론은 재빨리 엉뚱하게 부풀려져 이런 기사 제목으로 옮겨갔다. "질레트 '유해한 남성성' 광고 후 80억 달러 손실로 가치 하락",[34] "남성을 모욕한 질레트의 '깨어있는' 광고로 P&G 수십억 달러 손실",[35] "깨어난 후 80억 달러 손실, 질레트 다시 남성성 포용하다"[36] 등등. 우파 문화 전사들은 자신들의 모토인 "깨어나면 파산한다"를 뒷받침하기 위해 질레트의 예를 조작까지는 아니더라도 편리하게 써먹었다. 브랜든 모스Brandon Morse는 우파 블로그 레드스테이트RedState에 기고한 글에서 질레트와 그 CEO 게리 쿰Gary Coombe을 직접적으로 비난했다.

이 일로 수십억 달러가 사라졌다. 당신들은 사실상 그들에 관한 급진적 페미니스트들의 주장이 모두 진실이라고 말함으로써 전체 성별을 화나게 했다. […] 쿰은 끔찍한 전화를 걸었고 그 증거는 숫자로 나타났다. 앞으로 우리는 착한 선장 쿰이 이 일에서 교훈을 얻었는지, 아니면 '깨어있다'는 명목으로 그 배의 옆면에 거대한 구멍들을 계속 뚫을 것인지 보게 될 것이다.[37]

그러나 질레트는 반동적 보수주의를 대변하는 모스의 훈계를 받아들이지 않았다. 쿰은 남성성에 관한 그 브랜드의 입지를 굳건히 지켰다.

저는 일부 사람들이 그 광고에 불쾌감을 느끼고 그 때문에 우리 브랜드를 언짢게 여긴다는 사실이 즐겁지는 않습니다. 그건 좋은 일도 아니고 30년 동안 이 업계에 있으면서 제가 받은 모든 훈련에 반하는 일이죠. […] 하지만 지금은 다수의 사람이 오늘날의 브랜드를 더 깊이 사랑하도록 하려면 소수의 사람을 화나게 할 위험을 감수해야 한다는 견해에 전적으로 동의합니다. 그리고 바로 그것이 우리가 한 일입니다.[38]

쿰이 질레트를 방어하면서 #미투를 지지하는 사업적 이유를 결코 잊지 않았다는 사실을 주목할 가치가 있다. 남성성에 관한 사회적 가치가 변화하는 상황에서 그는 그 캠페인이 질레트의 미래를 보장하기 위한 수단이라고 생각했다. 그는 구시대와 연관된 질레트의 이미지 때문에 그 회사가 상업적 위험에 처했다고 믿었다. "우리는 밀레니엄 세대와 연결이 끊어졌습니다. 질레트는 급속도로 밀레니엄 세대 아버지들의 브랜드가 되었습니다"라고 그는 주장했다.[39]

모스와 쿰의 견해 차이는 깨어있는 브랜드를 바라보는 상반된 두 입장을 잘 보여준다. 한쪽의 관점에서 보면, 깨어있다는 것은 변화하는 세계에서 브랜드가 적절한 관련성을 유지한다고 볼 수 있는 똘똘한 비즈니스 전략이다. 또 한쪽의 관점에서 보면, 정치적으로 진보적인 대의는 사회를 분열시키고, 따라서 사업 성공에 과도한 위험이 될 수 있다. 이 모든 논쟁 속의 논점은 모두 비즈니스를 하는 최선의 방법에 관한 것이다. 어느 쪽을 택하든, #미투행동가들이 매우 효과적이고 성공적으로 전면에 부각시켰던 실제의 정치적 문제는 상업적 의제에 밀려 부차적인 것이 될 우려가 있다. 여기서 다시 우리는 사회운동가들의 민주적 활동이 깨어있는 자본주의에 포섭되는 것을 보게 된다.

질레트의 광고는 깨어있는 자본주의 특유의 아이러니를 반영한다. 깨어있는 자본주의는 한편으로, 기업이 정치적·사회적 문제를 끌어들이고서는 그런 문제와는 완전히 독립된 기업 이익에 맞춰 그것을 지지하게 만든다. 그런 한편으로 질레트가 유해한 남성성 광고를 배포하는 것과 같은 사건들은 중요한 공적 논쟁을 자극할 수 있으며 실제로 자극한다. 앞에서 살펴본 바와 같이, 그 광고는 현대적 남성성의 가치에 관해 여론을 분열시켰다. 질레트가 의도치 않게 이 일을 한 것은 아니다. 마케팅학 교수 클로디아 쿠보위츠 말로트라Claudia Kubowicz Malhotra가 설명한 것처럼, 정치적으로 분열적인 문제를 마케팅의 기초로 삼는 것은 하나의 추세이며, 사회적 논란 속에서 입지를 다지려는 기업들 사이에서 점점 많이 활용되고 있다.

우리는 이런 유형의 광고에서 하나의 곡선 또는 상승의 시작점에 있다. 아마도 그런 광고가 너무 많다고 느낄 시기도 오겠지만, 그것이 가까운 미래는 아닐 것이다. [⋯⋯] 사람들은 예전만큼 광고를 많이 보지 않는데, 따라서 사람들의 관심을 붙잡을 만한 말을 하거나 무언가를 할 필요가 있다. 그렇다면 그것을 증폭시키는 전체 소셜 미디어 측면도 매우 중요하다.[40]

질레트의 광고는 효과가 있었다. 전통 매체와 소셜 미디어에는 그 후 이어진 공적 토론이 넘쳐났다. 질레트는 세계 곳곳의 주요 뉴스를 장식했다. 모두가 질레트를 지지하지 않는다는 것은 문제가 아니었다. 중요한 것은 모든 사람이 그것에 관해 이야기하고 있었다는 점이다.

그 광고가 중요한 민주적 논쟁을 촉발했을 수도 있지만, 민주적 참여를 끌어내는 것이 설사 광고의 목적이었더라도 주요 목적은 아니었음을 기억하는 것이 중요하다. 질레트 CEO 게리 쿰은 그 광고를 본 고객의 65퍼센트가 질레트 제품을 살 의향이 더 높아졌다는 사실을 잘 알고 있었다. 밀레니엄 세대 중에서는 그 비율이 76퍼센트였으며, 35세 미만 여성의 경우는 84퍼센트였다.[41] 이쯤 되면 #미투운동이 질레트의 덕을 본 것인지, 아니면 질레트가 #미투운동의 덕을 본 것인지 판단하기 어려워진다. 그보다 분명한 것은, 마케팅학 교수 더글러스 홀트Douglas Holt의 말처럼, 질레트가 #미투운동에 편승한 "이념적 기생충이자 전도자"⁴²라는 것이다. 그러나 정치적 함의는 그보다 훨씬 더 크다. 질레트 같은 기업들은 상업적 이기심과 정치적으로 민주적인 행동주의의 경계를 넘나들면서 정치 영역과 경제 영역 사이의 전통적인 구분을 무너뜨리고 있었다. 경제는 사회적·정치적 삶에 도움이 되고 그것을 유지하기 위한 것이라는, 민주주의 개념의 오랜 핵심인 바로 그 구분 말이다.⁴³

신자유주의 상황 아래서 경제적인 것과 정치적인 것의 관계는 근본적으로 바뀌었다. 깨어있는 자본주의는 그에 따른 하나의 증상이다. 경제학자 야니스 바루파키스Yanis Varoufakis는 이렇게 설명한다. "오늘날 우리 민주주의에서 이처럼 경제 영역이 정치 영역에서 분리되기 시작한 순간부터 둘 사이의 피할 수 없는 극심한 투쟁이 벌어졌고, 경제 영역이 정치 영역을 식민화하다 못해 스스로를 훼손하는 정도에 이르렀습니다."⁴⁴

깨어있는 자본주의는 이 훼손과 식민화의 특정한 형태다. 한때 자유민주주의 국가의 제도는 세 부문으로 나눌 수 있다고 가정했다. 첫째 부문인 국가는 정부, 경찰, 사법부, 공립학교, 병원, 공기업 등이 포함된다. 둘째 부문인 '영리 부문'은 거대기업부터 구멍가게, 사기업에 이르기까지 모든 유형의 사업체로 구성된다. 마지막으로, 민주적으로 통제되고 국가와 무관한 독립적인 민간 비영리단체들로 구성된 세 번째 부문이 있다. 여기에는 교회부터 스포츠 클럽, 보육 서비스 제공자, 자선단체에 이르기까지 모든 것이 포함될 수 있다.[45] 깨어있는 자본주의는 이런 경계를 존중하지 않는다. 그것은 두 번째 부문의 조직들이 나머지 두 부문의 책임을 탈취한다. 여기에 따라오는 문제는 국가와 세 번째 부문은 이익에 따라 움직이지 않지만, 두 번째 부문은 당연히 이익에 따라 움직인다는 것이다. 이 이익 동기가 나머지 두 부문의 활동에 영향을 미치기 시작하면 상황이 달라진다. 가장 구체적으로 말해, 공적 서비스 제공과 민주적 논쟁 촉진에서 이익이 중요 동력이 된다.

경제학자 브랑코 밀라노비치Branko Milanovic는 첫째 부문과 둘째 부문을 가르는 특히 중요한 차이점을 이렇게 설명한다.

> 현대 자본주의 사회는 이분법을 기반으로 한다. 정치 공간에서는 모든 사람이 평평한 권력구조와 동일한 발언권을 가지는 평등한 기반 위에서 결정이 내려진다(그렇게 되어야 한다). 반면 경제 공간에서 권력은 자본 소유자가 쥐고 있으며, 결정은 독재적이고 권력구조는 계층적이다.[46]

깨어있는 자본주의에는 이처럼 위계에 따라 통제되는 기업권력이 수반되며, 이들은 모든 사람에게 영향을 미치는 정치문제에 관해 과도한 영향력을 획득하거나 심지어 책임을 떠맡기도 한다. 이런 의미에서 깨어있는 자본주의는 근본적으로 비민주적이다. 설사 민주주의 내의 개인들이 질레트 같은 기업이 표현하는 정치적 정서나 신념에 동의하더라도 그렇다. 질레트의 정치적 입장에 동의하지 않는다며 질레트 제품을 보이콧하겠다고 위협한 반동적 보수주의자들은 완전히 요점을 놓친 것이다.

자신이 동의하는 사람들이나 기관만 지원하고 다른 이들을 침묵시키려 하는 것은 확실한 권위주의다. 민주적 관점에서 볼 때 문제는 이것이 아니다. 진짜 문제는 사적인 재정적 이해관계를 가진 사람들이 그 위치와 권력을 이용해 공적인 의제를 통제하는데, 그 통제가 궁극적으로는 공익 추구의 동기가 아닌 이익 동기에 따라 좌우될 때 발생한다. 궁극적으로 질레트는 새로운 세대의 소비자들에게 자사 제품의 인기를 높임으로써 축소되어가던 면도 제품 시장에서 점유율을 높이려고 했다. #미투운동은 이를 위한 수단이었다. 그것이 깨어있는 기업으로서 될 수 있는 최선의 것이다.

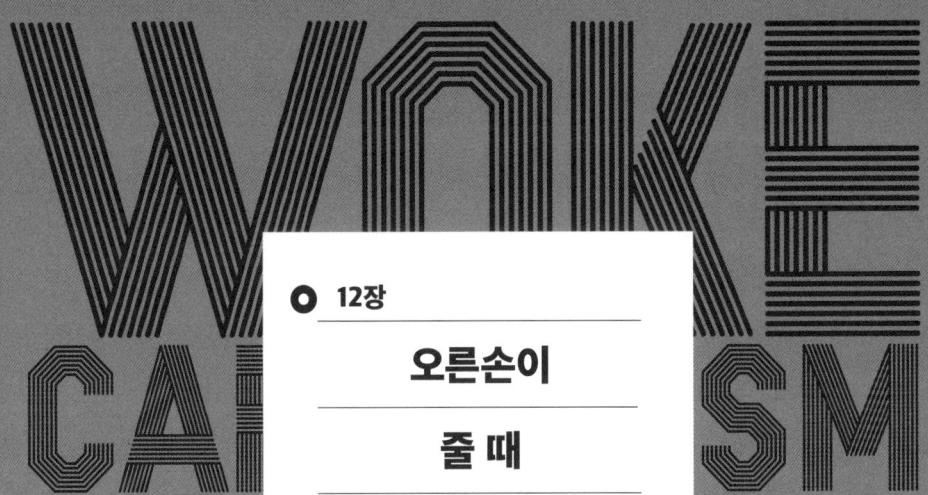

12장

오른손이 줄 때

2020년 여름, 앤드류W.멜론재단은 보조금 배분방식을 근본적으로 바꾸었다. 재단은 6월 30일에 60억 달러 이상을 기부하면서 이른바 '우리 역사의 변혁적 순간'을 알리는 보도자료를 발송했다. 이런 내용이었다.

오늘 앤드류W.멜론재단은 모든 보조금 지급과 관련해 사회 정의를 우선시한다는 조직의 주요 전략적 진화를 발표했습니다. 재단 이사회는 개선된 사명 선언과 새롭게 바꾼 프로그램 영역을 강력히 지지했습니다. 지난 2년 동안 회장 엘리자베스 알렉산더의 리더십 아래 멜론의 전략적 변화가 진행되고 있었으나, 최근의 사건들로 말미암아 멜론재단이 채택한 새로운 사회 정의의 관점은 예술과 인문학을 지원하는 멜론의 자선활동과 더욱 관련성이 높아졌습니다.[1]

이 재단 이름의 장본인인 앤드류 W. 멜론Andrew W. Mellon은 미국 남북전쟁 후 등장한 '강도 귀족robber baron' 중 하나였다. '악덕 자본가'쯤으로 해석되는 이 말은 19세기 후반 미국에서 엄청난 규모로 산업 제국을 성장시킨 몇몇 핵심 자본가를 가리키는 경멸적인 별칭이었다. 여기서 강도라 함은 다른 이들을 희생시켜가면서 막대한 규모로 부를 축적한 방법 때문이며, 귀족이라 함은 엘리트라는 그들의 사회적 지위 때문이었다. 그들의 특징은 "성공을 위해 무자비한 사업 관행을 동원하고, 노동계급을 포함해 다른 이들에게는 어떤 동정심도 보이지 않는 잔인한 사업가다. [……] 궁극적으로 강도 귀족의 목표는 독점 기업을 만들어 산업을 완전히 장악하는 것이다."[2] 멜론은 그 전형적인 예였고, 그의 비즈니스 제국은 다각화된 만큼이나 거대했다. 강철, 석탄, 석유, 화학, 철도, 건설 등은 그가 지배한 산업의 일부였다. 그는 99개 은행을 거느렸고, 훗날 포춘 500대 기업에 오르게 될 기업 다섯 개를 설립했다. 그의 회사 앨코아Alcoa는 알루미늄 생산을 완전히 독점했으며, 걸프 오일Gulf Oil도 그의 소유였다.[3]

마크 트웨인Mark Twain과 찰스 더들리 워너Charles Dudley Warner는 미국의 남북전쟁 이후 시기를 '금박시대The Gilded Age'라고 불렀다.[4] 1873년에 같은 제목으로 나온 이들의 소설은 당시를 풍자한 작품으로, 훗날 미국 산업 자본주의로 발전할 탐욕과 이기심을 조롱하고 있었다. 이 시기를 금박시대라 부르는 것은 금으로 도금되었다는 의미에서다. 표면적으로 미국 문화는 순금처럼 반짝거렸으나, 그 핵심에는 인간 동기의 천박한 가능성을 대변하는 싸구려 금속이 들어 있었다. 트웨인의 설명에 따르면, 그 책은 19세기 미국 자본주의에 '만연한 투기성'을 묘사하고, 그 투기성 탓에 "모두가 자신의 꿈과 각자 나름의 계획을 품고서 사회적·금전적 출세를 도모하게 되는" 상황에 이르게 된 과정을 설명하기 위한 것이었다. 이 시대의 개인주의·물질주의·무절제에 격분한 트웨인은 이것이 권력을 가진 사람들을 이끌고 '오염 물질'처럼 번지는 '부끄러운 부패' 속으로 빠뜨리는 것을 목도했다.⁵

강도 귀족들은 금박시대의 주인공이었다. 멜론을 비롯해 존 D. 록펠러John D. Rockefeller, 코넬리어스 밴더빌트Cornelius Banderbilt, 릴런드 스탠퍼드Leland Stanford 등이 쌓은 막대한 부는 산업 자본주의가 불러온 불평등의 새로운 새벽을 알렸다. 이 사람들은 자신의 유산을 남긴 덕에 오늘날까지도 그 이름으로 유명세를 누린다. 이들은 성공 신화 속에서, 그리고 자신의 이름을 딴 문화기관과 교육기관 속에서 불멸의 희망으로 스스로를 기리고 있다. 그러나 그 유산은 신흥 미국 경제가 농업과 원자재 기반 경제에서 세계를 선도하는 제조업·산업 위주 경제로 전환하는 동안 소수 엘리트에게 집중된 막대한 부 덕택에 가능했던 특정한 유산이었다.

강도 귀족들은 산업적 거대함을 추구하고 개인적 부를 축적하는 데는 무자비했지만, 한편으로는 대규모 자선활동으로도 이름을 알렸다. 그들 중 다수는 평생에 걸쳐 막대한 부를 기부하면서 자선재단을 설립하고 공공연구소를 세웠다. 그들이 없었다면 미국에 스탠퍼드·듀크·라이스·예일 등의 대학교는 없었을 것이다. 뉴욕의 카네기홀이나 프릭미술관도 없었을 것이다. 멜론의 동시대 인물로서 산업적 부와 사회적 자선활동의 결합을 가장 잘 보여준 사람은 앤드류 카네기Andrew Carnegie일 것이다. 강철은 카네기의 사업이었다. 그는 엄청난 개인 재산을 축적했는데, 역사상 최대 갑부로 꼽히는 카네기의 순자산가치는 오늘날로 치면 3,210억 달러와 맞먹는다. 제프 베이조스의 2,000억 달러는 명함도 못 내미는 수준이다.[6]

1901년 66세의 카네기는 카네기 철강 회사를 5억 달러에 매각했고 이후 그가 사망할 때까지 18년 동안 자신의 부를 자선 목적으로 사용할 재단·기금·연구소 등의 국제적 네트워크를 발전시켰다.[7] 사업에서 은퇴할 때쯤 카네기는 자선활동을 위한 청사진을 이미 준비해두고 있었다. 이 청사진이 에세이 형태로 나왔는데, 그것이 1889년 정기간행물 『노스 아메리칸 리뷰*The North American Review*』에 처음 실린 「부의 복음The gospel of wealth」이다.[8] 독점 자본 소유자와 새로 창출된 노동계급 사이에 존재하는 산업적 규모의 불평등 현실은 카네기도 분명히 인식하고 있었다. 그 에세이의 서두에서 카네기는 이렇게 쓰고 있다.

> 우리 시대의 문제는 부의 적절한 관리이며, 이를 통해 형제애의 유대는 부자와 가난한 이들의 조화로운 관계를 계속 묶어나갈 수 있을 것이다. 인간 삶의 조건은 지난 수백 년 동안 단순히 변화한 것이 아니라 혁명을 일으켰다.[9]

카네기가 깨달은 것은 19세기 자본주의가 만들어낸 불평등의 성격과 규모가 자칫 새로운 형태의 극단적 갈등으로 이어질 수 있다는 가능성이었다. 그러나 그것이 전부가 아니다. 카네기에 따르면, 부자와 가난한 사람의 중요한 차이는 단순히 부와 돈의 문제가 아니라 문화와 가치의 차이였다. 이런 불평등 체제를 유지하기 위해서는 산업 자본주의로 이득을 보는 사람들과 노동으로써 그 자본주의의 장치를 계속 굴러가게 하는 사람들의 관계를 '조화'시키기 위한 조치가 이루어져야 한다고 그는 암시하고 있었다. 카네기는 결코 사회주의자가 아니었다. 그는 스코틀랜드 던펌린의 보잘것없는 소년의 삶을 바꾸어 세계 최고의 갑부가 되게 해준 자본주의 체제를 전적으로 지지했다.

카네기는 부자와 가난한 사람 사이의 문화적·경제적 격차가 커지는 것은 개인 간의 본질적인 차이에서 비롯된 자연스러운 결과이며, 일부 사람은 사회의 최상위에 오르는 데 필요한 것을 가지고 있고 나머지는 최하위에 머물도록 운명지어져 있다는 믿음을 분명히 표현했다. 카네기의 설명을 보자.

이 변화는 [……] 개탄할 일이 아니라, 매우 유익한 것으로서 환영할 만한 일이다. 아니, 인류의 진보를 위해서는 일부의 집이 문학과 예술에서 최고이자 최선의 모든 작품, 그리고 문명의 모든 정수를 보존하기 위한 집이 되어야 한다는 것이 어떤 집도 그렇지 못하다는 것보다 중요한 일이다. [……] 이 유익한 변화를 위해 우리가 치르는 대가는 실로 엄청나다. [……] 엄격한 계급제도가 형성되고, 늘 그렇듯 서로에 대한 무지가 서로에 대한 불신을 낳는다. 각각의 계급은 서로에 공감하지 않으며,

다른 계급을 깎아내리는 것이라면 무엇이든 감수할 각오가 되어 있다. 경쟁의 법칙 아래서 수많은 사람을 채용한 고용주는 가장 엄격한 경제 체제로 들어가게끔 강요받게 되는데, 그 체제에서는 노동에 지급하는 임금이 매우 중요해지고 종종 고용주와 피고용인, 자본과 노동, 부자와 가난한 사람 사이에 마찰이 빚어진다.[10]

여기서 우리는 자본 소유자인 부르주아지와 그 보병 노릇을 하는 노동계급의 엄격한 분리 속에서 나타나는 사회적·경제적 불평등에 대한 도덕적 정당화, 아니 어쩌면 합리화를 보게 된다. 카네기에게 이 불평등의 창출은 자신과 같은 업계의 수장들이 책임져야 할 일이 아니다. 어쨌거나 그들 모두 자신들보다 더 막강한 경제 법칙에 따라 "가장 엄격한 경제 체제로 들어가도록 강요"받는 이들이다. 카네기는 부자들이 부를 획득한 방식에 대해서는 어떤 개인적 책임도 없다고 선언하면서, 인류 진보를 위해서는 불평등이 절대적으로 필요하며 불가피하다고 주장한다. 또한 그는 산업 자본주의가 낳은 새로운 계급제도가 불가항력의 사회적 적대감을 초래함으로써 그 계급제도를 만든 체제를 전복시키지는 않더라도 약화시킬 수 있다고 인정했다.

카네기에게는 사회 전반에 걸친 산업화로 축적되는 물질적 이익이 사회 내에 존재하는 불평등의 문제보다 중대했다. 그의 이야기는 엄청난 불평등이 그냥 진보의 대가라는 것이었다. 사회적 다윈주의의 열정으로, 그는 자본주의적 불평등이 "개인에게는 때로 힘들 수도 있지만, 모든 분야에서 적자생존을 보장하기 때문에 인류에게는 최선"이라고 선언했다.[11] 카네기가 자선활동에 대한 지지로 말문을 열면서 자기 내면에 깊이 자리 잡은 우파의 문화적·경제적 보수주의를 드러내는 순간이 바로 이 대목이다. 그에게 불평등은 사회의 자연스러운 특징이며, 부자가 되는 사람들이 우월한 인간의 진취성을 행사함으로써 빚어지는 결과다. 카네기에게 자본주의란, 그의 노골적인 비유를 빌리자면, "꿀벌에서 수벌"을 분리하는 역할을 했다.[12] 이 발언은 그의 투기적 사업 때문에 가난한 임금노동자로 남겨진 바로 그 사람들에 대한 심한 무례함과 상대적인 우월감을 드러낸다. 이것이 자선활동이고, 다른 무엇보다도 부자들의 가치와 정의를 사회의 필수적인 한 부분으로 정당화하는 움직임이다. 부자들의 자선 기부가 극단적 불평등을 도덕적으로 정당화하는 수단이라는 점은 매우 아이러니하다.

카네기가 제시한 청사진에서는 자선활동이 반사회주의적 정치전략임이 명시적으로 공식화된다. 자본주의를 뒷받침하는 개인주의, 엄청나게 불평등한 부의 분배를 창출하는 자본주의의 능력에도 불구하고 경쟁, 사유재산, 개인의 부 축적과 관련된 자본주의의 '법칙'이야말로 "인류가 지금껏 이뤄낸 모든 것 중 가장 가치 있는 것"이라고 카네기는 주장한다.[13] 그러나 그는 또 필연적으로 심각한 불평등을 초래하는 이 시스템에는 당대의 사회주의자들이 요구하던 혁명이 아니라 약간의 수정이 필요하다고 제안하기도 한다. 카네기는 큰 부자들이 '그의'(원문대로) 재산을 가족에게 증여하거나 그가 사망한 후 상속세를 내게 하기보다는 그 부를 '공익'을 위해 관리함으로써 부자들이 가난한 이들을 상대로 '조화의 통치'를 하도록 촉구한다. 우리는 이것이 여전히 '통치'임을, 그리고 그것이 민주주의의 주요 기반인 국민 주권을 직접 침해하는 방식으로 부자들이 동료 시민에 대한 권력을 가질 권리와 부를 동일시하는 통치임을 잊어서는 안 된다. 카네기의 세계에서 자본가들은 왕이어야 마땅하다.

카네기가 마음에 품은 금권정치에 대한 대안은 조화롭지 못한 불평등이나 공산주의뿐이었지만, 그는 둘 다 받아들일 수 없었다.[14] 그가 추구한 것은 조화로운 불평등이다. 물론 고용주는 총자산 수준을 축적하는 대신에 부의 재분배 수단으로서 그냥 임금을 인상할 수도 있었다. 그러나 카네기는 돈을 가진 노동계급을 믿지 않았고, 대신에 자선활동이야말로 막대한 부를 활용하는 더 나은 방법이라고 여겼다. 결국 이는 우월한 '인간'이 대중을 대신해 결정을 내린다는 것을 뜻한다.

카네기의 자선활동, 그리고 오늘날 깨어있는 자본주의에 살아있는 정서의 핵심에는 무엇이 공익인지 결정할 권리는 부자들에게 있다는 생각이 깔려 있다. 카네기의 생각은 자비로운 금권정치가 이상적인 정치 체제라고 가정하는 매우 비민주적인 생각이다. 카네기는 후견주의와 극단적 자본주의를 결합하면서, "부자들은 헤아릴 수 없는 큰 은혜에 감사해야 한다"라고 주장한다. "그들은 평생 권력을 가지고 자선활동을 조직하면서 바쁘게 지낼 수 있으며, 이를 통해 대중이 지속적인 이익을 얻게 함으로써 자기 삶을 고귀하게 만들 수 있다."[15]

그렇다면 부자들은 아마도, 자신의 부가 단지 이기적인 물질적 이득에 관한 것만이 아니라, 부자가 아닌 사람들을 지배할 수 있게 해준다는 사실에 감사할 것이다. 여기서는 그리스도교식 금욕적 도덕주의의 흔적이 뚜렷하게 느껴진다. 카네기는 부자들이 그 부를 술에 취한 게으른 거지들에게 직접 내주어서는 안 된다고 주장한다. 대신에 부자들은 부를 통제함으로써 인류를 향상시킬 수 있다고 말한다. 카네기가 그럴듯한 수사와 정치적 허세를 넘어서 지원한 특정 사업으로는 사람들이 운동하고 정신 수양을 할 수 있는 공원, 사람들의 문화적 소양을 높여주는 미술관, 공익을 증진하는 공공기관 등이 있다. 카네기는 소수의 부자들이 대학교, 공공도서관, 병원, 연구소, 콘서트홀, 교회 등에 자금을 지원해야 한다고 촉구했다.

1870년경부터 1914년 1차 세계대전이 발발할 때까지, 미국의 금박시대를 특징 지은 것은 정치적 부패, 도시 빈민가 형성, 노동착취, 환경파괴, 극심한 부의 불평등, 기업권력의 급속한 증대 등이었다. 그러나 그 과도함이 진보적인 사회 개혁으로 완화되었던 때는 금박시대의 후반부였는데, 이때 카네기의 「부의 복음」이 기본 지침이 되었다.[16] 카네기는 새로운 자선활동에 대한 자신의 제안이 '사회주의적 질문에 직면한' 사회문제들을 해결하는 한 방법임을 분명히 했다.[17] 그의 목표는 산업 자본주의에서 등장한 인류의 진보라고 생각되는 것들을 보존하는 것이었다. 카네기는 불평등이 만들어낸 부조화를 해결하는 데 초점을 둔 반면, 그가 장려한 자선의 관심사는 주로 문화적인 것이었다. 가난한 사람들, 또는 적어도 그가 보기에 자격이 있는 사람들은 교육받아야 하며 고급문화의 가치에 접근할 수 있어야 했다. 예술가이자 학자인 알리사 줄리나Alisa Zhulina가 설명하듯이, 여기에서 핵심은 "부자들이 공공 정책을 장악하기 위한 하나의 방법"이자 "고삐 풀린 자본주의의 가치를 홍보하는 문화적 무기로서 자선활동"[18]을 펼침으로써 금권정치를 확장하는 것이었다. 깨어있는 자본주의의 이른 씨앗이 이미 뿌려진 것이다.

카네기의 「부의 복음」은 금박시대와 그 이후의 자선활동에 청사진을 제시했다. 사망할 당시 카네기는 사업가로서 모은 재산의 90퍼센트 이상을 분배한 상태였다. 그는 카네기공과대학을 설립했고, 이 학교는 1967년에 멜론산업연구소와 통합되면서 카네기멜론대학교가 되었다. 그는 또 2,800여 곳의 도서관 설립에 자금을 지원했고, 뉴욕의 카네기홀을 비롯해 유명한 콘서트장을 지었다. 다른 강도 귀족들의 재산도 비슷한 용도에 들어갔다. 존 D. 록펠러가 석유를 팔아 번 돈은 '전 세계 인류의 복지'를 지원하는 데 쓰였다. 록펠러의 돈은 시카고대학교 건립, 의학 연구자금 지원, 공공보건 교육 지원에도 기부되었다. 다음 세대의 거물급 기업가들도 비슷하게 감흥을 받았다. 자동차 재벌 헨리 포드Henry Ford는 미국 최대의 자선단체인 포드재단을 설립했고, 석유왕 존 폴 게티John Paul Getty

는 그의 이름을 단 세계 최대의 미술재단을 설립했다.[19] 이것들은 몇몇 예에 불과하다.

우리의 첫 번째 예로 돌아가면, 당대 최고의 부자이자 가장 막강한 인물 중 하나인 앤드류 W. 멜론은 워싱턴 DC에 국립미술관을 지어 기증했다. 이전 수십 년 동안 그는 옛 거장들의 작품 위주로 사 모으던 미술품 수집가였다. 상당한 규모의 이 컬렉션은 그의 기증품 중 일부였다. 그는 또 멜론산업연구소를 설립했다. 카네기의 비전이 그랬듯, 그의 기부의 초점은 여전히 예술과 교육을 통한 문화적 수준에 머물러 있었다. 분명히 기부는 정치적이었지만, 민간 자금으로 공공기관을 설립한다는 것과 관련해서는 딱히 정치적 대의가 그 초점은 아니었다. 멜론 자신은 강경 우파 공화당원이었고 1920년대의 진보주의에 직접 반기를 들었다. 말년에 미국 재무장관이 되었을 때, 그는 경제 발전으로 가는 길이라는 근거를 들어 부자들에 대한 세금 감면을 달성하는 유산을 남겼다.[20] 바로 이런 이유 때문에, 이번 장의 서두에 소개한 2020년 멜론연구소의 성명은 강도 귀족의 자선활동과 깨어있는 자본주의 시대 자선활동 사이의 유사점과 차이점을 매우 효과적으로 보여준다.

그 전환은 금권정치를 꿈꾸는 극단적 부자들의 반민주적 열망에 관한 것이 아니다. 그 열망은 변함없이 계속 유지되고 있다. 깨어있는 자본주의의 등장과 함께, 좌파와 연관되어왔던 것 중의 많은 부분이 자본주의 체제와 대립되기보다는 자본주의 체제 안으로 편입되었다. 자본주의 불평등이 빚어낸 시민적 불안, 거기서 발생하는 사회주의의 위협과 싸우기 위한 수단으로서 자선활동을 이용한다는 카네기의 기본 생각은 여전히 유효하다. 오늘날의 깨어있는 자본주의는 카네기의 비전에 새로운 차원을 더한다. 이제 그것의 초점은 공공기관 설립보다는 보편 명제처럼 보이는 '사회 정의' 아래 요약된 진보적 정치 대의를 뒷받침하는 데로 더 많이 옮겨갔다. 어떤 의미에서 이것은 카네기의 교리가 21세기의 정치적 가식에 맞게 업데이트된 판본이다.

카네기의 비전은 이루어졌을까? 미국의 경제 불평등의 역사를 보면 그 이야기를 알 수 있다. 1913년에 미국 소득 상위 1퍼센트는 미국 전체 소득의 18.6퍼센트를 가져간 반면, 하위 50퍼센트는 15.4퍼센트를 가져갔다. 2019년에 이르러 상황은 더욱 나빠졌다. 상위 1퍼센트가 국가 소득의 20.5퍼센트를 가져갔지만, 하위 절반은 고작 12.7퍼센트를 가져갔다. 확실히 오늘날 미국의 경제 불평등은 100년 전, 카네기나 멜론 같은 사람들이 이른바 공익을 위해 자신의 부를 분배하던 때보다 훨씬 더 나쁘다. 하지만 이런 악화의 정도가 20세기 초부터 지금까지 직선으로 증가하지는 않았음을 기억해야 한다. 1980년대 신자유주의가 등장하기 전까지는 상황이 도리어 나아지고 있었는데, 하위 50퍼센트의 소득 증가율은 상위 1퍼센트보다 두 배 높았다.[21] 상황이 악화되기 시작한 것은 거기서부터다. 사실상 신자유주의의 등장은 번영이 좀 더 고르게 공유되던 2차 세계대전 이후 시기가 종말을 맞았음을 알렸다. 이는 또 과거 강도 귀족 자본주의와 비슷한 새 시대로 회귀했음을 의미했다. 그러나 이번에 그 길을 이끈 것은 광업과 제조업이 아니라 금융 서비스와 테크놀로지였다.

1980년대에 시작되어 세계화·신자유주의와 함께 찾아온 경제 불평등의 심화는 비단 미국에만 국한되지 않았다. 최근 유엔의 세계 불평등 보고서에 따르면, 적어도 1990년 이후 전 세계 대다수 국가에서 국민소득 중 임금으로 지불되는 비중이 감소했다. 기술 발전에 따른 노동 생산성 향상이 노동자의 임금 인상으로 이어지지 않았기 때문이다. 그 결과, 소득 하위 절반 계층의 임금 정체와 최상위 계층의 부유화라는 일반적인 추세가 나타났다. 오늘날에는 세계적으로 하위 절반이 전 세계 부의 1퍼센트 미만을 소유하고 있는 상황이다. 반면에 상위 10퍼센트의 부자들이 부의 85퍼센트를 소유하고, 최상위 1퍼센트는 부의 절반을 소유하고 있다.[22] 실로 부자들의 세상이다. 유엔 보고서가 평가하듯이, 이 부당한 상황은 민주주의 자체에 대한 모욕이다.

적절한 정책과 제도가 없이, 불평등 때문에 이미 부유한 사람들 사이에 정치적 영향력이 집중되고, 이에 따라 기회의 격차가 유지되거나 심지어 확대되는 경향이 있다. 더 부유한 이들의 정치적 영향력이 커지면서, 대다수의 요구를 충족시키는 정부 역량에 대한 신뢰는 흔들린다. 이러한 신뢰 부족은 결국 정치 체제를 불안정하게 만들고 민주주의의 기능을 저해할 수 있다. 오늘날, 2008년 금융 위기와 경제 위기에서 완전히 회복해 최근 몇 년 동안 꾸준한 성장의 혜택을 누린 국가들에서조

차 대중의 불만이 높다.²³

깨어있는 자본주의가 등장한 것은 바로 이 대중적 불만의 맥락에서였다. 이 모든 불만은 2011년 9월 소수의 시위대가 월스트리트 바로 아래 있는 뉴욕 맨해튼의 주코티 공원 앞에 캠프를 세우면서 정점에 이르렀다. 시위대가 항의했던 것은 기업 자본주의가 조성하고 불과 몇 년 전 금융 위기로 더욱 심해진 어마어마한 불평등이었다. 시위는 특히 그 길 바로 아래쪽에 사무실을 두고 있던 은행가들에게 집중되었다. 스스로 "월스트리트를 점령하라Occupy Wall Street"라고 부르던 시위대는 "우리가 99퍼센트다"라는 구호로 결집해 세계 상위 1퍼센트의 부자와 나머지 대다수 사이의 격차를 알렸다.

뉴욕의 시위가 커지면서 이른바 '점령하라occupy' 운동은 미국 전역과 전 세계로 퍼져나갔다. 유럽, 아프리카, 아메리카, 아시아와 오세아니아 대륙에 걸쳐 시위 캠프가 설치되었다. 시위대의 임시 거처가 되었던 캠프는 일부러 눈에 띄도록 세워졌다. 시위의 공적인 구호와 수많은 캠프에 대한 강제 퇴거 위협이 오가면서 언론의 관심이 급증했다. 그 결과, 수십 년간의 세계화와 신자유주의 경제 정책이 빚어낸 불평등에 관한 인식과 논쟁이 활발해졌다.²⁴ 이 운동은 대단히 성공적이어서 '점령하라'는 2011년 미디어에서 가장 많이 언급된 단어가 되었다. 같은 해 그 '시위대'는 『타임』지의 '올해의 인물'로 선정되었는데, 이는 '월스트리트를 점령하라' 운동의

영향을 직접적으로 언급한 포상이었다.[25]

카네기가 자선활동을 옹호한 것은 당대의 불평등으로 빚어진 사회적 부조화에 대한 대응이었던 데 반해, 깨어있는 자본주의는 신자유주의 실험으로 비참했던 40년이 낳은 새롭고 더욱 극단적인 세계적 불평등에 대한 반응이다. 달리 말하면 '점령하라' 운동이 반자본주의적 입장에서 저항하고 있던 바로 그 문제에 대한 기업 친화적 반응이다. 멜론재단이 예술 지원에서 사회 정의 지원으로 그 우선순위를 바꾼 '주요 전략적 진화'는 자본주의적 자기 정당성 내에서 이런 방향 전환이 일어났음을 보여주는 징후다. 물론 금박시대에 일어나던 것과는 달리, 깨어있는 자본주의에는 억만장자의 자선활동보다 훨씬 더 많은 것이 있다. 오늘날에는 은퇴한 기업 총수뿐 아니라 기업들 자신도 사회적·정치적 대의에 참여한다. 그렇다고 해도 19세기 강도 귀족들이 불평등을 극심하게 만든 자본주의를 보존하기 위해 공공기관에 돈을 쏟아부었던 것처럼, 오늘날 깨어있는 자본주의 역시 똑같은 이유로 사회 정의를 우선시하고 있다.

설상가상으로, 오늘날의 자선사업가들은 자신들의 서비스를 제공하기 위해 그들이 지원하는 대의에는 사업에서 파생된 방법이 적용되어야 한다고 주장하고 있다. 이런 기업의 자선활동으로, 지금까지 기업과는 무관했던 활동 영역에까지 기업 문화가 확산된다.[26] 베루즈 모바리디Behrooz Morvaridi는 자선활동에 자본주의가 새롭게 침입하는 것을 신랄하게 평가한다. 그는 현대의 자선활동은 시장 기반의 사회적 투자방식의 형태를 띠고 있지만, 신자유주의적 자본주의에 대한 뿌리 깊은 이념적 헌신을 반영한다고 주장한다. 임팩트 투자impact investing(사회적 영향 투자)와 마이크로파이낸스microfinance(빈곤층을 위한 소액 금융)는 자본주의로 생긴 문제를 해결하기 위해 자본주의적 방법이 어떻게 활용되는지 보여주는 사례다. 자본주의적 아이디어와 방법을 비영리 부문에 도입하는 것은 기업의 직접적인 사업 범위의 한계를 넘어서는 기업권력 확보의 한 방법이다. 모바리디가 설명했듯, "부유한 자선가들은 그들의 자산과 수입에서 주의를 돌리게 하고 그들에게 이익을 주는 패권구조를 위협하지 않는 한, 기꺼이 빈곤에 관심을 갖는다."[27] 그 결과, 신자유주의가 세계에 가져온 사회경제적 파괴의 일부 증상은 완화될 수 있지만, 이를 만들어낸 시스템은 점점 더 강고해진다.

초부유층이 공공 정책을 효율적으로 통제함으로써 사회적 조화 창조의 길을 선도한다는 카네기의 자선활동 비전이 성과를 거두지 못했다는 것이 놀라운 일은 아니다. 그 비전은 오늘날에도 효과가 없을 텐데, 사회 정의에 대한 요구는 '낙수 경제학'이라는 신용사기, 그리고 부자의 세금 감면이 시장 주도 번영을 창조할 것이라는 가정과 서로 깊이 연관되어 있기 때문이다. 미국 역사를 지표로 볼 때, 불평등의 골이 낮았던 때는 한계세율이 가장 높고 노조 가입률이 높았던 시기와 대공황기였다. 금박시대가 끝날 때쯤, 그 시대가 낳았던 불평등은 "더 많은 세금, 사업과 금융에 대한 더욱 엄격한 규제, 공기업에 대한 정부 투자 확대" 덕에 시정되었다.[28] 이런 정책들은 2차 세계대전 이후 경제의 한 특징으로 계속되었지만, 신자유주의는 더욱 평등하게 공유되는 진보라는 이 유산을 종식시켰다.

1970년대 후반부터 시행된 정책들은 스태그플레이션과 인플레이션으로 망가진 미국 경제를 되살리는 데 큰 도움이 되었다. 하지만 그 대가는 재정의 위계에서 최상위에 있던 이들이 그 혜택의 가장 큰 몫을 차지한 것이었다.[29] 이를 번영이라 부를 수도 있겠지만, 그 번영은 다른 사람들을 희생시키면서 부유한 사람들에게 분배되었을 뿐이다. 깨어있는 자본주의는 부자들이 '되돌려주고' 있음을 뜻하기 때문에, 일부 사람들은 그래도 전보다 낫다고 느낄 수도 있을 것이다. 그럼에도 깨어있는 자본주의는 애초에 그 부자들이 엄청나게 불공평한 몫을 무자비하게 차지할 수 있게 만든 그 시스템을 고치기 위해서는 아무것도 하지 않는다. 바로 이것이 멜론재단이 전략적 초점을 바꾸어 사회 정의를 내세운 맥락이다. 멜론재단 회장은 이렇게 말했다. "[재단의] 성과에는 아무런 문제가 없었지만 [……] 이런 질문에 초점을 맞추기 위해서입니다. 더욱 공정하고 정의로운 사회를 위해 어떻게 각각의 보조금 한 푼 한 푼을 입증 가능한 방식으로 기부할 것인가? 그것은 어떤 모습이 될 것인가?"[30]

여기에는 문제의 역사적 원인을 검토하려는 의도는 찾아볼 수 없는데, 적어도 최근 역사만 짚어보더라도 그 원인이 신자유주의 실험의 결과로 발생하고 확대되는 심각한 불평등임을 알 수 있기 때문이다. 멜론재단의 새로운 사회 정의 사업의 예는 시사하는 바가 있다. 2020년 7월, 그들은 예일대학교의 정의공동연구소Justice

Collaboratory에서 실시하는 사업인 '밀리언북 프로젝트Million Book Project'(도서 전산화 계획)에 530만 달러의 보조금을 지급한다고 발표했다. 그 돈은 1,000곳의 교도소와 500곳의 청소년 교정시설에 각각 500권의 책을 보내는 데 쓰일 예정이었다. 그 결과로 재소자들은 위대한 문학작품을 읽을 수 있을 것이다.[31] 예일 로스쿨은 이 프로젝트를 발표하면서 다음과 같은 성명을 냈다.

미국은 지구상의 어느 나라보다 높은 수감률을 기록하고 있으며, 과밀 수감은 미국 형벌제도의 잔인하고 불공정한 현실이다. 우리의 법 개념과 그 적용에 있어 유색인종은 체계적인 불평등의 타격을 불균형적으로 많이 받는다. 밀리언북 프로젝트는 특별히 미국적인 이런 현실에 대해 수사적이고 기능적인 대책을 만들고, 책을 하나의 자원이자 자유의 상징으로 제시함으로써 수감자들에게 희망, 존엄성, 의미, 목적을 되찾게 해주는 것이다.[32]

수감자들이 책을 구할 수 있게 해주는 것이 좋은 일이라고 주장하기는 쉽다. 그것이 '기능적 대책'이라고 제시하는 것도 신빙성이 있다. 그러나 여기서 특히 눈길을 끄는 것은 말해지지 않은 내용에 있다. 밀리언북 프로젝트가 미국의 과밀 수감 문제 해결에 조금이라도 더 다가간다는 암시는 그야말로 터무니없다.

대량 수감의 원인을 밝히기 위해 애쓰던 범죄학자 앤서니 로이드Anthony Lloyd와 필립 화이트헤드Philip Whitehead[33]는 2000년 이후 세계 교도소 수감자의 수가 약 5분의 1이 증가해 1,040만 명에 달했으며 미국, 중국, 러시아, 브라질 등지에서 가장 높은 수감률을 기록했다고 지적한다. 미국, 잉글랜드, 스코틀랜드, 뉴질랜드 등의 나라에서 소수 집단 수감률은 상당한 불균형을 보여준다. 예를 들어 미국에서는 흑인 남성이 백인 남성보다 교도소에 갈 확률이 여섯 배나 더 높다.

그렇다면 왜 이렇게 되는 걸까? 로이드와 화이트헤드의 분석은 교정시설 수감자의 증가를 우리 시대 신자유주의 정치·경제 질서와 관련된 형사 사법제도의 변화와 직접 연관시킨다. 이들은 초개인주의와 경제 불평등이 '폭식증 효과'를 낳는다고 설명한다. 경제에 불필요하게 여겨지는 사람들이 점점 더 많아지고, 이에 따라 심해진 불평등과 불안이 사회 통합을 위협한다는 것이 이들이 도달한 결론이다. 가난한 이들과 실업자들은 단순히 신자유주의적 자본주의의 '요구에 대한 잉여물surplus to requirement'로 표현된다.[34] 그 결과로 늘어나는 범죄율을 다루기 위한 신자유주의적 대처법은 처벌과 투옥을 우선시하는 것이다. 이에 부응해 전 세계의 형사 사법 시스템이 대량 수감의 새로운 가능성을 창출하고 있음은 우리가 목격한 바와 같다. 부자들에게 혜택을 주는 정치 질서를 위협하는 그런 사람들은 인간쓰레기처럼 교도소 시스템 안으로 그냥 버려지고, 저비용 무노조 교도소 노동자로서 재활용된다.

닥치는 대로 삼켜버리는 신자유주의 질서의 난기류는 잉여의 인간 피해자들을 사회 불안이라는 격동의 물결 속으로 몰아넣고, 이는 변형된 형사 사법적 대응으로 더욱 악화된다. [⋯⋯] 형사 사법의 기능과 장치를 제공하는 민간업자들 역시 시장 점유율과 이익을 추구해 이에 공모하고, 신자유주의적 추방과 경제·사회 불안의 첫 번째 공격으로 황폐해진 지역에서 투자와 형사 사법적 고용 기회를 모색하는 지역·지방 정치 지도자들도 마찬가지다.[35]

죄수들에게 책을 주는 것이 일부에게는 도움이 된다는 것은 의심할 여지가 없지만, 대량 수감이라는 역사적 재앙에 대처하는 방법은 아니다. 이 새로운 자선활동은 기껏해야 자선가들을 부자로 만들어준 정치적·경제적 시스템의 증상을 살짝 누그러뜨릴 뿐, 그 증상을 일으킨 근본적인 문제를 해결하지는 못한다.

자선활동에서 벌어지고 있는 현상은 강도 귀족들의 재단 정책 변화에만 국한되지 않는다. 역사학자 데이비드 후이센David Huyssen이 주목한 것처럼, 1980년대 이후 많은 사람이 현재를 '신금박시대' 또는 '2차 금박시대'로 묘사해왔다. 후이센은 이런 비유가 등장한 이유는 남북전쟁 이후의 미국과 마찬가지로 '거대한 부의 과잉과 이기주의'와 결부된 경제 불평등의 지속적인 확대가 목격되고 있기 때문이라고 설명한다.[36] 그러나 또 한편으로 그가 지적하는 것은 두 시대가 처한 정치적 맥락의 중요한 차이다. 첫 번째 금박시대는 산업 자본주의의 발전과 그것이 야기한 계급갈등으로 촉진되었다. 그러나 오늘날 심화하는 불평등은 비록 선진국의 탈산업화와 부채 노예를 동반했음에도 자본주의 체제를 위협하는 어떤 계급갈등을 초래하지는 않았다.

새로운 세대의 억만장자들이 자선활동을 받아들인 것은 바로 이런 정치적 맥락에서다. 그리고 카네기를 비롯한 그 시대 사람들이 부르주아 예술기관과 고등교육에 재산을 투자한 반면, 새로운 자선가들은 전혀 다른 관심사를 추구한다. 이 같은 새로운 자선활동의 조달업자 가운데 주요 인물이 마이크로소프트 창업자 빌 게이츠와 투자 거물 워런 버핏이다. 두 사람 모두 세계 최고의 갑부 목록에서 오랫동안 상위 10위에 이름을 올렸다. 2020년 기준 게이츠의 순자산은 980억 달러, 버핏은 675억 달러로 그 뒤를 이었다.[37] 2010년 게이츠와 버핏은 미국에서 가장 부유한 40명의 지지를 얻어 "사회에서 가장 시급한 문제들을 해결하기 위해 부의 대부분을 기부하겠다고 약속"하는 '기빙 플레지Giving Pledge'를 설립했다.

그 가입 요건은 가장 부유한 컨트리클럽보다도 훨씬 더 배타적이다. 심지어 가입 후보군에 오르기 위해서라도 "미화 10억 달러의 개인 순자산이 있어야 하며, 개인 재산의 대부분을 자선활동에 기부하겠다는 공개 서약을 할 준비"가 되어 있어야 한다고 명문화했다. 부자들이 줄을 섰다. 3년 후 기빙 플레지는 국제적으로 발전해, 2020년까지 24개국에서 200명 이상의 억만장자가 가입했다. 멀리서는 오스트레일리아, 브라질, 중국, 독일, 인도네시아, 러시아, 탄자니아 등지의 억만장자들이 모두 사회 지향적 대의에 재산을 기부하겠다고 약속했다.[38] 마이클 블룸버그, 일런 머스크, 마크 저커버그 등도 이름을 올렸다. 이는 도서관이나 미술관 기부에 관한 것이 아니다. 약속된 수천억 달러는 대부분 "기후 변화, 교육, 빈곤 완화, 의학 연구, 의료 서비스, 경제 개발, 사회 정의"와 관련된 프로젝트에 들어간다.[39]

새 시대의 억만장자 자선활동에 대한 비전을 수립하는 데 있어서, 기빙 플레지는 금박시대와 직접적인 연관이 있다. 앤드류 카네기와 일맥상통하는 그 아이디어는 억만장자들이 자신의 생애 동안, 그리고 유언장에서 재산의 상당 부분을 좋은 대의에 기부하는 데 그 서약을 수단으로 삼는다는 것이다. 카네기의 에세이 「부의 복음」은 지금도 종종 인용된다. 경제 싱크탱크인 자본연구소Capital Institute의 존 풀러턴John Fullerton은 기빙 플레지가 설립될 당시 이렇게 설명했다.

> 앤드류 카네기의 에세이 「부의 복음」은 미국의 위대한 자선 전통의 시금석이다. [……] 게이츠와 버핏이 지지하는 기빙 플레지 운동은 카네기의 영감을 따르고 있다. [……] 카네기의 요구가 기본적으로 개인 재산의 절반, 즉 기빙 플레지의 최소한도가 아니라 전체(가족이 쓸 돈을 제외하고)를 양도하라는 것이었다는 점은 상관없다. 의도가 중요하다.[40]

카네기의 복음을 국제적으로 전파하고 문화기관에 대한 기부에서 사회경제적 문제에 대한 직접적인 개입으로 강조점을 바꾼다는 점에서, 기빙 플레지는 깨어있는 자본주의의 강력한 상징이다. 영어·미국학 연구교수인 프란체스카 사와야Francesca Sawaya는 이런 자선활동이 1980년대 이후 '행동주의 국가activist state의 후퇴'가 남긴 간극을 메우기 위한 시도라고 설명한다.[41] 더욱 의미심장한 것은 이것이 신자유주의 신봉자들이 시장 메커니즘과 낙수 경제학의 마법을 통해 메워질 것이라고 장담했던 바로 그 간극이라는 것이다. 이런 부류의 자선활동이 필요하다는 것은 시스템이 작동하지 않는다는 징후다. 시장 자본주의는 정부가 대체로 해결할 생각이 없거나 해결할 수 없는 문제를 야기한 것이다.

억만장자들의 선물을 꼼꼼히 살펴본다면, 그들의 기부 행위에 감춰진 어떤 동기가 있지 않을까? 그저 평생 무자비하게 자기 이익을 좇아 사업하던 그들이 마침내 광명의 빛을 보고는 이타적인 사회 정의 전사가 되기로 결정한 것일 수 있을까? 그런 설명은 순진한 정도를 넘어선다. 깨어있는 자본주의 아래서, 국가는 사회적 불의와 빈곤 해결을 위한 의지처가 될 수 없다. 대신에 사회는 주인의 식탁에서 떨어지는 자선 부스러기에 눈을 돌린다. 초부자들이 하사해주시는 곳에만 떨어지는 부스러기 말이다. 장밋빛 렌즈를 끼고 보면 이는 자비로운 금권정치처럼 보인다. 환한 빛에 냉정하게 보면, 이는 불평등을 만들고는 자선활동으로 그 불평등에 연고나 발라주는 시스템을 전혀 변화시키지 않고 유지하기 위한 복잡한 책략처럼 보인다. 기빙 플레지는 확실히 그 설립자들의 부에 해를 끼치지 않았다. 게이츠와 버핏은 수년 동안 세계 최고 부자들의 명단에서 소중한 그 자리를 유지하고 있다.

결국 현대 억만장자들의 자선활동은 자본가 권력의 행사이며, 사실상 경제의 한계를 넘은 그 권력의 확장이다. 그것은 개인 자산을 공적 목적으로 전환하면서도, 어떤 공적 책임도 지지 않는다. 그것은 심각하게 비민주적이며 현대 사회의 억만장자 주인공들의 권력과 영향력을 강화하는 역할을 한다.[42] 이들 거대 자선가들이 배운 것은 자선활동처럼 보이는 그들의 사업이 전통적인 선거 과정보다 훨씬 더 순조롭게 정치권력과 공공 정책 형성으로 나아가는 길을 제공한다는 것이다.[43] 사실상 이는 오른손이 자선의 대의에 수십억 달러를 주는 사이에 왼손은 민주주의와 평등에 대한 희망을 빼앗는 것을 의미한다. 불평등을 양산하는 기본 시스템 안에서 변하는 것은 없다. 억만장자들이 선물을 주는 대가로, 애초에 그들을 억만장자로 만들어준 시스템에 어떤 근본적 변화가 없도록 보장하는 것이 그 거래의 핵심이다.

13장
깨어있는 자본주의에 대해 각성하기

2020년 9월 17일, 미국 상원의원 엘리자베스 워런Elizabeth Warren은 비즈니스 원탁회의 의장에게 편지를 썼다.[1] 그보다 1년 전쯤, 아마존부터 제록스까지[2] 주요 기업의 CEO들로 구성된 비즈니스 원탁회의는 '기업의 목적'에 관한 성명의 새 판본을 발표했다.[3] 새로운 성명은 과거에 발표한 성명을 대체하고 있었다. 1997년 당시 비즈니스 원탁회의의 CEO들은 다음과 같은 선언에 서명했다. "경영진과 이사회의 가장 중요한 의무는 기업의 주주들에 대한 것이다. [……] 이사회가 주주의 이익과 나머지 이해관계자의 이익 사이에서 어떻게든 균형을 맞춰야 한다는 생각은 근본적으로 이사회의 역할을 잘못 이해하는 것이다."[4]

이 말은 곧 제한받지 않는 시장 자본주의에 대한 찬양이었다. 1990년대의 이 성명은 자본 소유자가 기업에서 일하는 사람들의 노동이 안겨주는 재정적 이익을 얻는다는, 당연하게 가정되는 권리를 알리고 있었다. 2019년이 되자 비즈니스 원탁회의는 적어도 수사적으로는 180도 방향을 틀었다. 새로운 성명은 "1997년 이래 [비즈니스 원탁회의는] 주주 우선주의 원칙, 즉 기업은 우선적으로 주주를 위해 존재한다는 원칙을 지지해왔다"라는 점을 인정하면서,

"CEO가 모든 이해관계자의 요구를 충족하기 위해 진정으로 헌신할 때 기업이 우리 사회 개선을 위해 할 수 있는 극히 중요한 역할"[5]을 확인시켰다.

비즈니스 원탁회의에서 일어난 변화는 '깨어있는' 자본주의가 완전한 주류가 되었음을 상징했다. 21세기의 20년 동안 심지어 기업 자본주의의 가장 보수적인 보루조차 주주 우선주의를 부인하고 있었다. 그들은 기업이 사회적 목적을 가져야 한다고 선언하면서, 기업과 관계된 모든 구성원을 돌봐야 한다고 주장하고 있었다. 그들은 모든 '이해관계자'가 중요하다고 선언했다. 또한 기업은 이해관계자 각자에게 가치를 제공하기 위해 최선을 다해야 한다고 공언했다.

그 후 12개월이 조금 지나서 워런 상원의원이 보낸 편지는 비즈니스 원탁회의의 약속이 과연 지켜졌는지를 세세하게 따져 묻고 있었다. 2019년에 새로운 목표를 발표할 때의 '웅대한 팡파르'를 주목하면서, 워런은 과연 바뀐 것이 있었는지 냉정하게 평가했다. "그 성명에 서명한 이들이 이러한 약속을 지키지 않았으며, 비즈니스 원탁회의가 [⋯⋯] 성명서에서 지지한 광범위한 이해관계자 집단보다는 이들 CEO의 편협하고 단기적인 이익을 위해 로비를 해왔다는 것은 분명합니다."[6]

워런은 그 성명이 세계 최대의 기업 조직 리더들이 추구하는 기업의 사익에 어떤 변화도 일으키지 못한 '기업 홍보 쇼'라고 혹평했다. 아울러 "이 [2019년의] 공약 중 하나라도 광범위하게 운용되었는지 파악하기 어렵고, 기업의 조치는 오히려 그렇게 할 의도가 전

혀 없었을 수 있음을 나타냅니다"라고 꼬집었다.[7]

워런이 폭로한 것은 기업들이 깨어있는 자본주의를 공개적으로 선서했음에도, 여전히 소비자, 노동자, 전반적인 사회를 희생시키면서 주주들에게 이익을 주는 방식으로 운영되고 있다는 사실이었다. 이는 깨어있는 자본주의가 어떻게 작용하는지 보여주는 좋은 예였을 뿐만 아니라, 시스템은 변했을지라도 그것이 뿌리를 둔 신자유주의적 자본주의의 근본 토대는 변하지 않았음을 되새기게 해주는 예이기도 했다. 실제로, 깨어있는 자본주의의 결정적인 특징은 근본적인 변화의 부재다. 이것은 부와 번영이 부자들에게 흐르게 해 전 세계적으로 불평등을 심화하는 한편, 기업의 정의로움에 대한 주장으로 바로 그 자체를 강화하는 시스템이다. 이는 또한 "탐욕은 좋은 것이다"라는 기업 지배구조의 전성기에 비해 기업이 덜 솔직해졌다는 의미이기도 하다.

깨어있는 자본주의를 받아들인 기업들은 주주의 재정적 이익을 추구하는 방식을 바꿀 필요가 있다는 점을 중요하게 깨달았지만, 그 추구에 전념하는 태도는 전혀 바뀌지 않았다. 기업들은 또한 그런 추구가 이루어지는 자본주의 시스템을 도덕적으로 정당화하는 방식을 바꿔야 한다는 점도 깨달았다. 워런이 비즈니스 원탁회의를 비판하면서 보여주는 것은, 사실 전혀 바뀐 것이 없는데도 상황이 기본적인 수준에서 바뀌고 있다고 믿도록 공동체를 속임으로써 이러한 도덕적 정당화가 이루어질 수 있다는 사실이다. 오히려 엄청난 불평등은 기업들이 깨어난 이후 한층 더 비극적으로 악화하는 과정을 겪었다. 워런은 기업이 하는 말과 깨어있는 척하는 태도를 꿰뚫어볼 준비가 되어 있다는 점에서 우리 모두에게 정치적 역할 모델이 되고 있다.

워런의 입장은 기업이 단지 깨어있는 말만 하는 것이 아니라 깨어있는 행동도 해야 한다는 그녀의 믿음을 반영한다. 기업이 모든 이해관계자를 배려한다는 주장에 대해 책임을 물으면서, 워런은 진정성 있게 이루어진다면 깨어있는 자본주의가 바람직하다는 데 암묵적으로 동의한다. 그녀의 편지는 기업의 문제가 충분히 깨어있지 않다는 데 있다는 생각을 말해준다. 이는 기업이 훨씬 더 적극적으로 사회적·정치적 책임을 져야 함을 시사한다. 에린 도웰Erin Dowell과 말릿 잭슨Marlette Jackson 역시 『하버드 비즈니스 리뷰』에서 비슷한 관점을 제시했다. 이들은 기업의 깨어있는 척하기는 배우 부적절하며, 기업은 자신들이 내세우는 진보적인 정치 입장과 관련해 말이 아닌 행동으로 옮겨야 한다고 주장한다. 그리고 경영진의 위선은 없어야 한다고 요구한다. 그런 한편, 도웰과 잭슨은 변화는 기업의 자비로운 손에서 나오는 것이 아니라 기업 외부의 민주적 행동으로 이루어질 것이라는 점을 깨닫고 있다. 이들은 구체적으로 '흑인의 생명은 소중하다' 운동의 예를 든다.

기업 조직은 현재 일어나는 정의에 대한 외침이 일시적이거나 소셜 미디어에 국한되지 않는다는 사실을 인식해야 한다. 이 외침은 수십 년에 걸친 지지와 수백 년에 걸친 차별의 정점이며, 따라서 소비자는 기업들이 그 노력을 낭비하는 것을 더는 두고 보지 않을 것이다. 소비자는 수요의 힘을 쥐고 있을 뿐 아니라 기업 조직이 그런 수요를 충족시키는 방식을 결정하는 데에도 강력한 발언권을 가지고 있음을 더 많이 보여주고 있다. 그리고 기업 조직은 이 역학관계가 새로운 기준의 일부가 되고 있음을 염두에 두어야 한다.[8]

진정한 변화는 민주적인 행동에서 나오지, 기업 스스로 노력한다고 되는 것이 아니다. 원래 경제 행위자인 기업 조직이 어떻게든 정치적으로 더욱 정의롭고 공평하며 지속 가능한 세계로 가는 길을 이끌 것이라는 생각을 이제는 버려야 한다. 민주주의 정치는 사람들이 스스로를 통치할 권리가 있다는 궁극적인 믿음에 바탕을 두고 있다. 이 정치가 가장 중요한 것이라고 재확인되어야 하며, 경제는 부차적인 것으로 강등되어야 한다. 깨어있는 자본주의의 등장과 함께, 우리는 자본주의 기업들이 시민들의 도덕적·정치적 삶을 점점 더 잠식해 들어가는 사이에 바로 정반대의 추세가 위험한 정점에 이르는 것을 목격했다.

기업들이 깨어나는 것이 민주주의에는 해로운데도, 이보다 일반적으로 나타나는 보수적 반응은 깨어있는 자본주의가 자본주의 경제 시스템 자체에 해롭다는 것이다. 워런은 기업이 사회에 한 약속을 행동으로 옮기지 않는다고 우려한 반면, 깨어있는 자본주의를 비판하는 이들은 대기업이 애초에 그런 약속을 할 자격이 없다고 주장하는 경우가 더 흔하다. 이들의 관점에서 보면, 기업은 교활한 좌파에게 넘어가 자신들이 딱히 믿지 않거나, 적어도 믿어서는 안 되는 정치적 입장을 지지하도록 어떻게든 흡수된 것이다. 빈센트 하리남Vincent Harinam은 잡지 『퀄릿Quillette』에 기고한 글에서 이런 입장을 단적으로 보여주는데, 그는 깨어있는 자본주의가 '행동주의 좌파의 표적'이 된 기업들의 대응이라고 주장한다. 하리남이 말하는 기업의 입장은 이렇다.

> 깨어난다는 것은 세금과 불매운동으로 그들을 파괴하려는 사람들을 달래기 위한 전략적 결정이다. 따라서 깨어있는 자본주의는 기업 보존주의다. 이는 이익을 죽이는 행동주의 좌파의 도끼에 꼼짝 못 하는 재정적 집행 중단이다. [……] 행동주의 좌파는 진정되고, 소비자는 기업의 사회적 책임에 대한 약속을 확신하게 된다.[9]

이 설명에 따르면, 의지가 약한 기업들은 위험한 사회주의자들을 달래려 하고 있는데, 이렇게라도 달래지 않으면 사회주의자들이 무슨 짓을 할지 몰라 두렵기 때문이다. 반동적인 전문가들이 흔히 내세우는 또 다른 주장은 기업의 미덕 과시는 기업이 상업적 본분에 충실해야 할 때 오히려 권모술수를 부리는 징표라는 것이다. 제러미 새멋Jeremy Sammut은 『기업의 미덕 과시Corporate Virtue Signalling』[10]라는 책에서 이런 입장을 예로 든다. 그는 대기업들이 '정치에 개입'하고 있으며 특히 진보 정치에 많이 개입하는데, 이를 멈춰야 한다고 주장한다. 왜일까? 그것은 CEO들이 중점을 두어야 할 사업과는 아무 관련도 없는 목표를 추구하는 데 주주들의 돈을 쓰고 있기 때문이다. 하리남처럼 새멋은 이른바 "'기업 좌파'의 사업 인수"를 두려워한다. 이 논리에 따르면, 우리는 "기업의 사업이 사업으로 남도록" 노력해야 한다.[11]

기본적으로, 우리 앞에는 상반된 두 입장이 놓여 있다. 우선 엘리자베스 워런과 같은 자유주의 좌파의 입장은 기업이 주주에게만 초점을 맞추기보다는 사회의 광범위한 이익을 진실하게, 제대로 지원해야 한다는 데 동의한다. 두 번째로, 전통적인 우파의 입장은 기업이 순수한 경제 주체여야 하며 사회적·정치적 문제에 직접 개입해서는 안 된다고 믿는다. 이 책은 세 번째 입장을 취하고 있다. 즉, 기업의 진보 정치 참여는 겉으로 보이는 것과는 달리, 민주주의에 해가 되며 실제의 진보를 방해한다는 것이다. 이것이 의미하는 바는 깨어있는 자본주의에 비판적이기 위해서는 그것의 진보적 정치 견해를 묵살하는 것이 필요하다는 얘기다. 깨어있는 자본주의의 실체를 깨닫는다는 것, 이는 자본주의 기업이 추구할 의지나 능력이 있는 주요 관심사에 진정 근본적인 변화가 일어났음을 나타낸다고 속지 않는다는 뜻이다. 깨어있는 자본주의의 실제 효과는 좌파 행동주의가 대기업의 지지를 얻어내는 성공에 관한 것이 아니다. 그보다는 불평등을 심화하고, 파시즘적 포퓰리즘을 조장하며, 기후 위기의 가속화를 방관하는 지배적인 신자유주의 세계 질서에 어떤 근본적 개혁도 일어나지 않도록 보장하는 효과가 있다.

깨어있는 자본주의를 미덕 과시의 또 다른 예쯤으로 치부하는 것은 깨어있는 자본주의가 초래할 수 있는 실질적 피해를 심각하게 받아들이지 못한다는 점에서 비생산적이다. 기업의 진보성을 피상적이고 진정성 없는 비즈니스 관행으로 비웃는 것은 그것의 진짜 힘을 완전히 과소평가하는 것이다. 이는 "깨어나지 않으면 파산한다"라는 교리가 가정하는 단기 수익성에 관한 것만은 아니다. 깨어난다는 것은 시장 자본주의가 지난 40년 동안 그려온 궤도를 계속 유지할 수 있도록 보장하는 것이다. 깨어있는 자본주의는 경제적·정치적 현 상태를 유지하고 비판을 잠재우기 위한 하나의 전략이다. 엘리자베스 워런이 비즈니스 원탁회의에 책임을 물은 것은 옳았지만, 그녀가 고려하지 못한 것은 이해관계자 기반 기업이 사회적 목적에 관해 떠드는 말과 관행이 가져오는 반진보적 효과, 특히 그것이 성공했을 때의 광범위한 효과다.

헬렌 루이스가 『애틀랜틱』에 쓴 글에서 말했듯이, 기업이 진보적 입장에 동조할 때는 대체로, 경제적으로 급진적인 문제가 아닌 사회적으로 급진적인 문제에 관여한다는 점을 주목할 필요가 있다. 루이스는 사회적 효과를 초래하는 정치적 변화와 구조적·경제적 변화를 초래하는 정치적 변화를 구별하고 있다. 그녀는 그 예를 다음과 같이 제시한다.

동일 임금은 경제적으로 급진적이다. 여성이나 소수자 CEO를 최초로 고용하는 것은 사회적으로 급진적이다. 다양성 교육은 기껏해야 사회적으로 급진적이다. 가연성 외장재로 덮지 않은 집을 공공주택 임차인들에게 제공하는 것은 경제적으로 급진적이다. 대학교의 한 건물 이름을 바꾸는 것은 사회적으로 급진적이다. 5퍼센트인 흑인 학생들의 등록률을 개선하는 것(아마도 기존의 정신 나간 입학제도를 철폐하는 방식으로)은 경제적으로 급진적일 것이다.[12]

루이스가 말하는 이 구별은 깨어있는 기업에 대한 청사진을 제시한다. 루이스는 기업의 권력 보존은 경제적 급진주의를 완전히 피하고 약간의 사회적 급진주의를 실천함으로써 이루어질 것이라고 주장한다. 이는 깨어있는 기업이 택하는 그럴듯한 정치적 의제에 어째서 최저 임금, 공격적인 법인세 최소화, 소득과 부의 재분배, 터무니없이 높은 임원 보수, 확대되는 경제적 불평등 같은 문제가 전혀 적용되지 않는지 그 이유를 설명해줄 것이다. 오히려 기업의 수익을 위협하는 모든 정치는 어떤 대가를 치르더라도 피해야 한다.

이는 깨어있는 자본주의의 더욱 일반적인 측면을 가리킨다. 아무리 그럴싸한 도덕적 신념을 가졌다고 해도 기업은 자신의 재정적 부에 해를 끼치게 될 정치에 참여할 수는 없을 것이다. 우리는 2019년 미국프로농구협회NBA가 중국 정치와 중미관계 문제에 휘말렸을 때 그 확실한 예를 보았다. 2019년의 상당 기간 홍콩에서는 수십만 명이 거리에 모여 대규모 시위를 벌였다. 홍콩 시민들은 베이징 정부가 시행한 제재에 맞서 홍콩에서 민주주의를 지켜낼 것을 요구하고 있었다.[13] 경찰의 잔혹한 진압 장면과 시위대와 경찰이

충돌하는 모습이 전 세계에 퍼지면서 홍콩의 민주화 시위는 세계 언론의 주목을 받았다.[14]

시위가 한창이던 2019년 10월 4일, NBA 휴스턴 로키츠 팀의 단장인 대릴 모레이Daryl Morey는 트위터를 통해 시위대를 지지했다. 그의 트윗에는 이런 슬로건이 적힌 이미지가 포함되어 있었다. "자유를 위해 싸우라. 홍콩과 함께하라." 모레이의 정서는 미국 NBA 팬들 사이에서 대체로 논란의 여지가 없었으며, 이후 많은 팬이 홍콩 시위대를 향한 지지를 나타내는 티셔츠를 입거나 현수막을 들고 경기장을 찾았다. 물론 NBA는 미국 내에서 정치적 입장을 취하는 데 거리낌이 없는 것으로 잘 알려져 있다. 심지어 당시 NBA는 리그의 친민주적·반인종차별적 행동주의를 못마땅하게 여긴 도널드 트럼프의 분노를 사고 있었다. 트럼프는 2020년 NBA 결승전에서 "NBA는 너무 정치적이어서 아무도 협회 일을 신경 쓰지 않는다"라고 주장했다.[15] 이때 트럼프는 NBA 슈퍼스타 르브론 제임스가 미국 민주당을 지지한 일과 리그가 텔레비전 방송을 통해 사회 정의 메시지를 홍보하기로 한 결정을 문제 삼고 있었다.

그러나 대릴 모레이의 경우에는 이런 유형의 지원을 찾아볼 수 없었다. 모레이의 트윗은 매우 단순했지만, 중국 내에서 거센 비난을 불러일으켰다. 이는 단순한 말싸움이 아니었다. 중국농구협회는 그 트윗에 대해 공식 성명을 냈다. "중국농구협회는 대릴 모레이의 부적절한 발언에 강력히 반대하며, 그 팀과의 교류 협력을 중단하기로 했다." 이어서 중국중앙텔레비전CCTV은 로키츠 팀의 경기에

대해서 방송을 금지했다. 광고와 재정적 영향은 매우 컸고, NBA는 재빨리 피해 통제에 들어갔다.[16]

모레이가 트윗을 올린 지 불과 이틀 후, NBA는 중국 내에서 거두는 사업 이익을 보호하기 위한 것으로 보이는 조치를 했다. NBA의 중국 내 사업가치는 40억 달러가 넘는 것으로 보고된다. NBA는 다음과 같은 성명을 발표했다.

> 휴스턴 로키츠의 대릴 모레이 단장이 표명한 견해가 중국에 있는 많은 친구와 팬을 매우 불쾌하게 했다는 사실을 인정하며, 유감을 표한다. [……] 우리는 중국의 역사와 문화를 깊이 존중하며 스포츠와 NBA가 문화 격차를 해소하고 사람들을 하나로 모으는 통합의 힘으로 작용할 수 있기를 바란다.[17]

미국 내에서는 NBA와 중국 모두 광범위한 비난을 받았다. 중국은 경제력을 바탕으로 비판과 반대 의견을 침묵시켰고, NBA는 가치보다 이익을 우선시했다는 것이었다.[18] 깨어있는 자본주의의 한계가 그대로 드러났다. 수익에 도움이 안 된다면 어떤 정치적 대의나 입장도 지지받지 못할 터였다.

르브론 제임스는 중국의 인권문제를 공개적으로 말하지 않으려 한다는 이유로 홍콩 내 그의 중국 팬들에게 악당 비슷한 취급을 받았다. 심지어 그를 반대하는 특정 시위도 벌어져, 사람들은 "홍콩의 생명도 소중하다"라고 외치며 NBA 복제 유니폼들을 태웠다.[19]

제임스가 나이키와 맺은 10억 달러 규모의 협찬 계약에는 베이징을 자극해서 중국 내 판매에 지장을 주는 일이 없어야 한다는 요구가 있었음을 잊지 말자. 홍콩의 한 시민은 이렇게 썼다.

> 르브론은 미국의 이런 근본적 가치보다 중국의 위안화를 더 중요하게 여긴다는 것이 드러났다. 그에게는 표현의 자유가 있고, 어떤 문제에 대해서든 말할 권리가 있다. 그러나 그는 도덕적 우위를 주장하고 자신을 자유투사라고 부르면서 중국과 홍콩에 대해 침묵할 수는 없다.[20]

NBA-중국 사태 전체는 한 가지를 분명히 보여주었다. 깨어있는 자본주의자들의 우선적인 동기는 경제적인 문제이며, 정치는 경제를 뒷받침할 때만 가치가 있다는 것이다.

결국 깨어있는 자본주의는 대기업과 그 수익자들의 권력·영향력·번영을 유지하는 동시에 그 자체가 번성할 수 있는 자본주의 시장경제를 유지하도록 하는 것과 관련된 문제다. 현실을 보면 기업들은 신자유주의적 자본주의가 키워온 실질적인 사회적·환경적·경제적 문제를 해결할 의지도 능력도 없다. 불평등, 차별, 기후변화는 그런 문제의 대표적인 예다. 이 책의 중심 메시지가 있다면, 깨어있는 자본주의가 단지 불평등한 현 상태를 유지하기 위해 고안된 계략이라는 것만이 아니다. 그것은 깨어있는 자본주의에 저항하고 속지 말라는 호소이기도 하다.

'흑인의 생명은 소중하다' 운동에서 등장한 '깨어있는'이라는 단어의 원래 의미로 돌아가보자. 원래의 의미에서, 깨어있다는 관념은 매우 민주적이다. 테아마 로페즈 버냐시와 캔디스 와츠 스미스가 공저 『깨어있으라: 모든 흑인의 생명을 소중하게 만들기 위한 안내서』에서 설명한 것처럼, 깨어있다는 것은 두 가지 주요 요소를 포함한다. 첫 번째는 "인종차별의 현실과 인종 불평등을 (재)생산하는 메커니즘에 관한 지식을 갖추는 것"이다. 그러나 그것만으로는 충분하지 않다. 또 하나 필요한 것은 "인종적 불의라는 문제를 뿌리 뽑기 위해 그 지식을 활용"하는 것이다.[21] 그러나 우리가 살펴본 것처럼 깨어있다는 의미는 그와 반대로, 도덕적 정의로움의 불성실하고 이기적인 표현을 뜻하는 것으로 안타깝게 변질되었다. 이 단어가 자본주의에 적용될 때는 경제적 이익을 추구하기 위해 정치를 이용하는 기업을 경멸적으로 지칭하거나, 진보적인 정치 명분을 지지하도록 속아 넘어간 기업들을 가리키는 경향이 있다. 하지만 우리가 깨어있다는 의미에 담긴 본래의 민주적 원동력을 지켜나간다면, '흑인의 생명은 소중하다' 운동의 소중하고 중요한 교훈에서 얻을 수 있는 또 다른 의미가 있다.

'흑인의 생명은 소중하다' 운동이 취한 접근방식은 인종적 불평등과 폭력에 대해서는 물론, 자본주의가 다른 무엇보다 주주가치를 추구하면서 제멋대로 날뛰도록 허용해온 더욱 폭넓고 상호 연결적인 현실에 대해 어떻게 대응할 것인가 하는 문제에 하나의 지침이 된다. 미쳐 날뛴 자본주의가 초래한 엄청난 불평등과 환경파괴는 민주주의의 의미 자체에 대한 직접적인 모욕이다. 민주주의의 의미가 모두를 위한 자유, 정의, 공동 번영의 지속적인 추구에 있는 한에서는 그렇다. 그러나 우리가 사는 세계는 그런 민주주의가 아니라 계급과 지정학, 젠더, 인종 등의 구분에 따른 지배 시스템을 특징으로 하는 세계다. 이는 단지 형식적 제도인 민주주의에 관한 문제가 아니라 협력, 사회적 평등, 공정성, 참여, 대중의 대표가 이끄는 정부를 주요 가치로 삼는 삶의 방식으로서 민주주의에 관한 문제다.

신자유주의 경제 질서는 민주주의적 가치와는 아주 대조적으로 부와 소득의 불평등을 더욱 확대해왔으며, 소수 부유층의 이익을 위해 권력 행사를 영구화하는 깨어있는 자본주의에서 절정에 달했다. 또한 우리의 산업 시스템은 환경을 파괴하면서 미래 세대의 삶을 점점 더 힘들게 만들고 있다.

비록 깨어있는 척하고는 있지만, 깨어있는 자본주의는 이런 문제들을 해결하지 못할 것이다. 사실 깨어있는 자본주의는 문제들을 악화시키는 동시에 모호하게 만들고 있다. 이제 깨어있는 자본주의에 대해 각성해야 할 때다. 그것의 특성과 정치적 영향을 인식해야 할 때다. 그리고 이 세계가 모두를 위한 평등과 정의의 길로 들어서도록 개입해야 할 때다.

감사의 말

무엇보다도 먼저, 나는 에오라* 네이션 가디갈족의 땅에서 살고 일하고 있음을 정중히 인정한다. 가디갈족은 그들 나라에 대한 깊은 지식을 바탕으로 수천 세대 동안 그들의 공동체와 땅, 물을 관리해왔다. 나는 그들의 조상과 장로들에게 존경을 표하며 이 땅의 첫 번째 부족인 그들의 지속적인 지위를 인정하는 바다.

이 책을 쓰면서, 시간과 배려를 아끼지 않고 초고를 읽고 의견을 말해준 친구들과 동료들의 배려에 큰 도움을 받았다. 특히 대릴 어데어, 미셸 배틀리, 피터 블룸, 앨런 브래드쇼, 톰 칼바드, 피터 프레밍, 조얼 히타넨, 월 자비스, 케이트 케니, 셀리나 매퀸, 데이브 미카일럭, 재닛 페이지, 앨리슨 풀런, 로비니 퀴긴, 개비 라미아, 리오나 탐, 나린 영에게 감사의 말을 전하고 싶다.

브리스틀대학교 출판부 책임 편집자 폴 스티븐스에게도 특별히 감사드린다. 폴은 편집 과정 전반에 걸쳐 함께 작업해주었으며, 이 프로젝트에서 흔들림 없는 격려와 지지, 개인적 관심을 보여주었다.

책을 쓰는 동안 앨런 브래드쇼, 조얼 히타넨과 함께 쿼런틴드 마

---

* 오스트레일리아 시드니 항구 주변 해안 지역에 살던 여러 원주민 부족을 가리키는 말.

켓 팟캐스트Quarantined Market Podcast의 일원으로서 주요 아이디어를 논의할 기회가 있었다. 그 논의의 한 판본이 그들이 낸 책 『코로나바이러스 문화 사전The Dictionary of Coronavirus Culture』(Repeater Books, 2020)의 한 장으로 출판되었다. 깨어있는 자본주의 현상에 대한 내 생각을 발전시킬 이런 기회를 만들어준 앨런과 조얼에게 고맙게 생각한다.

일간지 『오스트레일리언The Australian』의 편집주간인 헬렌 트링카Helen Trinca와 대화하던 중 또 한 번 그런 기회가 있었다. 헬렌의 호기심과 통찰 가득한 질문들은 초기에 나의 중심 논제를 명확하게 하는 기회가 되었다. 2020년 5월 26일 『오스트레일리언』에 실린 "'깨어난 자본주의'를 위한 도전"이라는 제목의 기사에서 이에 관해 써준 헬렌에게도 감사드린다.

집필 작업을 하는 동안 깨어있는 자본주의와 주요 정치적 사건의 연관성을 탐구하는 논평 기사 다섯 편을 발표할 기회도 있었다. 그 가운데 첫 번째 기사에서는 2020년 초에 있었던 오스트레일리아 산불 위기에 기업들이 어떻게 대처했는지, 그리고 이것이 기후 변화에 대한 대중 정서의 변화를 어떻게 반영하는지 조사했다. 2020년 1월 18일 ABC 뉴스에서 발표한 이 기사는 "기업들이 깨어있는 자본주의를 지지할 때 그것은 기후 변화 행동이 주류가 되었음을 의미한다"라는 제목으로 나왔다.

두 번째 기사는 2020년 4월 1일 『커먼 드림스Common Dreams』에 실린 "깨어있는 자본가들은 지금 어디에 있는가?"로, 팬데믹 초기에 발생한 사회적 결과에 대해 기업들이 어떻게 대응했는지, 아니 더 정확히는 어떻게 대응하지 않았는지를 탐구했다.

세 번째 기사는 2020년 6월 11일자 『인디펜던트 오스트레일리아*Independent Australia*』에 발표되었는데, "코로나19에 대한 모리슨 정부의 반민주적 반응"이라는 제목이었다. 여기서 나는 오스트레일리아 정부가 코로나19 문제를 어떻게 해결했는지, 그리고 그것이 어떻게 해서 위험할 만큼 엘리트주의적이고 권위적인 정치를 반영했는지 살펴보았다.

2020년 8월 25일 네 번째 기사 "깨어있는 가죽을 쓴 늑대에게 속지 마라: 세계의 억만장자들이 코로나19로 돈을 버는 방식"이 『커먼 드림스』에 발표되었다. 이 기사는 세계의 억만장자들이 진보적 미사여구를 늘어놓고 있지만, 수많은 노동자의 경제적 복지와 안전이 파괴되고 있는 동안 어떻게 팬데믹에 편승해 돈을 벌고 있는지 보여주었다.

마지막으로 "팬데믹 폭리 취득자들이 정치권력을 잡기 위해 깨어나다"라는 기사는 2021년 1월 14일자 『인디펜던트 오스트레일리아』에 발표되었다. 이 기사에서는 세계 최고의 부자들 중 몇몇이 2021년에 어떻게 대규모 기부 서약을 했는지, 그리고 후한 얼굴의 이 가면이 어떻게 정치권력을 주장하는 움직임을 가리고 있는지 고찰했다.

이 기사들을 실어주고 이 책에 담긴 아이디어에 중요한 피드백을 얻도록 해준 각 매체의 편집자들에게도 감사드린다.

미주와 참고문헌

1장 | 깨어있는 자본주의의 문제

1. Kelley, W. M. (1962) If you're woke you dig it; no Mickey Mouse can be expected to follow today's Negro idiom without a hip assist. If you're woke you dig it, *The New York Times*, 20 May.
2. *Oxford English Dictionary* (2017) 6월 신조어 주석. https://public.oed.com/blog/june-2017-update-new-words-notes
3. Kelly (1962) p. 46.
4. Ellen, B. (2019) It's easy to mock eco-celebs. Better to give them the benefit of the doubt, *The Guardian*, 3 August. www.theguardian.com/commentisfree/2019/aug/03/easy-to-mockeco-celebs-better-to-give-them-benefit-of-doubt
5. Eloise, M. (2021) A guide to spotting and avoiding 'wokefishing' in dating, *Cosmopolitan*, 8 January. www.cosmopolitan.com/uk/love-sex/relationships/a34795394/wokefishing
6. Smith, S. (2020) Have you been 'wokefished' while dating? Here's how to tell, VICE, 28 July. www.vice.com/en_uk/article/889daa/what-is-wokefishing-dating
7. Binyam, M. (2016) Watching the Woke Olympics, *The Awl*, 5 April. www.theawl.com/2016/04/watching-the-woke-olympics
8. Anon (2020) Once Prince Harry was the life and soul of the party, so how did he go from a fun loving bloke … to Prince of Woke?, *The Daily Mail*, 9 January. www.dailymail.co.uk/news/ article-7866757/Prince-Harry-went-fun-loving-bloke-Prince-Woke.html

9   Adam, K. (2019) British radio host fired for racist tweet comparing Archie Harrison to a chimp, *The Washington Post*, 9 May. www.washingtonpost.com/world/2019/05/09/british-radio-hostfired-tweet-comparing-royal-baby-archie-harrison-chimp
10 Ruiz, M. (2019) The Meghan Markle tabloid 'pile-on'—and how to fix it, *Vanity Fair*, 5 April. www.vanityfair.com/style/2019/04/meghan-markle-tabloids-racism-sexism
11 The Royal Household (2016) 의사소통 비서가 해리 왕세자에게 작성한 성명, 8 November. www.royal.uk/statementcommunications-secretary-prince-harry
12 Weatherby, B. (2019)에서 인용. 이먼 홈스는 신랄하게 폭언하면서 메건 마클을 "버릇없고, 나약하며, 조종에 능하다"라고 했다. *Evening Standard*, 11 November. www.standard.co.uk/news/uk/eamonn-holmes-meghan-markle-royals-sussex-a4331791.html
13 Morgan, P. (2020) 여왕이 왕실 사기꾼을 해고해야 하는 이유: 카다시안이 되고자 하는 탐욕스럽고 이기적이며 교활한 메건과 해리 부부가 왕조를 무너뜨리기 전에 착각에 빠진 이들 부부의 작위를 박탈해야 한다, *The Daily Mail*, 9 January. www.dailymail.co.uk/debate/article-7868371/PIERSMORGAN-Queen-FIRE-Royal-Hustlers.html
14 *The Sun* (2020) 『선』지는 해리 왕세자와 메건 마클의 불쾌한 행동이 왕실을 배신하고 납세자의 관대함과 호의를 남용한다고 말한다, 9 January. www.thesun.co.uk/news/10708941/prince-harry-meghan-markles-obnoxiousbehaviour-betrays-royalty-taxpayers
15 Friday, F. (2017) The social causes that united Prince Harry and Meghan Markle, *The Observer*, 29 November. https://observer.com/2017/11/the-social-causes-that-united-prince-harry-andmeghan-markle
16 ABC News (2019) 인용. 미국 전 대통령 버락 오바마 "정치적으로 깨어있는" 사람들에게 스스로를 극복할 것을 촉구하다, ABC News, 31 October. www.abc.net.au/news/2019-10-30/barack-obamaon-being-woke-donald-trump-us-president/11655790
17 Haiphong, D. (2019) 오바마, 최대 수혜자임에도 '콜 아웃 컬처'를 비난하다, *Black Agenda Report*, 13 November. https://blackagendareport.com/obama-condemns-call-outculture-despite-being-its-biggest-beneficiary

18 Berkowitz, J. (2019) 깨어있는 입소문 광고에 대한 반발에 질레트가 반응한다, *Fast Company*, 17 January. www.fastcompany.com/90293402/gillette-responds-to-the-backlash-against-itswoke-viral-ad

19 Ben and Jerry's website (2020) The art of Pecan Resist: a Q&A with Favianna Rodriguez. www.benjerry.com/flavors/pecanresist-ice-cream

20 Gutfeld, G. (2019) 벤앤드제리스의 새로운 아이스크림 맛에 대한 촌평, Fox News, 31 October. www.foxnews.com/opinion/gutfeld-on-benjerrys-new-flavor

21 Demopoulos, A. (2018) 맞는 사이즈만 있다면 스틸레토를 신는 남자들이 많아지고 있다, Daily Beast, 3 October. www.thedailybeast.com/more-men-are-wearing-stilettosif-they-can-find-their-size

22 Grabowski, M. (2017) Adidas and Reebok should avoid politicizing sports, *Washington Examiner*, 17 January. www.washingtonexaminer.com/adidas-and-reebok-should-avoidpoliticizing-sports

23 Klein, P. (2021) 공화당은 깨어있는 자본주의에 대한 응징만이 아니라, 기업의 전반적인 호의에 반대해야 한다, *National Review*, 8 April. www.nationalreview.com/corner/republicansshould-oppose-corporate-favors-in-general-not-just-asretribution-against-woke-capitalism

24 Dreher, R. (2019) Woke capitalism is our enemy, *The American Conservative*, 22 April. www.theamericanconservative.com/dreher/woke-capitalism-is-our-enemy

25 Friedman, M. (1970) The social responsibility of business is to increase its profits, *The New York Times Magazine*, 13 September.

26 Pritchett, J. L. and Tiryakian, E. (2019) Milton Friedman was right on corporate guidance, and 'woke' CEOs ignore him at shareholder peril, Foundation for Economic Education, 26 August. https://fee.org/articles/milton-friedman-wasright-on-corporate-guidance-and-woke-ceos-ignore-him-atshareholders-peril

27 Barkan, J. (2013) 참조. *Corporate sovereignty: Law and government under capitalism*, Minneapolis: University of Minnesota Press; and Mikler, J. (2018) *The political power of global corporations*, London: Polity.

28 Piketty, T. (2013) *Capital in the twenty-first century*, Cambridge: Harvard University Press; Alvaredo, F., Chancel, L., Piketty, T., Saez, E. and Zucman, G. (2018) *World inequality report 2018*, Paris: World Inequality Lab; United Nations (2020)

World social report 2020: Inequality in a rapidly changing world, New York: UN Department of Economic and Social Affairs, United Nations.
29 Lewis, H. (2020) How capitalism drives cancel culture, *The Atlantic*, 14 July. www.theatlantic.com/international/archive/2020/07/cancel-culture-and-problem-woke-capitalism/614086
30 Brown, W. (2015) *Undoing the demos: Neoliberalism stealth revolution*, New York: Zone Books.
31 Whitehead, J. W. (2013) The age of neo-feudalism: a government of the rich, by the rich and for the corporations, *Huffington Post*, 30 March. www.huffpost.com/entry/the-age-ofneofeudalism_b_2566546
32 Stavrakakis, Y. (1997) Ambiguous democracy and the ethics of psychoanalysis, *Philosophy and Social Criticism*, 23(2): pp. 79~96.
33 Stavrakakis (1997) p. 80.

2장 | 기업 포퓰리스트

1 Richards, L. and Brew, N. (2020) 2019-20 Australian bushfires — frequently asked questions, Parliament of Australia website, 12 March. https://parlinfo.aph.gov.au/parlInfo/download/library/prspub/7234762/upload_binary/7234762.pdf
2 Arriagada, N. B., Palmer, A. J., Bowman, D., Morgan, G. G., Jalaludin, B. B. and Johnston, F.H. (2020) Unprecedented smokerelated health burden associated with the 2019-20 bushfires in eastern Australia, *The Medical Journal of Australia*, 213(6): pp. 282~283.
3 Gunia, A. and Law, T. (2020) At least 24 people and millions of animals have been killed by Australia's bushfires, *Time*, 7 January. https://time.com/5758186/australia-bushfire-size
4 Australia Associated Press (2020) Smoke from Australia's fires reaches Chile, *The Canberra Times*, 7 January. www.canberratimes.com.au/story/6569408/smoke-from-australias-fires-reacheschile/?cs=14232
5 Earle, S. (2020) Are Australia's bushfire's our future?, *New Statesman*, 9 September. www.newstatesman.com/australiasbushfires-future-climate-change

6   Shine, J. (2020) Statement regarding Australian bushfires, Australian Academy of Science, 10 January. www.science.org.au/news-and-events/news-and-media-releases/statement-regardingaustralian-bushfires

7   NSW Government (2020) *Final Report of the NSW Bushfire Inquiry*, Sydney: NSW Government.

8   Barr, S. (2019) Climate strike 2019: when are the global protests and how can you take part?, *The Independent*, 27 September. www.independent.co.uk/life-style/global-climate-strike-septemberprotests-when-where-london-sydney-greta-thunberg-a9111931.html

9   Noyes, J. and Chysanthos, N. (2019) Global climate strike LIVE: Australian school students march to protest climate change, *The Sydney Morning Herald*, 20 September. www.smh.com.au/national/global-climate-strike-live-australian-school-studentsmarch-in-protest-of-climate-change-20190920-p52t70.html

10 Murphy, K. (2019)에서 인용. Morrison responds to Greta Thunberg by warning children against 'needless' climate anxiety, *The Guardian*, 25 September. www.theguardian.com/australia-news/2019/sep/25/morrison-responds-to-greta-thunbergspeech-by-warning-children-against-needless-climate-anxiety

11 DFAT (2020) *Composition of trade Australia 2018-2019*, Canberra: Australian Government Department of Foreign Affairs and Trade, January. www.dfat.gov.au/sites/default/files/cot-2018-19.pdf

12 Hamilton, C. (2017) That lump of coal, *The Conversation*, 15 February. https://theconversation.com/that-lump-ofcoal-73046

13 Athayle, H. (2019) Woke capitalism and its impact on social movements, *Medium*, 7 February. https://medium.com/@hrishikeshathalye/woke-capitalism-and-its-impact-on-socialmovements-50629eb85a0

14 Nolan, E. (2020) Tucker Carlson attacks 'woke' companies donating to fight racial injustice, *Newsweek*, 17 June. www.newsweek.com/tucker-carlson-attacks-companies-donatingfight-racial-injustice-1511451

15 Kirby, J. (2020) Welcome to the era of woke capitalism, *Maclean's*, 19 February. www.macleans.ca/economy/welcome-to-the-eraof-woke-capitalism

16 Remeikis, A. and Taylor, J. (2020) 'There is no link': the climate doubters within Scott Morrison's government, *The Guardian*, 16 January. www.theguardian.com/

australia-news/2020/jan/16/there-is-no-link-the-climate-doubters-within-scott-morrisonsgovernment

17 Readfern, G. (2018) Gina Rinehart company revealed as $4.5m donor to climate sceptic thinktank, *The Guardian*, 21 July. www.theguardian.com/business/2018/jul/21/gina-rinehart-companyrevealed-as-45m-donor-to-climate-sceptic-thinktank

18 Quoted in Kwan, B. and Bolger, R. (2020)에서 인용. Mining magnate Andrew 'Twiggy' Forrest has announced a $70 million donation to assist in bushfire recovery efforts, SBS News, 9 January. www.sbs.com.au/news/twiggy-forrest-clarifies-climate-stance-after-70-million-bushfire-donation

19 Turner, G. (2020) Philanthropy, the Twiggy Forrest way, *Independent Australia*, 27 January. https://independentaustralia.net/politics/politics-display/philanthropy-the-twiggy-forrest-way,13532

20 Referenced in: Wilkinson Z. (2020) Tiffany & Co publishes an open letter to Scott Morrison calling for 'bold and decisive climate action', *Mumbrella*, 13 January. https://mumbrella.com.au/tiffanyco-publishes-an-open-letter-to-scottmorrison-calling-for-boldand-decisive-climate-action-612807

21 필자의 다음 논의에서 끌어낸 것, Rhodes, C. (2020) When corporations back woke capitalism it means climate change action has gone mainstream, ABC News, 18 January. www.abc.net.au/news/2020-01-18/woke-capitalism-a-barometer-for-changingpublic-attitudes/11875996?view=invalid

22 Bates, R. (2020)의 말 인용. Tiffany places ads calling for climate action in Australia, JCK, 13 January. www.jckonline.com/editorial-article/tiffany-places-climate-action-ads

23 *The Daily Telegraph* (2020) Posh mineral retailer goes woke, 11 January. www.dailytelegraph.com.au/blogs/tim-blair/posh-mineral-retailer-goes-woke/news-story/fe4c5da06a2c5bfe2bc6ab8a69534714

24 Sky News (2020) Tiffany and Co try to profit from bushfire tragedy, 15 January. www.skynews.com.au/details/_6122717154001

25 Powell, D. and Johanson, S. (2020)에서 인용. Business Council of Australia hits back as pressure mounts on climate change, *Brisbane Times*, 14 January. www.brisbanetimes.com.au/business/companies/business-council-faces-criti-

cism-over-regressive-climate-changepolicy-20200114-p53raa.html
26 Powell, D., Loussikian, K. and Johanson, S. (2020) Mining giant Rio Tinto pressures BCA on climate as more members depart, *The Sydney Morning Herald*, 17 January. www.smh.com.au/business/companies/mining-giant-rio-tinto-pressures-bca-onclimate-as-more-members-depart-20200116-p53ryr.html
27 Lind, M. (2020) *The New Class War: Saving Democracy from the Managerial Elite*, New York: Penguin
28 World Economic Forum (2020) World Economic Forum Annual Meeting, www.weforum.org/events/world-economic-forumannual-meeting-2020
29 Wu, T. (2020) The revolution comes to Davos, *The New York Times*, 23 January. www.nytimes.com/2020/01/23/opinion/sunday/davos-2020-capitalism-climate.html
30 Burke-White, W. (2020) The World Economic Forum deserves criticism, but we need it now more than ever, Brookings Institution, 28 January. www.brookings.edu/blog/order-fromchaos/2020/01/28/the-world-economic-forum-deserves-criticism-but-we-need-it-now-more-than-ever
31 이 책에 제시된 깨어있는 자본주의와 코로나 19에 관한 논의의 이전 판본은 다음 글 참조: Rhodes, C. (2020) Where are the woke capitalists now?, *Common Dreams*, 1 April. www.commondreams.org/views/2020/04/01/whereare-all-woke-capitalists-now; Rhodes, C. (2020) Don't be fooled by a wolf in woke clothing: how the world's billionaires are cashing in on Covid-19, *Common Dreams*, 25 August. www.commondreams.org/views/2020/08/25/dont-be-fooled-wolfwoke-clothing-how-worlds-billionaires-are-cashing-covid-19
32 Team, T. (2020) Why BlackRock's strong stock rally isn't over yet, *Forbes*, 31 July. www.forbes.com/sites/greatspeculations/2020/07/31/blackrocks-stock-has-rallied-76-over-recentmonths-can-it-grow-more/#b3319f02b8fe
33 Dreher, R. (2019) Woke capitalism is our enemy, *The American Conservative*, 22 April. www.theamericanconservative.com/dreher/woke-capitalism-is-our-enemy
34 Gregg, S. (2019) How woke capitalism corrupts business, *Public Discourse*, 2 October. www.thepublicdiscourse.com/2019/10/56675
35 Gasparino, C. and Moynihan, L. (2019) BlackRock's Larry Fink rattles employ-

ees amid political posturing, Fox Business, 25 January. www.foxbusiness.com/business-leaders/blackrockslarry-fink-rattles-employees-amid-political-posturing

36 Bartleby (2019) Companies can appeal to workers and consumers with liberal messages, *The Economist*, 26 January. www.economist.com/business/2019/01/26/companies-can-appeal-to-workersand-consumers-with-liberal-messages

37 Carney, J. (2019) BlackRock's betrayal: #woke wall street pushes leftist agenda on corporate America, Breitbart, 16 January. www.breitbart.com/politics/2018/01/16/blackrocks-betrayal-wokewall-street-pushes-leftist-agenda-on-corporate-america

38 Gregg (2019).

39 Abad-Santos, A. (2018) Nike's Colin Kaepernick ad sparked a boycott — and earned $6 billion for Nike, *Vox*, 24 September. www.vox.com/2018/9/24/17895704/nike-colin-kaepernickboycott-6-billion

40 Nike News (2020) COVID-19 response efforts, 1 October. https://purpose.nike.com/covid-19-response-efforts

41 Day One Team (2020) Amazon donates over £3M to relief organizations in the UK to support those impacted by the COVID-19 crisis, *The Amazon Blog*, 27 March. https://blog.aboutamazon.co.uk/in-the-community/amazon-donates-over-3m-to-relief-organisations-in-the-uk-to-support-those-impactedby-the-covid-19-crisis

42 Neate, R. (2019) New study deems Amazon worst for 'aggressive' tax avoidance, *The Guardian*, 2 December. www.theguardian.com/business/2019/dec/02/new-study-deems-amazon-worstfor-aggressive-tax-avoidance

43 Beer, J. (2020) Brands from Heinz to Netflix are donating to COVID-19 relief. How you can join them, *Fast Company*, 21 March. www.fastcompany.com/90480388/brands-fromheinz-to-netflix-are-donating-to-covid-19-relief-how-you-canjoin-them

44 Blumenthal, E. (2020) Mark Zuckerberg's Chan Zuckerberg Initiative to give $25M to fight COVID-19, CNET, 27 March. www.cnet.com/news/mark-zuckerbergs-chan-zuckerberginitiative-to-donate-25-million-to-fight-covid-19

45 Thomas, L. (2020) Nike shares rise as pandemic fuels sneaker maker's online

growth, annual revenue outlook gets a boost, CNBC, 18 December. https://www.cnbc.com/2020/12/18/nike-nke-reports-q2-fiscal-2021-earnings-sales-beat.html

46 CNNWire (2021) America's billionaires have grown $1.1 trillion richer during the pandemic: Report, ABC11, 27 January. https://abc11.com/mark-zuckerberg-jeff-bezos-elon-muskbillionaires/10057605

47 Nocetti, D. C. and Echazu, L. (2020) Americans may be willing to pay $5 trillion to stop the spread of the coronavirus and save lives, *The Conversation*, 14 May. https://theconversation.com/americans-may-be-willing-to-pay-5-trillion-to-stop-the-spreadof-the-coronavirus-and-save-lives-137569

48 L. Hildyard quoted in Neate, R. (2020) Call for super-rich to donate more to tackle coronavirus pandemic, *The Guardian*, 11 April. www.theguardian.com/news/2020/apr/11/call-forsuper-rich-to-donate-more-to-tackle-coronavirus-pandemic

49 Rushe, D. (2020) Making billions v making ends meet: how the pandemic has split the US economy in two, *The Guardian*, 16 August. www.theguardian.com/us-news/2020/aug/16/usinequality-coronavirus-pandemic-unemployment

50 Oxfam America (2020) Pandemic profits exposed, Oxfam media briefing, 22 July. https://assets.oxfamamerica.org/media/documents/Pandemic_Profiteers_Exposed.pdf

51 Oxfam America (2020), p. 1.

52 Woods, H. (2020) How billionaires got $637 billion richer during the coronavirus pandemic, *Business Insider Australia*, 3 August. www.businessinsider.com.au/billionaires-net-worth-increasescoronavirus-pandemic-2020-7?r=US&IR=T

53 Inequality.org (2020) Updates: billionaire wealth, US job losses and pandemic profiteers, 6 August. https://inequality.org/billionaire-bonanza-2020-updates

54 Neate, R. (2020) Billionaires' wealth rises to $10.2 trillion amid Covid crisis, *The Guardian*, 7 October. www.theguardian.com/business/2020/oct/07/covid-19-crisis-boosts-the-fortunes-ofworlds-billionaires

55 Yun, J. (2020) Covid-19 has worsened inequality. So why are shares higher than ever?, *Yahoo! Finance*, 12 August. https://au.finance.yahoo.com/news/covid19-inequality-shares-212319670.html

56 Hanley, S. (2020) BlackRock CEO calls for social justice in corporate culture, *Clean Technica*, 17 January. https://cleantechnica.com/2018/01/17/blackrock-ceo-calls-social-justice-corporate-culture

57 Brown, K. (2020) 5 global issues to watch in 2020, *United Nations Foundation*, 8 January. https://unfoundation.org/blog/post/5-global-issues-to-watch-in-2020

58 Business Roundtable (2019) Statement on the Purpose of a Corporation, Business Roundtable, 19 August. https://opportunity.businessroundtable.org/wp-content/uploads/2020/03/BRT-Statement-on-the-Purpose-of-a-Corporationwith-Signatures.pdf

59 Newsome, S. (2020) Coronavirus bailouts will cost taxpayers hundreds of billions of dollars—unlike past corporate rescues that actually made money for the US Treasury, *The Conversation*, 27 April. https://theconversation.com/coronavirus-bailoutswill-cost-taxpayers-hundreds-of-billions-of-dollars-unlike-past-corporate-rescues-that-actually-made-money-for-the-us-treasury-136138; Inman, P. (2020) UK Covid-19 business bailouts havealready cost more than £100bn, *The Guardian*, 1 May. www.theguardian.com/world/2020/apr/30/uk-coronavirus-businessbailouts-have-already-cost-more-than-100bn

60 Anon (2020) The pandemic shock will make big, powerful firms even mightier, *The Economist*, 28 March. www.economist.com/business/2020/03/26/the-pandemic-shock-will-make-bigpowerful-firms-even-mightier

3장 | 깨어있음의 반전

1 Sanneh, K. (2016) Godmother of Soul: Erykah Badu's expanding musical universe, *The New Yorker*, 18 April. www.newyorker.com/magazine/2016/04/25/erykah-badu-the-godmother-ofsoul?verso=true

2 Ugwu, R. (2019) Erykah Badu helped define 'wokeness'. Now she's a target, *The New York Times*, 6 February. www.nytimes.com/2019/02/06/movies/erykah-badu-what-men-want.html

3 King Jr., M. L. (1965) Remaining awake through a great revolution [speech], The King Papers Project, Stanford: The Martin Luther King, Jr. Research and Educa-

tion Institute

4   Beckham, B. (1972) *Garvey Lives!*, Charlottesville, VA: University of Virginia.
5   Martin, T. (1976) *Race first: The ideological and organizational struggles of Marcus Garvey and the Universal Negro Improvement Association*, Westport, CT: Greenwood Press.
6   Ransby, B. (2015) The class politics of Black Lives Matter, *Dissent*, 62(4): pp. 31~34.
7   Luscombe, R. (2012) Trayvon Martin case: new evidence includes video from night of shooting, *The Guardian*, 19 May. www.theguardian.com/world/2012/may/18/trayvon-martinsurveillance-video-zimmerman
8   Linder, D. O. (2020) The George Zimmerman trial: an account, Famous Trials, Kansas: The University of Missouri-Kansas City Law School. www.famous-trials.com/zimmerman1/2319-home
9   Bates, K. G. (2018) A look back at Trayvon Martin's death, and the movement it inspired, NPR, 31 July. www.npr.org/sections/codeswitch/2018/07/31/631897758/a-look-back-at-trayvonmartins-death-and-the-movement-it-inspired
10   Alvarez, L. and Buckley, C. (2013) Zimmerman is acquitted in Trayvon Martin killing, *The New York Times*, 13 July. www.nytimes.com/2013/07/14/us/george-zimmerman-verdicttrayvon-martin.html
11   Upright, E. and Fagenson, Z. (2013) Thousands take to streets to protest Trayvon Martin verdict, *Reuters*, 31 July. www.reuters.com/article/us-usa-florida-shooting/thousands-take-to-streetsto-protest-trayvon-martin-verdict-idUSBRE96T1AL20130730
12   Lewis, P. (2013) 'Trayvon Martin could have been me 35 years ago', Obama says, *The Guardian*, 20 July. www.theguardian.com/world/2013/jul/19/trayvon-martin-obama-white-house
13   In Goodman, A. (2013) Cornel West: Obama's response to Trayvon Martin case belies failure to challenge 'New Jim Crow', *Democracy Now*, 22 July. www.democracynow.org/2013/7/22/cornel_west_obamas_response_to_trayvon
14   Haiphong, D. (2016) The Obama legacy part iv: protecting the racist state, scorning Black America, Black Agenda Report, 26 July. https://blackagendareport.com/obama_legacy_iv_scorning_blacks

15 West, C. in Goodman (2013).
16 Johnson, G. (2016) The growth of #blacklivesmatter on social media, #BlackLivesMatter, 7 December. https://scalar.usc.edu/works/blacklivesmatter/the-growth-of-blacklivesmatter-onsocial-media?path=the-history
17 Chase, G. (2017) The early history of the Black Lives Matter movement, and the implications thereof, *Nevada Law Journal*, 18: pp. 1091~1112.
18 Garza, A., Cullors, P. and Tometi, A. (2020) Herstory, Black Lives Matter. https://blacklivesmatter.com/herstory
19 Richardson, E. and Ragland, A. (2018) #StayWoke: the language and literacies of the #BlackLivesMatter movement, *Community Literacy Journal*, 12(2): pp. 27~56.
20 Pulliam-Moore, C. (2016) How 'woke' went from black activist watchword to teen internet slang, Splinter, 1 August. https://splinternews.com/how-woke-went-from-black-activistwatchword-to-teen-int-1793853989
21 Zimmer, B., Solomon, J. and Carson, C. E. (2017) Among new words, *American Speech*, 92(2): pp. 204~230, p. 206.
22 Zimmer 외 (2017), p. 212.
23 Trudon, T. (2016) Say goodbye to 'on fleek', 'basic' and 'squad' in 2016 and learn these 10 words instead, MTV News, 1 May. www.mtv.com/news/2720889/teen-slang-2016
24 Blackman, M. (2015) Can we talk about how woke Matt McGorry was in 2015?, *Buzzfeed*, 17 December. www.buzzfeed.com/michaelblackmon/can-we-talk-about-how-woke-mattmcgorry-was-in-2015#.mfdypXQdX
25 Brown, K. (2016) The wokest baes of January 2016, Jezebel, 2 January. https://jezebel.com/the-wokest-baes-of-january-2016-1755751157
26 Pulliam-Moore (2016).
27 Brooks, D. (2000) *Bobos in paradise: The new upper class and how they got there*, New York: Simon & Schuster.
28 Frank T. (1997) *The conquest of cool: Business culture, counterculture, and the rise of hip consumerism*, Chicago, IL: University of Chicago Press, p. 4.
29 Heath, J. and Potter, A. (2004) *The rebel sell: How the counterculture became consumer culture*, New York: HarperCollins.
30 Watson, E. (2018) The origin of woke: how Erykah Badu And Georgia Anne

Muldrow sparked the 'stay woke' era, *Okayplayer*, 27 February. www.okayplayer. com/originals/georgia-muldrowerykah-badu-stay-woke-master-teacher.html

31 Pulliam-Moore (2016).
32 Whiteout, S. (2018) Popularizing wokeness, *Harvard Kennedy School Journal of African American Public Policy*, 2017-18: pp. 63~70.
33 Angbeletchy, C. (2018) 'Stay woke' is the new watchword: here's why, GRIOT, 18 May. http://griotmag.com/en/stay-woke-isthe-new-watchword-heres-why
34 Gervais, R. (2020) Full text: Ricky Gervais' Golden Globes speech, *The Spectator*, 6 January. https://blogs.spectator.co.uk/2020/01/full-text-ricky-gervais-golden-globes-speech
35 *Spiked* (2020) Ricky Gervais bursts Hollywood's woke bubble, 6 January. www.spiked-online.com/2020/01/06/ricky-gervaisbursts-hollywoods-woke-bubble
36 Stepman, J. (2020) At the Golden Globes, Ricky Gervais exposes Hollywood's 'woke' culture, *The Daily Signal*, 6 January. www.dailysignal.com/2020/01/06/at-the-golden-globes-ricky-gervaisexposed-hollywoods-woke-culture
37 Soave, R. (2020) Ricky Gervais slams woke Hollywood's sanctimony in Golden Globes Speech, *Reason*, 5 January. https://reason.com/2020/01/05/ricky-gervais-golden-globeshollywood-woke
38 Blair, L. (2020) Conservatives praise Ricky Gervais after he takes 'massive dump' on Hollywood's 'woke' culture at Golden Globes, *The Christian Post*, 6 January. www.christianpost.com/news/conservatives-praise-ricky-gervais-after-he-takes-massive-dumpon-hollywoods-woke-culture-at-golden-globes.html
39 Kahn-Harris, K. (2020) If everyone was a little bit shameless, it might deflate the 'anti-woke' right, *The Guardian*, 2 March. www.theguardian.com/commentisfree/2020/mar/02/anti-wokeright-liberals
40 Ransby, B. (2017) Black Lives Matter is radical democracy in action, *The New York Times*, 21 October. www.nytimes.com/2017/10/21/opinion/sunday/black-lives-matter-leadership.html
41 Bunyasi, T. L. and Smith, C.W. (2019) *Stay woke: A people's guide to making All Black Lives Matter*, New York: NYU Press, p. 202.

4장 | 자본주의가 깨어나다

1. Douthat, R. (2018) The rise of woke capital, *The New York Times*, 28 February. www.nytimes.com/2018/02/28/opinion/corporate-america-activism.html
2. Itkowitz, C. (2019) Trump referred to 'gun violence' in his Parkland remembrance. Hours later, he changed it to 'school violence', *The Washington Post*, 15 February. www.washingtonpost.com/politics/2019/02/14/trumps-lengthy-parkland-shootingremembrance-doesnt-meaningfully-mention-guns
3. Thompson, D. (2018) Why are corporations finally turning against the NRA?, *The Atlantic*, 26 February. www.theatlantic.com/business/archive/2018/02/nra-discounts-corporations/554264
4. Douthat (2018).
5. Douthat (2018).
6. Thompson, D. (2018).
7. Piketty, T. (2014) *Capital in the twenty-first century*, Cambridge, MA: Harvard University Press.
8. Bowen. H. R. (1953) *Social responsibilities of the businessman*, Iowa City, IA: University of Iowa Press.
9. Heald, M. (1957) Management's responsibility to society: the growth of an idea, *Business History Review*, Winter: pp. 375~384, p. 376.
10. 인용은 Heald (1957) p. 376.
11. Bowen (1953) p. xvii.
12. Bowen (1953) p. 3.
13. Bowen (1953) p. 4.
14. Demuijnck, G. and Fasterling, B. (2016) The social license to operate, *Journal of Business Ethics*, 136(4): pp. 675~685.
15. Bowen (1953) p. 26.
16. Bowen (1953) p. 105.
17. Levitt, T. (1958) The dangers of social responsibility, *Harvard Business Review*, October: pp. 41~50, p. 41.
18. Levitt (1958) p. 42.
19. Friedman, M. (1962) *Capitalism and freedom*, Chicago, IL: University of Chicago

Press.
20 Friedman (1962) p. 133.
21 그 예로 Wiseman, O. (2019) In defence of shareholder capitalism, *CapX*, 23 August. https://capx.co/in-defence-of-shareholdercapitalism
22 Friedman (1962) p. 133.
23 Friedman (1962) p. 134.
24 Frederick, W. C. (1960) The growing concern over business responsibility, *California Management Review*, 2(4): pp. 54~61.
25 Frederick (1960) p. 56.
26 Business Roundtable (2019) Statement on the purpose of a corporation, 19 August. https://opportunity.businessroundtable.org/ourcommitment
27 Lee, L.-E. (2020) Companies must walk their lofty Davos talk — they have no choice, *The Telegraph*, 20 January. www.telegraph.co.uk/business/2020/01/29/companies-must-walk-lofty-davostalk-have-no-choice
28 Frederick (1960) p. 58.
29 Frederick (1960) p. 59.
30 Frederick (1960) p. 60.
31 Davis, K. (1960) Can business afford to ignore social responsibilities?, *California Management Review*, 2(3): pp. 70~76.
32 Davis (1960) p. 73, 이탤릭체는 원문.
33 Davis, K. (1967) Understanding the social responsibility puzzle, *Business Horizons*, Winter: pp. 45~50.
34 Davis (1967) p. 49.
35 Davis (1973) The case for and against business assumption of social responsibilities, *The Academy of Management Journal*, 16(2): pp. 312~322, p. 321.
36 Committee for Economic Development (1971) *Social responsibilities of business corporations*, Arlington, VA: CED, p. 10.
37 Committee for Economic Development (1971) pp. 11~12.
38 Inequality.org (2020) The facts that define our grand divides. https://inequality.org/facts
39 Alvaredo, F., Chancel, L., Piketty, T., Saez, E. and Zucman, G. (2018) *The world inequality report*, Paris: World Inequality Lab.

40 Gros, F. (2020) *Disobey! A guide to ethical resistance*, London: Verso, p. 5.
41 Gros (2020) p. 5.
42 Franklin, B. in Speake J. (2015) *The Oxford Dictionary of Proverbs*, 6th edn, Oxford: Oxford University Press. p. 230.
43 Johnson, J. (2020) 'An absolute outrage': Sanders rips 'wealthy tax cheats' as CBO estimates $381 billion in annual unpaid taxes, *Common Dreams*, 9 July. www.commondreams.org/news/2020/07/09/absolute-outrage-sanders-rips-wealthy-taxcheats-cbo-estimates-381-billion-annual
44 Oxfam International (2020) Inequality and poverty: the hidden costs of tax dodging. www.oxfam.org/en/inequality-and-povertyhidden-costs-tax-dodging
45 Stiglitz, J. (2019) Corporate tax avoidance: it's no longer enough to take half measures, *The Guardian*, 7 October. www.theguardian.com/business/2019/oct/07/corporate-tax-avoidance-climatecrisis-inequality
46 Asen, E. (2019) Corporate tax rates around the world, 2019, Tax Foundation, 10 December. https://taxfoundation.org/corporatetax-rates-around-the-world-2019
47 Gros (2020) p. 3.

5장 | 주주 우선주의

1 인용은 모두 Thatcher, M. (1985) 보수당 전당대회 연설, 11 October, Margaret Thatcher Foundation. www.margaretthatcher.org/document/106145
2 Fukuyama, F. (1992) *The end of history and the last man*, New York: Free Press.
3 Brown, A. (2020) Political leadership in the cold war's ending: Thatcher and the turn to engagement with the Soviet Union [blog], The London School of Economics and Political Science,10 June. https://blogs.lse.ac.uk/politicsandpolicy/thatcher-endof-cold-war
4 Karjanen, D. (2015) *World Bank, the International Monetary Fund, and neoliberalism*, London: Wiley.
5 Heilbron, J., Verheul, J. and Quak, S. (2014) The origins and early diffusion of 'shareholder value' in the United States, *Theory and Society*, 43: pp. 1~22.

6 Glyn, A. (2007) *Capitalism unleashed: Finance, globalization, and welfare*, Oxford: Oxford University Press.

7 신자유주의에 대한 탁월한 역사적 논평은 Harvey, D. (2007) *A brief history of neoliberalism*, Oxford: Oxford University Press; Brown, W. (2015) *Undoing the demos: Neoliberalism's stealth revolution*, New York: Zone Books 참조.

8 Thatcher, M. (1986) 보수당 전당대회 연설, 10 October, Margaret Thatcher Foundation. www.margaretthatcher.org/document/106498

9 Foucault, M. (2002) *The birth of biopolitics: Lectures at the College de France, 1978-1979*, Basingstoke: Palgrave Macmillan, p. 145.

10 Thatcher, M. (1981) Economics are the method: the object is to change the soul, Interview for *Sunday Times*, 3 May, Margaret Thatcher Foundation. www.margaretthatcher.org/document/104475

11 Marquand, D. (2009) The warrior woman, *New Statesman*, 26 February. www.newstatesman.com/uk-politics/2009/02/thatcher-social-moral-society

12 Taylor, B. E. (2015) Reconsidering the rise of 'shareholder value' in the United States, 1960-2000, Economic History Working Paper Series (214/2015), London: The London School of Economics and Political Science.

13 Nelson, E. (2017) Reaffirming the influence of Milton Friedman on UK economic policy, Working Papers 2017-01, University of Sydney, School of Economics. https://ideas.repec.org/p/syd/wpaper/2017-01.html

14 인용은 Cornwell, R. (2006) Milton Friedman, free-market economist who inspired Reagan and Thatcher, dies aged 94, *The Independent*, 17 November. www.independent.co.uk/news/world/americas/milton-friedman-free-market-economist-whoinspired-reagan-and-thatcher-dies-aged-94-424665.html

15 Berle, A. A. and Means, G.C. (1932) *The modern corporation and private property*, New York: Harcourt, Brace and World.

16 Robe, J. P. (2012) Being done with Milton Friedman, *Accounting, Economics, and Law*, 2(2): pp. 1~31.

17 Heilbron 외 (2014).

18 Merin, B., Mayper, A. G. and Tolleson, T. D. (2010) Neoliberalism, deregulation and Sarbanes-Oxley: the legitimation of a failed corporate governance model, *Accounting, Auditing and Accountability Journal*, 23(6): pp. 774~792, p. 777.

19 Heilbron 외 (2014).
20 Lazonick, W. and O'Sullivan, M. (2000) Maximizing shareholder value: a new ideology for corporate governance, *Economy and Society*, 29(1): pp. 13~35.
21 Reimann, B. C. (1985) Does your business create real shareholder value?, *Business Horizons*, September-October: pp. 44~51.
22 Davis, A. and Walsh, C. (2017) Distinguishing financialization from neoliberalism, *Theory, Culture & Society*, 34(5-6): pp. 27~51.
23 Umah, R. (2008) CEOs make $15.6 million on average- here's how much their pay has increased compared to yours over the year, CNBC, 22 January. www.cnbc.com/2018/01/22/hereshow-much-ceo-pay-has-increased-compared-to-yours-overthe-years.html
24 Heilbron 외 (2014) p. 17.
25 Lazonick, W. (2011) From innovation to financialization: how shareholder value ideology is destroying the US economy, In G. Epstein and M.H. Wolfson (eds) *The handbook of the political economy of financial crises*, pp. 491~511, Oxford: Oxford University Press.
26 Lazonick and O'Sullivan (2000).
27 Jeffries, T. (2015) What happened to Thatcher's share ownership dream? It's nowhere near as common as the ex-Tory PM hoped 30 years ago—but does it matter?, This Is Money, 9 October. www.thisismoney.co.uk/money/investing/article-3265284/What-happened-Margaret-Thatcher-s-share-ownership-dream.html
28 Lougee, B. and Wallace, J. (2008) The corporate social responsibility (CSR) trend, *Journal of Applied Corporate Finance*, 20(1): pp. 96~108, p. 96.
29 Ireland, P. and Pillay, R. G. (2010) Corporate social responsibility in a neoliberal age, In P. Utting and J. C. Marques (eds), *Corporate social responsibility and regulatory governance*, pp. 77~104, London: Palgrave Macmillan, p. 78.
30 Martin, J., Petty, W. and Wallace, J. (2009) Shareholder value maximization—is there a role for corporate social responsibility?, *Journal of Applied Corporate Finance*, 21(2): pp. 110~118, p. 117.
31 Brammer, S., Jackson, G. and Matten, D. (2012) Corporate social responsibility and institutional theory: new perspectives on private governance, *Socio-Economic*

Review, 10(1): pp. 3~28.
32 Porter, M. E. and Kramer, M. R. (2011) Creating shared value, *Harvard Business Review*, January-February: pp. 62~77.
33 Crane, A., Palazzo, G., Spence, L. J. and Matten, D. (2014) Contesting the value of 'creating shared value', *California Management Review*, 56(2): pp. 130~153, p. 140.
34 Anderson, S. and Cavanagh, J. (2000) Top 200: the rise of global corporate power, *Global Policy Forum*. https://archive.globalpolicy.org/socecon/tncs/top200.htm
35 Michayluk, D. (2008) The rise and fall of single-letter ticker symbols, *Business History*, 50(3): pp. 368~385.
36 Fleming, P. and Jones, M. T. (2013) *The end of corporate social responsibility: Crisis and critique*, London: Sage.
37 Banerjee, S. B. (2008) Corporate social responsibility: the good, the bad and the ugly, *Critical Sociology*, 34(1): pp. 51~79.
38 Shamir, R. (2004) Between self-regulation and the Alien Tort Claims Act: on the contested concept of corporate social responsibility, *Law & Society Review*, 38(4): pp. 635~664.
39 World Economic Forum (2020) Our mission. www.weforum.org/about/world-economic-forum
40 Wu, T. (2020) The revolution comes to Davos, *The New York Times*, 23 January. www.nytimes.com/2020/01/23/opinion/sunday/davos-2020-capitalism-climate.html
41 Schwab, K. (2019) Davos manifesto 2020: the universal purpose of a company in the fourth industrial revolution, World Economic Forum, 2 December. www.weforum.org/agenda/2019/12/davos-manifesto-2020-the-universal-purpose-of-a-company-inthe-fourth-industrial-revolution
42 인용은 Foulkes, I. (2020) Welcome to a 'woke' WEF, SWI swissinfo.ch, 21 January. www.swissinfo.ch/eng/inside-geneva_welcome-to-a--woke--wef/45507380
43 Cliffe, J. (2020) Solving global inequality through vacuous buzzwords: welcome to the new 'woke Davos', *New Statesman*, 22 January. www.newstatesman.com/world/europe/2020/01/solving-global-inequality-through-vacuous-buzzwords-welcomenew-woke-davos

6장 | 깨어있는 탈을 쓴 늑대

1 Fink, L. (2019) Larry Fink's 2019 letter to CEOs: profit & purpose. www.blackrock.com/americas-offshore/2019-larryfink-ceo-letter
2 Fink, L. (2018) Larry Fink's 2018 letter to CEOs: a sense of purpose. www.blackrock.com/corporate/investor-relations/2018-larry-fink-ceo-letter
3 Carney, J. (2018) BlackRock's betrayal: #WokeWallStreet pushes leftist agenda on corporate America, Breitbart News, 16 January. www.breitbart.com/politics/2018/01/16/blackrocks-betrayalwoke-wall-street-pushes-leftist-agenda-on-corporate-america
4 Gasparino, C. and Moynihan, L. (2019) BlackRock's Larry Fink rattles employees amid political posturing, Fox Business, 25 January. www.foxbusiness.com/business-leaders/blackrockslarry-fink-rattles-employees-amid-political-posturing
5 Fink, L. (2020) Larry Fink's 2020 letter to CEOs: a fundamental reshaping of finance. www.blackrock.com/corporate/investorrelations/2020-larry-fink-ceo-letter
6 Helmore, E. (2020) Activists cheer BlackRock's landmark climate move but call for vigilance, *The Guardian*, 15 January. www.theguardian.com/environment/2020/jan/15/blackrock-climatechange-environment-divestment-coal
7 Horst, P. (2018) BlackRock CEO tells companies to contribute to society. Here's where to start, *Forbes*, 16 January. www.forbes.com/sites/peterhorst/2018/01/16/blackrock-ceo-tells-companies-tocontribute-to-society-heres-where-to-start/#8f3556a971d6
8 Mooney, A. (2020) BlackRock punishes 53 companies over climate inaction, *Financial Times*, 14 July. www.ft.com/content/8809032d-47a1-47c3-ae88-ef-3c182134c0
9 Gilbert, M. (2020) BlackRock's climate activism has a passive problem, *The Washington Post*, 16 January. www.washingtonpost.com/business/blackrocks-climate-activism-has-a-passiveproblem/2020/01/14/80e233d6-36c5-11ea-a1ff-c48c1d59a4a1_story.html
10 Richardson, V. (2020) BlackRock CEO Larry Fink ripped over climate change,

social justice agenda, *The Washington Times*, 20 May. www.washingtontimes.com/news/2020/may/20/blackrock-ceo-larry-fink-ripped-over-climate-chang

11 BlackRock (2020) Awards and recognition as of December 2020. www.blackrock.com/corporate/literature/publication/blk-awards-and-recognition-web.pdf

12 Aston, J. (2020) Climate warrior Larry Fink's $98m Gulfstream, *Australian Financial Review*, 26 February. www.afr.com/rear-window/climate-warrior-larry-fink-s-98m-gulfstream-20200226-p544j0

13 *The Spectator* (2020) Treating oil companies as pariahs will kill off any green revolution, 18 January. www.spectator.co.uk/2020/01/treating-oil-companies-as-pariahs-will-kill-off-any-greenrevolution

14 Gregg, S. (2019) How woke capitalism corrupts business, *Public Discourse*, 2 October. www.thepublicdiscourse.com/2019/10/56675

15 Gregg (2019).

16 Dreher, R. (2019) Woke capitalism is our enemy, *The American Conservative*, 22 April. www.theamericanconservative.com/dreher/woke-capitalism-is-our-enemy

17 Dreher, R. (2019) Woke capitalism's cultural imperialism, *The American Conservative*, www.theamericanconservative.com/dreher/woke-capitalism-cultural-imperialism-lgbt-religiousliberty-poland

18 Fink (2019).

19 Fink (2019).

20 Fink (2020).

21 Fink (2018).

22 George, B. (2018) Why BlackRock CEO Larry Fink is not a socialist, *Forbes*, 12 March. www.forbes.com/sites/hbsworkingknowledge/2018/03/12/why-blackrock-ceo-larryfink-is-not-a-socialist/#2c443fee685b

23 Kramer, M. R. (2019) The backlash to Larry Fink's letter shows how far business has to go on social responsibility, *Harvard Business Review*, 31 January. https://hbr.org/2019/01/the-backlash-tolarry-finks-letter-shows-how-far-business-has-to-go-on-socialresponsibility

24 Fink (2018).

25 Fink (2019).

26 Fink (2018).
27 Fink (2019).
28 Fink (2019).
29 Ferreras, I. (2017) *Firms as political entities: Saving democracy through economic bicameralism*, Cambridge: Cambridge University Press.
30 Business Roundtable (2019) About us. www.businessroundtable.org/about-us
31 Business Roundtable (2019) Our commitment. https://opportunity.businessroundtable.org/ourcommitment
32 Wartzman, R. (2019) America's top CEOs say they are no longer putting shareholders before everyone else, *FastCompany*, 19 August. www.fastcompany.com/90391743/top-ceo-groupbusiness-roundtable-drops-shareholder-primacy
33 Continetti, M. (2019) Corporate America wants to be woke, *National Review*, 7 September. www.nationalreview.com/2019/09/corporate-america-wants-to-be-woke
34 Murray, A. (2019) America's CEOs seek a new purpose for the corporation, *Fortune*, 19 August. https://fortune.com/longform/business-roundtable-ceos-corporations-purpose
35 Akinci, M. (2018) Inequality and economic growth: trickle-down effect revisited, *Development Policy Review*, 36(51): O1-O24.
36 Konczal, M., Milani, K. and Evans, A. (2020) The empirical failures of neoliberalism. https://rooseveltinstitute.org/publications/the-empirical-failures-of-neoliberalism
37 Alvaredo, F., Chancel, L., Piketty, T., Saez, E. and Zucman, G. (2018) *World inequality report 2018*, Paris: World Inequality Lab, p. 5.
38 Fink (2019).
39 Fink (2019).

7장 | 반짝인다고 전부 녹색은 아니다

1 Bezos, J. [@jeffbezos] (2020) Post [Instagram profile], 6 March. www.instagram.com/p/B8rWKFnnQ5c

2. *Forbes* (2019) Billionaires: the richest people in the world, 5 March. www.forbes.com/billionaires/#43c099a4251c
3. Brändlin, A-S. (2019) 2019: The year of climate consciousness, MSN, 27 December. www.msn.com/en-us/weather/topstories/2019-the-year-of-climate-consciousness/ar-BBYodrV
4. BBC News (2020) Greta Thunberg: what is she and what does she want?, 28 February. www.bbc.com/news/world-europe-49918719
5. BBC News (2020).
6. Alter, C., Haynes, S. and Worland, J. (2020) Time 2019 Person of the Year: Greta Thunberg, *Time*. https://time.com/person-ofthe-year-2019-greta-thunberg
7. Thunberg, G. (2019) Greta Thunberg UN Climate Change Conference speech transcript, REV, 11 December. www.rev.com/blog/transcripts/greta-thunberg-un-climate-change-conferencespeech-transcript
8. Day, M. and Roston, E. (2019) Amazon's emissions bigger than some rivals, trail Walmart, Bloomberg News, 20 September. www.bloomberg.com/news/articles/2019-09-20/amazon-semissions-bigger-than-some-rivals-trail-walmart
9. Tarnoff, B. (2019) Hey, Jeff Bezos: I work for Amazon—and I'm protesting against your firm's climate inaction, *The Guardian*, 10 September. https://amp.theguardian.com/technology/2019/sep/10/jeff-bezos-amazon-climate-strike-aecj
10. Samuel, S. (2020) Donating $10 billion isn't the best way for Jeff Bezos to fight climate change, *Vox*, 19 February. www.vox.com/platform/amp/future-perfect/2020/2/19/21142312/jeff-bezosclimate-change-ten-billion-philanthropy
11. Leskin, P. (2020) Here's how much Amazon CEO Jeff Bezos, the richest person in the world, has personally given to charity, *Business Insider*, 5 March. www.businessinsider.com/jeff-bezosamazon-how-much-donations-charity-2019-5?r=US&IR=T
12. Hamilton, I. A. (2019) Jeff Bezos shot straight to the top of a ranking of America's biggest donors—here's how much tech moguls gave away to good causes in 2018, *Business Insider*, 13 February 2010. www.businessinsider.com.au/jeff-bezos-leads-tech-mogul-donations-to-good-causes-in-2018-2019-2?r=US&IR=T
13. Di Mento, M. (2019) Bezoses and Bloomberg top Chronicle list of the 50

donors who gave the most to charity, *The Chronicle of Philanthropy*, 12 February. www.philanthropy.com/specialreport/bezoses-and-bloomberg-topchro/198?CID=cpw_directory_data

14 Wang, J. (2019) America's top 50 givers: meet the philanthropists who gave away the most money in 2018. *Forbes*, 20 November. www.forbes.com/topgivers/#17a1b93066ff

15 Marx, P. (2020) Jeff Bezos' climate change philanthropy has quite a few (hidden) strings attached, NBC News, 28 February. www.nbcnews.com/think/opinion/jeff-bezos-climate-changephilanthropy-has-quite-few-hidden-strings-ncna1143791

16 Rhodes, C. and Bloom, P. (2018) The trouble with charitable billionaires, *The Guardian*, 24 May. www.theguardian.com/news/2018/may/24/the-trouble-with-charitable-billionairesphilanthrocapitalism

17 Wealth-X (2019) UHNW giving trends: Wealth-X philanthropy report 2019, *Wealth-X*, 3 December. www.wealthx.com/report/uhnw-giving-philanthropy-report-2019/?mod=article_inline#downloadform

18 Albrecht, L. (2020) These are the favorite charitable causes of the world's wealthiest families—and climate change is NOT one of them, *MarketWatch*, 25 January. www.marketwatch.com/story/the-1-gives-more-money-to-arts-culture-and-sports-than-tofighting-climate-change-survey-of-billionaires-finds-2020-01-23

19 Di Mento, M. (2020) The Philanthropy 50, *The Chronicle of Philanthropy*, 11 February. www.philanthropy.com/article/thephilanthropy-50/#id=browse_2020

20 Carlson, T. (2019) 'Woke' billionaires love socialism because it doesn't cost them much, Fox News, 22 February. www.foxnews.com/opinion/tucker-carlson-woke-billionaires-love-socialismbecause-it-doesnt-cost-them-much

21 Bendix, A. (2018) Jeff Bezos could be the first 'woke' billionaire philanthropist — but only if he's willing to help solve the problems he's created, *Business Insider*, 20 September. www.businessinsider.com/jeff-bezos-woke-billionaire-philanthropist-2018-9?r=US&IR=T

22 Kapoor, S. (2020) What corporate leadership on fighting climate change really looks like, *Washington Monthly*, 23 February. https://washingtonmonthly.

com/2020/02/23/what-corporateleadership-on-fighting-climate-change-really-looks-like

23 Burkee, A. (2020) Amazon wants Trump to testify about how much he hates Jeff Bezos, *Vanity Fair*, 11 February. www.vanityfair.com/news/2020/02/amazon-jeff-bezos-trump-testifypentagon-contract

24 Stefansky, E. (2018) Always be escalating: Trump ratchets up attack on Amazon, Washington Post, *Vanity Fair*, 31 March. www.vanityfair.com/news/2018/03/trump-washington-post-amazonbezos

25 Umoh, R. (2017) These 5 highly-successful tech CEOs are not happy with Donald Trump's travel ban, CNBC, 28 June. www.cnbc.com/2017/06/28/these-5-tech-ceos-are-not-happy-withtrumps-travel-ban.html

26 Amazon staff (2017) Human Rights Campaign honors Jeff Bezos with 2017 Equality Award, *Amazon News*, 2 November. www.aboutamazon.com/news/workplace/human-rights-campaignhonors-jeff-bezos-with-2017-equality-award

27 Schleifer, T. (2019) Jeff Bezos is quietly letting his charities do something radical—whatever they want, *Vox*, 12 August. www.vox.com/recode/2019/8/12/20758787/jeff-bezos-day-onefund-philanthropy-charity-homelessness

28 Szmigiera, M. (2021) Number of billionaires worldwide 2019, by gender, *Statistica*, 23 April. www.statista.com/statistics/778577/billionaires-gender-distribution

29 Bloom, P. and Rhodes, C. (2018) *CEO society: The corporate takeover of everyday life*, London: Zed.

30 Perrett, T. (2020) 'Woke' capital: pinkwashing exploitation, *The Pangean*, 22 January. https://thepangean.com/Pinkwashing-Exploitation

31 Neate, R. (2019) New study deems Amazon worst for 'aggressive' tax avoidance, *The Guardian*, 2 December. www.theguardian.com/business/2019/dec/02/new-study-deems-amazon-worstfor-aggressive-tax-avoidance

32 Myers, K. (2020) Amazon paid a 1.2% tax rate on $13,285,000,000 in profit for 2019, Yahoo Finance, 6 February. https://finance.yahoo.com/news/amazon-paid-a-12-tax-rate-on-13285000000-in-profit-for-2019-210847927.html

33 Neate (2019).

34 Hiscott, G. (2019) Amazon's £90million 'tax avoidance' cash could pay for nearly 2,400 nurses, *Daily Mirror*, 2 December. www.mirror.co.uk/money/amazons-90million-tax-avoidancecash-21007123
35 Fair Tax Mark (2020) Tax gap of Silicon Six over $100 billion so far this decade, News, 2 December. https://fairtaxmark.net/taxgap-of-silicon-six-over-100-billion-so-far-this-decade
36 CNBC Documentaries (2014) Amazon rising, www.cnbc.com/amazon-rising
37 Ghosh, S. (2018) Undercover author finds Amazon warehouse workers in UK 'peed in bottles' over fears of being punished for taking a break, Business Insider, 16 April. www.businessinsider.com/amazon-warehouse-workers-have-to-pee-into-bottles-2018-4?r=US&IR=
38 Anon (2019) German Amazon workers strike on Black Friday, DW News, 29 November. www.dw.com/en/german-amazonworkers-strike-on-black-friday/a-51473877
39 Sainato, M. (2020) 'I'm not a robot': Amazon workers condemn unsafe, grueling conditions at warehouse, *The Guardian*, 5 February. www.theguardian.com/technology/2020/feb/05/amazon-workers-protest-unsafe-grueling-conditions-warehouse
40 Swagazon Tees website. https://swagazontees.com
41 www.amazon.com/Being-Stower-Like-Riding-T-Shirt/dp/B07JFCK9JR
42 Grush, L. (2020) International coalition of activists launches protest against Amazon, *The Verge*, 27 November. www.theverge.com/2020/11/27/21722421/make-amazon-pay-protestcampaign-black-friday
43 https://makeamazonpay.com
44 Jackson, P. (2020) Jeff Bezos to the planet's rescue, *Fair Observer*, 19 February. www.fairobserver.com/region/north_america/jeff-bezos-10-billion-climate-change-grants-philanthropynews-15541
45 Giridharadas, A. (2018a) *Winner takes all: The elite charade of changing the world*, London: Penguin
46 Giridharadas, A. (2018b) Beware rich people who say they want to change the world, *The New York Times*, 24 August. www.nytimes.com/2018/08/24/opinion/sunday/wealth-philanthropyfake-change.html

47 Giridharadas (2018a) p. 6.
48 Giridharadas (2018a) p. 10.
49 Amazon Employees for Climate Justice (2019) Open letter to Jeff Bezos and the Amazon Board of Directors, *Medium*, 11 April. https://medium.com/@amazon-employeesclimatejustice/public-letter-to-jeff-bezos-and-the-amazon-board-of-directors-82a8405f5e38
50 Amazon Employees for Climate Justice (2020) Statement on Jeff Bezos' Earth Fund, *Medium*, 18 February. https://medium.com/@amazonemployeesclimatejustice/amazon-employees-forclimate-justice-statement-on-jeff-bezos-earth-fund-bf39f6906589
51 Foer, F. (2020) It's Jeff Bezos's planet now, *The Atlantic*, 20 February. www.theatlantic.com/ideas/archive/2020/02/bezosclimate-oligarchy/606847
52 Levine, M. (2020) Movement capture: looking Bezos's gift horse in the mouth, *Nonprofit Quarterly*, 5 March. https://nonprofitquarterly.org/movement-capture-looking-bezoss-gifthorse-in-the-mouth
53 Johnstone, C. (2018) Six things we can learn about US plutocracy by looking at Jeff Bezos, *Medium*, 17 March. https://medium.com/@caityjohnstone/six-things-we-can-learn-about-usplutocracy-by-looking-at-jeff-bezos-532ca4482ae2

8장 | CEO 행동가

1 Böhm, S., Skoglund, A. and Eatherley, D. (2018) What's behind the current wave of 'corporate activism'?, *The Conversation*, 14 September. https://theconversation.com/whats-behind-thecurrent-wave-of-corporate-activism-102695
2 MacLellan, L. (2019) Apple's Tim Cook has pushed CEO activism into uncharted territory, *Quartz*, 3 October. https://qz.com/work/1721279/on-daca-apples-tim-cook-pushes-ceoactivism-into-new-territory
3 Reuters (2017) Three CEOs resign from Trump council over Charlottesville, *The Irish Times*, 15 August. www.irishtimes.com/business/economy/three-ceos-resign-from-trump-council-overcharlottesville-1.3187216

4   M. T. Barra quoted in Lewis (2017) These 18 CEOs had strong words for President Trump's Charlottesville response, *Fortune*, 18 August. https://fortune.com/2017/08/17/ceos-trumpcharlottesville-criticized
5   Gelles, D. (2017) The moral voice of corporate America, *The New York Times*, 19 August. www.nytimes.com/2017/08/19/business/moral-voice-ceos.html
6   Dimon, J. (2018) Chairman & CEO letter to shareholders, *JPMorgan Chase & Co. Annual report 2018*. https://reports.jpmorganchase.com/investor-relations/2018/ar-ceo-letters.htm?a=1
7   Quoted in Walker, S. (2018) You're a CEO—stop talking like a political activist, *The Wall Street Journal*, 27 July. www.wsj.com/articles/youre-a-ceostop-talking-like-a-politicalactivist-1532683844
8   O'Toole, J. (2019) *The enlightened capitalists: Cautionary tales of business pioneers who tried to do well by doing good*, New York: Harper.
9   Kaps, B. (2019) Four ways CEO activism can strengthen your brand, Rent a PR, 15 May. www.rentapr.ch/en/2019/05/15/four-ways-ceo-activism-can-strengthen-your-brand
10 Chatterji, A. K. and Toffel, M. W. (2018) The new CEO activists. *The Harvard Business Review*, January-February. https://hbr.org/2018/01/the-new-ceo-activists
11 Grillo, F. and Blessington, M. (2018) Does CEO activism create a more human brand?, *The Marketing Journal*, 31 May. www.marketingjournal.org/does-ceo-activism-create-a-more-humanbrand-frank-grillo-and-mark-blessington
12 Maks-Solomon, C. (2020) Corporate activism is more than a marketing gimmick, *The Conversation*, 8 July. https://theconversation.com/corporate-activism-is-more-than-amarketing-gimmick-141570
13 Böhm 외 (2018).
14 Mark Benioff in Steinmetz, K. (2016) Salesforce CEO Marc Benioff: 'Anti-LGBT' bills are 'anti-business', *Time*, 31 March. https://time.com/4276603/marc-benioff-salesforce-lgbt-rfra
15 Gooch, A. (2019) Corporate activism in an age of radical uncertainty, *Communication Director*, 5 March. www.communicationdirector.com/issues/game-changer/corporate-activism-ageradical-uncertainty/#.XpoZ3pozY2w

16 Ball, C. A. (2019) *The queering of corporate America: How big business went from LGBTQ adversary to ally*, Boston, MA: Beacon Press.

17 Karp, P. (2018) Marriage equality campaign seeks abolition of religious rights to discriminate, *The Guardian*, 4 February. www.theguardian.com/australia-news/2018/feb/14/marriage-equalitycampaign-seeks-abolition-of-religious-rights-to-discriminate

18 AAP (2018) Religious schools want right to hire, fire, SBS News, 14 February. www.sbs.com.au/news/religious-schoolswant-right-to-hire-fire

19 Hunter, F. (2017) Marriage plebiscite: Tony Abbott urges a 'no' vote to reject political correctness and protect religious freedom, *The Sydney Morning Herald*, 9 August. www.smh.com.au/politics/federal/marriage-plebiscite-tony-abbott-urges-a-no-vote-toreject-political-correctness-and-protect-religious-freedom-20170809-gxs6m6.html

20 Bickers, C. (2017) PM won't ban inaccurate posters, *The Courier Mail*, 22 August. www.couriermail.com.au/news/queensland/sunshine-coast/pm-wont-ban-inaccurate-posters/news-story/f969ed968cb09d308a0fd1f38cafbf27

21 Elphick, L. (2018) The 'gay wedding cake' dilemma: when religious freedom and LGBTI rights intersect, *The Conversation*, 27 March. https://theconversation.com/the-gay-weddingcake-dilemma-when-religious-freedom-and-lgbti-rightsintersect-93070

22 Australian Bureau of Statistics (2017) 1800.0—Australian Marriage Law Postal Survey, 2017, 15 November. www.abs.gov.au/ausstats/abs@.nsf/mf/1800.0

23 Australian Government (2004) *Marriage Amendment Act 2004*, Canberra: Federal Register of Legislation.

24 Australian Marriage Equality (2020) Join 851 corporations that support marriage equality. www.australianmarriageequality.org/open-letter-of-support

25 Karp, P. (2017) Marriage equality: lots of support but little funding from corporate Australia, *The Guardian*, 2 September. www.theguardian.com/australia-news/2017/sep/02/marriage-equalitylots-of-support-but-little-funding-from-corporate-australia

26 필자의 예전 기사에서 발췌한 Alan Joyce와 Qantas의 토론: Rhodes, C. (2017) The market for virtue: why companies like Qantas are campaigning for marriage

equality', *The Conversation*, 28 August. https://theconversation.com/the-market-for-virtue-why-companies-like-qantas-are-campaigning-formarriage-equality-82905; Rhodes, C. (2019) Swollen executive pay packets reveal the limits of corporate activism. *The Conversation*, 25 September. https://theconversation.com/swollen-executivepay-packets-reveal-the-limits-of-corporate-activism-123988

27 인용은 Belot, H. (2017) Qantas CEO Alan Joyce to campaign for Yes vote on same-sex marriage, ABC News, 21 August. www.abc.net.au/news/2017-08-21/same-sex-marriage-alan-joyce-yescampaign-support/8826682

28 *Financial Times* (2017) The OUTstanding lists: LGBT leaders and allies today, 3 May. www.ft.com/content/b6a08ba0-b40c-11e7-aa26-bb002965bce8

29 인용은 Belot, H. (2017) Qantas to continue advocating for same-sex marriage despite criticism from Peter Dutton, ABC News, 18 March. www.abc.net.au/news/2017-03-18/qantas-continue-same-sex-marriage-support-peter-dutton-criticism/8366306

30 Johnson, C. (2017) Turnbull is on the winning side on marriage equality, but his troubles are far from over, *The Conversation*, 15 November. https://theconversation.com/turnbull-is-on-thewinning-side-on-marriage-equality-but-his-troubles-are-farfrom-over-86928

31 Liddy, M., Hoad, N. and Spraggon, B. (2017) How Australians think about same-sex marriage, mapped, ABC News, 14 September. www.abc.net.au/news/2017-09-13/same-sexmarriage-support-map-vote-compass/8788978?nw=0

32 Joyce, A. (2017) Alan Joyce Opinion Piece—From economics to equality, why companies speak up on the big issues, Qantas News Room, 21 March. www.qantasnewsroom.com.au/speeches/alan-joyce-opinion-piece-from-economics-to-equality-whycompanies-speak-up-on-the-big-issues

33 Palazzon, G. and Basu, K. (2007) The ethical backlash of corporate branding, *Journal of Business Ethics*, 73: pp. 336~346.

34 Vogel, D. (2006) *The market for virtue: The potential and limits of corporate social responsibility*, Washington DC: Brookings Institution Press.

35 Joyce (2017).

36 Deloitte (2017) *Missing out: The business case for customer diversity*, Sydney: Deloitte Australia
37 Hafenbradl, S. and Waeger, D. (2017). Ideology and the microfoundations of CSR: Why executives believe in the business case for CSR and how this affects their CSR engagements. *Academy of Management Journal*, 60(4): pp. 1582~1606.
38 Rhodes, C. and Pullen, A. (2018). Critical business ethics: from corporate self-interest to the glorification of the sovereign pater, *International Journal of Management Reviews*, 20(2): pp. 483~499.
39 Cockburn, P. (2017) Same-sex marriage: Qantas CEO Alan Joyce urges 'good businesses' to support 'yes' vote, ABC News, 25 August. www.abc.net.au/news/2017-08-25/alan-joyce-callsfor-businesses-to-support-same-sex-marriage/8842332
40 Pinto, P.R. (2019) Inequality by numbers: the making of a global political issue?, *Histories of Global Inequality*, pp. 107~128, Cham: Palgrave Macmillan.
41 Yeates, C. (2019) Qantas chief Alan Joyce tops CEO pay table, *The Sydney Morning Herald*, 17 September. www.smh.com.au/business/companies/qantas-chief-alan-joyce-tops-ceo-pay-table-20190916-p52rta.html
42 Burgess, K. (2019) Qantas chief executive Alan Joyce says airport fees stop Jetstar operating in Canberra, *The Canberra Times*, 18 September. www.canberratimes.com.au/story/6392297/whyjetstar-wont-fly-to-canberra
43 Coorey, P. (2019) Qantas needs to be 'out there' on social issues, *Australian Financial Review*, 18 September. www.afr.com/politics/federal/qantas-needs-to-be-out-there-on-social-issues-20190918-p52sor

9장 | 깨어있음을 향한 경주

1 Quoted in Bieler, D. and Bonesteel, M. (2018) 'What was Nike thinking?' President Trump reacts to Nike ad featuring Colin Kaepernick, *The Washington Post*, 7 September. www.chicagotribune.com/sports/ct-spt-donald-trump-colinkaepernick-nike-ad-20180907-story.html
2 Heller, S. (2018) 'Here's the backstory of everyone who appeared in the new Nike

ad featuring Colin Kaepernick, *Business Insider*, 16 September. www.businessinsider.com/all-the-athletesin-the-nike-dream-crazy-ad-with-colin-kaepernick-2018-9?r=AU&IR=T

3   Martin, L. L. (2018) *Black community uplift and the myth of the American dream*, Lanham, MD: Lexington Books.

4   The Editors of *GQ* (2017) Colin Kaepernick is GQ's 2017 Citizen of the Year, *GQ Magazine*, 13 November. www.gq.com/story/colin-kaepernick-cover-men-of-the-year

5   Quoted in Wells, A. (2016) Colin Kaepernick sits during national anthem before Packers vs. 49ers, Bleacher Report, 2 September. https://bleacherreport.com/articles/2660085-colin-kaepernicksits-during-national-anthem-before-packers-vs-49ers

6   Carissimo, J. (2016) People are burning Colin Kaepernick jerseys over his refusal to stand during the national anthem, *The Independent*, 28 August. www.independent.co.uk/news/people/people-are-burning-colin-kaepernick-jerseys-over-his-refusal-tostand-during-the-national-anthem-a7214281.html

7   Kimberley, M. (2017) Freedom rider: Kaepernick and true protest, Black Agenda Report, 24 August. www.blackagendareport.com/freedom-rider-kaepernick-and-true-protest

8   인용은 Reid, J. (2017) How Colin Kaepernick became a cause for activists, civil rights groups and others, The Undefeated, 22 August. https://theundefeated.com/features/how-colinkaepernick-became-a-cause-for-activists-civil-rights-groups

9   Towler, C. C., Crawford, N. N. and Bennet, R. A. (2020) Shut up and play: black athletes, protest politics, and black political action, *Perspectives on Politics*, 18(1): pp. 111~127.

10 Quoted in Robinson, C. (2020) In light of George Floyd's death, ex-NFL exec admits what we knew all along: protests ended Colin Kaepernick's career, Yahoo Sports, 31 May. https://au.sports.yahoo.com/in-light-of-george-floyds-death-ex-nflexec-admits-what-we-knew-all-along-protests-ended-colinkaepernicks-career-175616379.html

11 Chomsky, N. (2017) *Requiem for the American dream: The 10 principles of*

concentration of wealth & power, New York: Seven Stories Press, p. 51.
12 Piketty, T. (2020) *Capital and ideology*, Cambridge, MA: Harvard University Press 참조.
13 인용은 Jenkins, A. (2017) Read President Trump's NFL speech on national anthem protests, *Time*, 23 September. https://time.com/4954684/donald-trump-nfl-speech-anthem-protests
14 Wallis, J. (2007) America's original sin: the legacy of white racism, *Cross Currents*, 57(2): pp. 197~202.
15 Gordon-Reed, A. (2018) America's original sin: slavery and the legacy of white supremacy, *Foreign Affairs*, 97: pp. 2~5.
16 Boren, C. (2020) A timeline of Colin Kaepernick's protests against police brutality, *The Washington Post*, 2 June. www.washingtonpost.com/sports/2020/06/01/colin-kaepernickkneeling-history
17 Russo, S. (2020) The politics of sport, *Political Analysis*, 21: pp. 1~17.
18 Badenhausen, K. (2020) Michael Jordan has made over $1 billion from Nike—the biggest endorsement bargain in sports, *Forbes*, 3 May. www.forbes.com/sites/kurtbadenhausen/2020/05/03/michael-jordans-1-billion-nike-endorsement-is-the-biggestbargain-in-sports/#20bdfbd46136
19 Morgan Hertzman이 인용한 것, 원래 출처는 Nash, B. (2020) A new documentary takes a look into the darker side of the Air Jordan brand, *GQ*, 21 May. www.gq.com.au/style/news/a-new-documentary-takesa-look-into-the-darker-side-of-the-air-jordan-brand/news-story/3c3ae4cc04460489a653f6ee97347c40
20 Bontemps, T. (2020) Michael Jordan stands firm on 'Republicans buy sneakers, too' quote, says it was made in jest, ESPN, 4 May. www.espn.com.au/nba/story/_/id/29130478/michael-jordanstands-firm-republicans-buy-sneakers-too-quote-says-was-madejest
21 Tyler, J. (2018) Nike's Colin Kaepernick ad isn't the first time the brand's commercials have made a social statement. 그 밖에도 나이키의 역사에서 가장 기억할 만한 몇몇 캠페인 참조, *Business Insider*, 8 September. www.businessinsider.com.au/nike-ads-make-socialstatements-2018-9?r=US&IR=T
22 New Idea (2019) Nike sweatshops: inside the scandal, *New Idea*, 18 November. www.newidea.com.au/nike-sweatshops-the-truthabout-the-nike-factory-scan-

dal
23 인용은 Wazir, B. (2001) Nike accused of tolerating sweatshops, *The Guardian*, 20 May. www.theguardian.com/world/2001/may/20/burhanwazir.theobserver
24 Bain, M. (2017) Nike is facing a new wave of anti-sweatshop protests, *Quartz*, 1 August. https://qz.com/1042298/nike-isfacing-a-new-wave-of-anti-sweatshop-protests
25 Burns, W. (2018) With new Kaepernick ad, what does Nike believe in?, *Forbes*, 4 September. www.forbes.com/sites/willburns/2018/09/04/with-new-kaepernick-ad-what-does-nike-believe-in/#39a8b89e1081
26 Castle, S. and Bebek, G. (2017) Any publicity is good publicity: Nike's controversial campaigns and management of celebrities, in S. Chadwick, D. Arthur, and J. Birch (eds) *International cases in the business of sport*, 2nd edn, pp. 87~96, London: Routledge.
27 Carras, C. and Nordyke, K. (2019) Creative Arts Emmys: complete winners list, *The Hollywood Reporter*, 14 October. www.hollywoodreporter.com/lists/creative-arts-emmys-2019-fullwinners-list-updating-live-1236953/item/outstanding-animatedprogram-1236957
28 인용은 Gibson, K. (2018) Colin Kaepernick is Nike's $6 billion man, CBS News, 21 September. www.cbsnews.com/news/colin-kaepernick-nike-6-billion-man
29 Le, M. (2020) 2019's Air Jordan 11 'Bred' was Nike's best-selling sneaker in history, *Sneaker News*, 25 March. https://sneakernews.com/2020/03/25/top-selling-nike-sneaker-in-history-jordan-11-bred
30 Mason, M. (2020) How Nike's deal with Michael Jordan gave rise to sneaker culture, *Australian Financial Review*, 19 May. www.afr.com/life-and-luxury/fashion-and-style/how-nike-s-deal-withmichael-jordan-gave-rise-to-sneaker-culture-20200501-p54p1j
31 Reid, J. A. (2017) How Colin Kaepernick became a cause for activists, civil rights groups and others, The Undefeated, 22 August. https://theundefeated.com/features/how-colinkaepernick-became-a-cause-for-activists-civil-rights-groups
32 인용은 Bailey, P. M. (2018) Kentucky lawyer says Colin Kaepernick is 'by definition racist', *Courier Journal*, 5 September. www.courier-journal.com/story/news/politics/2018/09/05/kentucky-lawyer-alex-white-says-colin-kaepernick-real-

racist/1200310002

33 Peterson, J. (2009) A 'race' for equality: print media coverage of the 1968 Olympic protest by Tommie Smith and John Carlos, *American Journalism*, 26(2): pp. 99~121.

34 Saeed, A. (2002) What's in a name? Muhammad Ali and the politics of cultural identity, *Sport in Society*, 5(3): pp. 52~72.

35 인용은 BoxRec (2017) Tommy Burns vs. Jack Johnson. https://boxrec.com/media/index.php/Tommy_Burns_vs._Jack_Johnson

36 인용은 Nilsson, J. (2020) A black champion's biggest fight, *The Saturday Evening Post*, 2 July. www.saturdayeveningpost.com/2020/07/a-black-champions-biggest-fight

37 인용은 Putnam, P. (2005) Johnson-Jeffries (Part 2): Jeff answers call of the wild, *The Sweet Science*, 16 November. https://tss.ib.tv/boxing/boxing-articles-and-news-2005-videos-results-rankingsand-history/2864-johnsonjeffries-part-2-jeff-answers-call-of-thewild

38 인용은 Nilsson (2020).

39 Lamb, C. (2016) Introduction, in C. Lamb (ed.) *From Jack Johnson to Lebron James: Sports, media and the color line*, pp. 1~18. Lincoln, NE: University of Nebraska Press.

40 Barra, A. (2018) If Trump pardons Jack Johnson it won't be for his contribution to black America, *The Guardian*, 15 May. www.theguardian.com/sport/2018/may/15/jack-johnson-presidentialpardon-donald-trump-boxing-mann-act

41 Williams, J. C. (2016) The oppressive seeds of the Colin Kaepernick backlash, *The Conversation*, 8 October. https://theconversation.com/the-oppressive-seeds-of-the-colinkaepernick-backlash-66358

42 Chicago Tribune Staff (2017) When sports and politics collide, *The Chicago Tribune*. www.chicagotribune.com/sports/ct-whensports-and-politics-collide-20170928-photogallery.html

43 Dumenco, S. (2018) Risky business: in defence of fear itself, *Advertising Age*, 89(21): 30.

44 Matlon, J. (2019) Black masculinity under racial capitalism, Black Agenda Report, 24 July. www.blackagendareport.com/blackmasculinity-under-racial-capitalism

10장 | 인종 자본주의와 깨어있는 자본주의

1. Treisma, R. (2020) The NFL will play 'Lift every voice and sing' before each season-opener game, NPR, 2 July. www.npr.org/sections/live-updates-protests-for-racial-justice/2020/07/02/886936096/the-nfl-will-play-lift-every-voice-and-sing-before-eachseason-opener-game
2. NAACP (2020) NAACP History: 'Lift every voice and sing'. www.naacp.org/naacp-history-lift-evry-voice-and-sing
3. Peretti, B. W. (2009) *Lift every voice: The history of African American music*, Lanham: Rowman & Littlefield.
4. Karimi, F. and Willingham, A. J. (2020) What makes 'Lift every voice and sing' so iconic, CNN, 10 September. https://edition.cnn.com/interactive/2020/09/us/lift-every-voice-and-sing-trnd/index.html
5. Redmond, S. L. (2014) *Anthem: Social movements and the sound of solidarity in the African diaspora*, New York: New York University Press, p. 79.
6. Redmond, S. L., cited in Lindsay-Haberman, C. (2018) Till victory is won: the staying power of 'Lift every voice and sing', *NPR Music*, 16 August. www.npr.org/2018/08/16/638324920/american-anthem-lift-every-voice-and-sing-black-nationalanthem
7. NAACP가 펴낸 가사(2020).
8. Byrd, R. P. (2010) Song reflects racial pride, never intended as anthem, CNN, 30 July. https://edition.cnn.com/2010/OPINION/07/27/byrd.james.johnson/index.html
9. Ross, W. T. (2009) The Negro national anthem controversy, *Texas Wesleyan Law Review*, 16(4): pp. 561~576.
10. Transcribed in Cadeaux, E. (2020) Roger Goodell releases statement condemning racism, admits NFL was wrong not listening to players, NBC Sports, 5 June. www.nbcsports.com/washington/redskins/roger-goodell-releases-statementcondemning-racism-admits-nfl-was-wrong-not-listening
11. BBC (2020) George Floyd: what happened in the final moments of his life, BBC News, 16 July. www.bbc.com/news/world-uscanada-52861726
12. Groppe, M. and Phillips, K. (2020) From coastal cities to rural towns, breadth of

George Floyd protests—mostly peaceful—captured by data, *USA Today*, 20 June. www.usatoday.com/story/news/politics/2020/06/10/george-floyd-black-lives-matterpolice-protests-widespread-peaceful/5325737002

13 Smith, D. (2019) A court has been told that the situation was 'frantic' as questions focus on resuscitation efforts, NITV, 5 March. www.sbs.com.au/nitv/nitv-news/article/2019/03/05/daviddungay-inquest-doctor-breaks-down-while-giving-evidence

14 Daley, B. (2020) A wake up call to end Australia's ongoing racism, *Independent Australia*, 3 July. https://independentaustralia.net/australia/australia-display/a-wake-up-call-to-end-australiasongoing-racism,14062

15 Buchanan, L., Bui, Q. and Patel, J. K. (2020) Black Lives Matter may be the largest movement in US history, *The New York Times*, 3 July. www.nytimes.com/interactive/2020/07/03/us/georgefloyd-protests-crowd-size.html

16 인용은 Zisin, D. (2020) Michael Bennett thinks the NFL is starting to wake up, *The Nation*, 20 July. www.thenation.com/article/society/michael-bennett-nfl-racism

17 인용은 Intermite, S. (2019) Brand activism: an interview with Philip Kotler and Christian Sarkar, *The Marketing Journal*, 18 December. www.marketingjournal.org/brand-activism-aninterview-with-philip-kotler-and-christian-sarkar

18 In Vatour, M. (2020) Black Lives Matter: NFL pledges $250 million to 'combat systemic racism', MSN Sports, 11 June. www.msn.com/en-us/sports/nfl/black-lives-matter-nfl-pledgesdollar250-million-to-combat-systemic-racism/ar-BB15m4J1

19 Boren, C. (2020) NFL end zones will bear 'end racism' and 'it takes all of us' messages in home openers, *The Washington Post*, 29 July. www.washingtonpost.com/sports/2020/07/28/nflend-zones-will-bear-end-racism-it-takes-all-us-messages-homeopeners

20 Quoted in Bunn, C. (2020) Black fans call NFL's plan to play 'Lift every voice and sing' a 'joke', 'placating', 'pandering', NBC News, 10 July. www.nbcnews.com/news/nbcblk/black-fans-callnfl-s-plan-play-lift-every-voice-n1233164

21 인용은 Bunn (2020).

22 Bleier, E. (2020) NFL putting money where its mouth is after Black Lives Matter

pledge, *Inside Hook*, 12 June. www.insidehook.com/daily_brief/sports/nfl-putting-money-where-its-mouth-is

23 Christie, D. (2020) McDonald's names victims of police brutality, racist violence in new ad, *Marketing Dive*, 4 June. www.marketingdive.com/news/mcdonalds-names-victims-of-policebrutality-racist-violence-in-new-ad/579184

24 Mirzaei, A. (2020) Big brands take a stand and support Black Lives Matter, AdNews, 11 June. www.adnews.com.au/news/bigbrands-take-a-stand-and-support-black-lives-matter

25 Hsu, T. (2020) Corporate voices get behind Black Lives Matter cause, *The New York Times*, 10 June. www.nytimes.com/2020/05/31/business/media/companies-marketing-blacklives-matter-george-floyd.html

26 Ace Metrix (2020) Consumers put brands that stand with BLM under the microscope, Ace Metrix Insights [blog], 22 June. www.acemetrix.com/insights/blog/black-lives-matter-ads-2020

27 인용은 Stein, C. (2020) McDonald's and African Americans: it's complicated, professor says, Yahoo! News, 26 July. https://au.news.yahoo.com/mcdonalds-african-americans-complicatedprofessor-says-034138318--spt.html

28 Chatelain, M. (2020) *Franchise: The golden arches in black America*, New York: Liveright.

29 Blakemore, E. (2020) Why people rioted after Martin Luther King, Jr's assassination, History.com, 15 January. www.history.com/news/mlk-assassination-riots-occupation

30 Chatelain (2020) p. 126.

31 Chatelain (2020) p. 18.

32 Chatelain (2020) p. 4.

33 Kelley, R. D. G. (2017) What did Cedric Robinson mean by racial capitalism?, *Boston Review*, 12 January. http://bostonreview.net/race/robin-d-g-kelley-what-did-cedric-robinson-mean-racialcapitalism

34 Robinson, C.J. (1983) *Black Marxism: The making of the black radical tradition*, Chapel Hill, NC: University of North Carolina Press.

35 Robinson (1983) p. 3.

36 In MB4L (2016) A vision for black lives: policy demands for black power, free-

dom and justice. https://cjc.net/wp-content/uploads/2017/04/A-Vision-For-Black-Lives-Policy-Demands-For-Black-Power-Freedom-and-Justice.pdf

37 Issar, S. (2020) Listening to Black Lives Matter: racial capitalism and the critique of neoliberalism, *Contemporary Political Theory*, 출간 전 온라인 발표는 https://doi.org/10.1057/s41296-020-00399-0, p. 2.

38 Issar (2020) p. 10.

39 Issar (2020) p. 11.

40 Ransby, B. (2018) *Making all Black Lives Matter: Reimagining freedom in the twenty-first century*, Oakland, CA: University of California Press.

41 Ransby (2018) p. 236.

42 Hogan, T. (2020) Let's not turn Black Lives Matter into Black Lives Marketing, *Black Enterprise*, 29 June. www.blackenterprise.com/lets-not-turn-black-lives-matter-into-black-lives-marketing

43 Lerman, R. (2020) From wake word to woke word: Siri and Alexa tell you Black Lives Matter, but tech still has a diversity problem, *The Washington Post*, 11 June. www.washingtonpost.com/technology/2020/06/10/big-tech-black-lives-matter

11장 | 깨어있는 기업의 최선

1 The discussion of Gillette's here is adapted from: Rhodes, C. (2019) 'Gillette's corporate calculation shows just how far the #metoo movement has come', *The Conversation*, 17 January. https://theconversation.com/gillettes-corporate-calculationshows-just-how-far-the-metoo-movement-has-come-109936

2 유해한 남성성을 다루는 정치에 대한 논의는 Kimmel, M. and Wade, L. (2018) Ask a feminist: Michael Kimmel and Lisa Wade discuss toxic masculinity. *Signs: Journal of Women in Culture and Society*, 44(1): pp. 233~254; Sculos, B.W. (2017) Who's afraid of 'toxic masculinity'?, *Class, Race and Corporate Power*, 5(3): pp. 1~5 참조.

3 Gillette (2020) Our Story. https://gillette.com/en-us/about/our-story

4 Rossen, J. (2018) Oral History: The strangest super bowl halftime show ever, *Mental Floss*, 4 February. www.mentalfloss.com/article/74902/oral-histo-

ry-strangest-super-bowl-halftime-showever
5   질레트 광고 (1989) 참조. 1989 Gillette—The Best a Man Can Get, SuperBowlAds.com. https://superbowl-ads.com/1989-gillette-the-best-a-man-can-get
6   Khamis, S. (2020) *Branding diversity: New advertising and cultural strategies*, Abingdon: Routledge.
7   Deighton, K. (2018) Gillette upgrades its 'Best a man can get' slogan for the expressive modern male, *The Drum*, 17 August. www.thedrum.com/news/2018/08/17/gillette-upgrades-itsbest-man-can-get-slogan-the-expressive-modern-male
8   광고 전체를 보려면 질레트 유튜브 채널과 다음을 참조할 것. www.youtube.com/watch?v=koPmuEyP3a0
9   Wilson-Beevers, H. (2019) As the mum of a young son I salute the new Gillette advert, here's why⋯, *Glamour*, 15 January. www.glamourmagazine.co.uk/article/gillette-campaign
10 J. Halberstam 인용은 Fairyington, S. (2019) Gillette's new campaign takes on toxic masculinity in a way you've never seen before, Thrive Global, 14 January. https://thriveglobal.com/stories/gillette-ad-campaign-best-a-man-can-get-we-believetoxic-masculinity-progress
11 Dreyfus, E. (2019) Gillette's ad proves the definition of a good man has changed, *Wired*, 16 January. www.wired.com/story/gillette-we-believe-ad-men-backlash
12 APA (2018) *APA guidelines for psychological practice with men and boys*, Washington: American Psychological Association.
13 Morgan, P. (2019) I'm so sick of this war on masculinity and I'm not alone—with their pathetic man-hating ad, Gillette have just cut their own throat, *The Daily Mail*, 16 January. www.dailymail.co.uk/news/article-6594295/PIERS-MORGAN-Im-sick-warmasculinity-Gillette-just-cut-throat.html
14 Duke, S. (2019) Gillette insults customer base, telling men to shave their 'toxic masculinity', *The New American*, 14 January.
15 Taylor, C. (2019) Why Gillette's new ad campaign is toxic, *Forbes*, 15 January. www.forbes.com/sites/charlesrtaylor/2019/01/15/why-gillettes-new-ad-campaign-is-toxic/#3e240bb45bc9
16 J. Woods quoted in Gilchrist, J. E. (2019) Gillette ad infuriates bigots including

James Woods and Piers Morgan, *Advocate*, 15 January. www.advocate.com/media/2019/1/15/bigots-jameswoods-piers-morgan-are-furious-gillette

17 Slater, T. (2019) Gillette and the rise of woke capitalism, *The Spectator*, 19 January. www.spectator.co.uk/article/gillette-andthe-rise-of-woke-capitalism

18 Gregg, S. (2019) How woke capitalism corrupts business, *Public Discourse*, 2 October. www.thepublicdiscourse.com/2019/10/56675

19 Kantor, J. and Twohey, M. (2017) Harvey Weinstein paid off sexual harassment accusers for decades, *The New York Times*, 5 October. https://web.archive.org/web/20171014011811/www.nytimes.com/2017/10/05/us/harvey-weinstein-harassmentallegations.html

20 Contactmusic.com (2020) Harvey Weinstein: biography. www.contactmusic.com/harvey-weinstein

21 Farrow, R. (2018) From aggressive overtures to sexual assault: Harvey Weinstein's accusers tell their stories, *The New Yorker*, 10 October. www.newyorker.com/news/news-desk/fromaggressive-overtures-to-sexual-assault-harvey-weinsteins-accuserstell-their-stories

22 Mangan, D. (2020) Harvey Weinstein sentenced to 23 years in prison for rape and sex assault in case that sparked 'MeToo' movement, CNBC, 11 March. www.cnbc.com/2020/03/11/harvey-weinstein-sentenced-in-prison-for-sex-assault.html

23 Pflum, M. (2018) A year ago, Alyssa Milano started a conversation about #MeToo. These women replied, ABC News, 16 October. www.nbcnews.com/news/us-news/year-ago-alyssa-milanostarted-conversation-about-metoo-these-women-n920246

24 Anon (2020) #MeToo: A timeline of events, *The Chicago Tribune*, 10 August. www.chicagotribune.com/lifestyles/ct-me-tootimeline-20171208-htmlstory.html

25 Burke, T. (2017) #MeToo: Ten years before it was a hashtag, it began as one woman's search for safety, ABC News, 19 October. www.abc.net.au/news/2017-10-19/me-too-a-beginning-not-anend-of-fight-against-sexual-abuse/9065814

26 Wakefield, J. (2018) MeToo founder Tarana Burke: Campaign now 'unrecognis-

able', BBC News, 29 November. www.bbc.com/news/world-46393369

27 Zacharek, S., Dockterman, E. and Edwards, H. S. (2017) Time Person of the Year 2018: the silence breakers, *Time*, 18 December. https://time.com/time-person-of-the-year-2017-silence-breakers

28 Chatterji, A. K. and Toffel, M. W. (2019) The new CEO activists, in *HBR's 10 Must Reads*, Boston: Harvard Business Review Press.

29 Chatterji, A. K. and Toffel, M. W. (2016) Assessing the impact of CEO activism. Harvard Business School Technology and Operations Management Unit Working Paper No. 16-100, Duke I&E Research Paper No. 16-11, https://ssrn.com/abstract=2742209 또는 http://dx.doi.org/10.2139/ssrn.2742209

30 Peirso-Hagger, E. (2019) M is for #MeToo: how a Hollywood moment became a global movement, *New Statesman*, 17 December. www.newstatesman.com/politics/feminism/2019/12/m-metoohow-hollywood-moment-became-global-movement

31 Venetis, 인용은 Reilly, K. (2019) How the #MeToo movement helped make new charges against Jeffrey Epstein possible, *Time*, 9 July. https://time.com/5621958/jeffrey-epstein-charges-metoo-movement

32 T. Burke, cited in Criss, D. (2018) The media's version of #MeToo is unrecognizable to the movement's founder, Tarana Burke, CNN, 30 November. https://edition.cnn.com/2018/11/30/us/tarana-burke-ted-talk-trnd/index.html

33 Rucha Naidu, S. J. (2019) P&G posts strong sales, takes $8 billion Gillette writedown, *Reuters*, 30 July. www.reuters.com/article/us-proctergamble-results/pg-posts-strong-sales-takes-8-billiongillette-writedown-idUSKCN1UP1AD

34 Haverluck, M. F. (2019) Gillette cut by $8B loss after 'toxic masculinity' ad, OneNewsNow, 2 August. https://onenewsnow.com/business/2019/08/02/gillette-cut-by-8b-loss-after-toxicmasculinity-ad

35 Morse, B. (2019) Gillette's 'woke' ad that insulted men cost P&G billions, RedState, 31 July. www.redstate.com/brandon_morse/2019/07/31/gillettes-woke-ad-insulted-men-cost-pgbillions

36 Kay, B. (2019) After going woke and losing $8 billion, Gillette embraces masculinity again, The Post Millennial, 22 August. https://thepostmillennial.com/after-losing-8-billion-gilletteembraces-masculinity-again

37 Morse, B. (2019) Gillette CEO says the billions of dollars lost over the 'toxic masculinity' ad was worth it, RedState, 2 August. www.redstate.com/brandon_morse/2019/08/02/gillette-ceosays-billions-dollars-lost-toxic-masculinity-ad-worth

38 G. Coombe, 인용 출처는 Gage, J. (2019) Gillette CEO: losing customers over #MeToo campaign is 'price worth paying', *Washington Examiner*, 1 August. www.washingtonexaminer.com/news/gillette-ceo-losing-customers-over-metoo-campaign-is-priceworth-paying

39 G. Coombe, 인용 출처는 Fleming, M. (2019) Gillette boss: alienating some consumers with #MeToo campaign was a price worth paying, *Marketing Week*, 29 July. www.marketingweek.com/gillettemetoo-campaign-fallout

40 Turtis, M. and Lufkin, B. (2019) How socially-charged adverts could become the norm, BBC Worklife, 19 January. www.bbc.com/worklife/article/20190118-how-socially-charged-advertscould-become-the-norm

41 Marketing Week Reporters (2019) Gillette, McDonald's, Coca-Cola: 5 things that mattered this week and why, *Marketing Week*, 2 August. www.marketingweek.com/gillette-mcdonalds-cocacola-5-things-that-mattered-this-week-and-why

42 Holt, D. B. (2006) Jack Daniel's America: iconic brands as ideological parasites and proselytizers, *Journal of Consumer Culture*, 6(3): pp. 355~377.

43 Leshem, D. (2016) The distinction between the economy and politics in Aristotle's thought and the rise of the social, *Constellations*, 23(1): pp. 122~132.

44 Varoufakis, Y. (2016) Is capitalism compatible with democracy?, *TED Radio Hour*, 4 November. www.npr.org/transcripts/500126088

45 Lyons, M. (2001) *Third sector: The contribution of non-profit and cooperative enterprise in Australia*, London: Routledge.

46 Milanovic, B. (2020) Trump as the ultimate triumph of neoliberalism, globalinequality, Blogger, 7 April. https://glineq.blogspot.com/2020/04/trump-as-ultimate-triumph-of.html

12장 | 오른손이 줄 때

1 The Andrew W. Mellon Foundation (2020) The Mellon Foundation announces transformation of its strategic direction and new focus on social justice [press release], 30 June. https://mellon.org/newsblog/articles/mellon-foundation-announces-transformation-itsstrategic-direction-and-new-focus-social-justice

2 Scirri, K. (2019) *Andrew Carnegie: Industrialist and philanthropist*, New York: Cavendish, p. 73.

3 Stoller, M. (2019) *Goliath: The 100-year war between monopoly power and democracy*, New York: Simon & Schuster.

4 Twain, M. and Warner, C. D. (1873) *The Gilded Age: A tale of today*, San Francisco, CA: American Publishing Company.

5 Twain, M. (2002) *Mark Twain's letters, volume 6, 1874-1875*, M. B. Frank and H. E. Smith (eds), Berkeley, CA: University of California Press.

6 Green, C. (2020) At $200B net worth, Jeff Bezos is still not richest man of all time, *News Break*, 27 August. www.industryleadersmagazine.com/at-200b-net-worth-jeff-bezos-isstill-not-richest-man-of-all-time

7 Bostaph, S. (2017) *Andrew Carnegie: An economic biography*, London: Rowman & Littlefield.

8 Carnegie, A. (1889/2017) *The Gospel of Wealth*, New York: Carnegie Foundation.

9 Carnegie (1889/2017) p. 1.

10 Carnegie (1889/2017) pp. 1~3.

11 Carnegie (1889/2017) p. 3.

12 Carnegie (1889/2017) p. 4.

13 Carnegie (1889/2017) p. 5.

14 Carnegie (1889/2017) p. 10.

15 Carnegie (1889/2017) p. 11.

16 Nichols, C. M. and Unger, N. C. (2017) *The companion to the Gilded Age and Progressive Era*, Chichester: Wiley.

17 Carnegie (1989/2017) p. 17.

18 Zhulina, A. (2018) Performing philanthropy from Andrew Carnegie to Bill Gates, *Performance Research*, 23(6): pp. 50~57, p. 51.

19 The Week Staff (2016) A brief history of billionaire philanthropists and the people who hate them, *The Week*, 9 January. https://theweek.com/articles/597963/brief-history-billionairephilanthropists-people-who-hate

20 Pizzigatti, S. (2018) How Gary Cohn and Andrew Mellon both failed America, *Fortune*, 10 March. https://fortune.com/2018/03/09/gary-cohn-resigning-tariffs-andrew-mellon

21 World Inequality Database (2020) USA. https://wid.world/country/usa

22 UNDESA (2020) *World Social Report 2020: Inequality in a rapidly changing world*, New York: United Nations Department of Economic and Social Affairs.

23 UNDESA (2020) p. 5.

24 Burgis, T. (2012) Origins of the Occupy movement, *Financial Times*, 19 January. www.ft.com/content/90108158-41f7-11e1-a1bf-00144feab49a

25 Anderson, K. (2011) Person of the Year 2011, *Time*, 14 December. http://content.time.com/time/specials/packages/article/0,28804,2101745_2102132_2102373,00.html

26 See Rhodes, C. and Bloom, P. (2018) The trouble with charitable billionaires, *The Guardian*, 24 May. www.theguardian.com/news/2018/may/24/the-trouble-with-charitable-billionairesphilanthrocapitalism

27 Morvaridi, B. (2012) Capitalist philanthropy and hegemonic partnerships, *Third World Quarterly*, 33(7): pp. 1191–1210.

28 Huyssen, D. (2019) We won't get out of the Second Gilded Age the way we got out of the first, *Vox*, 1 April. www.vox.com/first-person/2019/4/1/18286084/gilded-age-income-inequalityrobber-baron

29 Johnston, M. (2019) A history of income inequality in the United States, *Investopedia*, 25 June. www.investopedia.com/articles/investing/110215/brief-history-income-inequality-united-states.asp

30 E. Alexander quoted in Florsheim, E. (2020) Elizabeth Alexander's fierce vision of social justice, *Wall Street Journal Magazine*, 13 August. www.wsj.com/articles/elizabeth-alexanders-fiercevision-of-social-justice-11597343784

31 Daniels, A. (2020) Elizabeth Alexander outlines Mellon Foundation's shift to social-justice grant making, *The Chronicle of Higher Education*, 2 July. www.chronicle.com/article/elizabethalexander-outlines-mellon-foundations-shift-to-so-

cial-justicegrant-making

32 Yale Law School (2020) Mellon Foundation, Justice Collaboratory Announce Million Book Project, *Yale Law School*, 30 June. https://law.yale.edu/yls-today/news/mellon-foundation-justicecollaboratory-announce-million-book-project
33 Lloyd, A. and Whitehead, P. (2018) Kicked to the curb: the triangular trade of neoliberal polity, social insecurity, and penal expulsion, *International Journal of Law, Crime and Justice*, 55: pp. 60~69.
34 Lloyd and Whitehead (2018) p. 63.
35 Lloyd and Whitehead (2018) p. 66.
36 Huyssen (2019).
37 *Forbes* (2020) World's billionaires list. www.forbes.com/billionaires
38 The Giving Pledge (2020) The history of The Giving Pledge. https://givingpledge.org/About.aspx
39 The Giving Pledge (2019) More than 200 philanthropists have now joined The Giving Pledge, committing to give at least half their wealth to charitable causes [press release], 28 May. https://givingpledge.org/PressRelease.aspx?date=05.28.2019
40 Fullerton, J. (2011) Carnegie's 'Gospel of wealth' and the Gates/Buffett giving pledge, The Capital Institute, 3 January. https://capitalinstitute.org/blog/carnegies-gospel-wealth-andgatesbuffett-giving-pledge
41 Sawaya, F. (2008) Capitalism and philanthropy in the (new) Gilded Age, *American Quarterly*, 60(1): pp. 201~213.
42 Reich, R. (2018) *Just giving: Why philanthropy is failing democracy and how it can do better*, Princeton, NJ: Princeton University Press.
43 Schwab, T. (2020) Bill Gates's charity paradox, *The Nation*, 20 March. www.thenation.com/article/society/bill-gates-foundationphilanthropy

13장 | 깨어있는 자본주의에 대해 각성하기

1 Warren, E. (2020) Letter to Business Roundtable, 17 September. www.warren.senate.gov/imo/media/doc/2020.09.17%20Letter%20to%20the%20Busi-

ness%20Roundtable%20re%20oneyear%20anniversary%20of%20their%20Statement%20of%20Principles.pdf
2. Business Roundtable (2020) Members. www.businessroundtable.org/about-us/members
3. The relevance of the Business Roundtable's statement to woke capitalism is discussed in more detail in Chapter 5, as well as mentioned in Chapters 2 and 4.
4. Business Roundtable (1997) Statement on corporate governance: a White Paper from The Business Roundtable, Washington: BRT.
5. Business Roundtable (2019) Business Roundtable redefines the purpose of a corporation to promote 'an economy that serves all Americans', 19 August. www.businessroundtable.org/businessroundtable-redefines-the-purpose-of-a-corporation-to-promotean-economy-that-serves-all-americans
6. Warren (2020) p. 2.
7. Warren (2020) p. 3.
8. Dowell, E. and Jackson, M. (2020) 'Woke-washing' your company won't cut it, *Harvard Business Review*, 27 July. https://hbr.org/2020/07/woke-washing-your-company-wont-cut-it
9. Harinam, V. (2020) Is woke capitalism profitable?, *Quillette*, 21 July. https://quillette.com/2020/07/21/is-woke-capitalismprofitable
10. Sammut, J. (2019) *Corporate virtue signalling: How to stop big business from meddling in politics*, Cleveland, OH: Connor Court Publishing.
11. Sammut (2019) back cover.
12. Lewis, H. (2020) How capitalism drives cancel culture, *The Atlantic*, 14 July. www.theatlantic.com/international/archive/2020/07/cancel-culture-and-problem-woke-capitalism/614086
13. Roth, K. (2020) China is desperate to stop Hong Kong's prodemocracy movement, Human Rights Watch, 19 August. www.hrw.org/news/2020/08/19/china-desperate-stop-hong-kongspro-democracy-movement
14. BBC News (2019) The Hong Kong protests explained in 100 and 500 words, BBC News, 28 November. www.bbc.com/news/world-asia-china-49317695
15. D. Trump quoted in Fox Sports (2020) 'He's a hater': Donald Trump lashes 'nasty' LeBron James in angry NBA rant, Fox Sports, 10 October. www.foxsports.

com.au/basketball/nba/finals/nba-2020-lebron-james-donald-trump-los-angeles-lakersvs-miami-heat-nba-finals/news-story/042a42e99ef1a6231abb76d6c7043387

16   Perper, R. (2019) China and the NBA are coming to blows over a pro-Hong Kong tweet. Here's why, *Business Insider*, 11 October. www.businessinsider.com.au/nba-china-feud-timeline-darylmorey-tweet-hong-kong-protests-2019-10?r=US&IR=T

17   In Greer, J. (2019) The Daryl Morey controversy, explained: how a tweet created a costly rift between the NBA and China, Sporting News, 9 October. www.sportingnews.com/au/other-sports/news/daryl-morey-controversy-tweet-nba-china-explained/r6fzkcu3pwct1q993qiz5xlzm

18   Gatto, T. (2019) NBA's response to Daryl Morey's Hong Kong tweet draws scorn from US politicians, Sporting News, 7 October. www.sportingnews.com/us/nba/news/daryl-moreyhong-kong-tweet-china-nba-response-politicians/1dergufmvknmu1vdkm5t2x3pxn

19   Guardian Sport (2019) 'LeBron stands for money': Hong Kong protesters burn James jerseys, *The Guardian*, 16 October. www.theguardian.com/sport/2019/oct/15/hong-kong-protestorsburn-lebron-james-jerseys-nba

20   Quoted in HKFP (2020) LeBron James's fall from grace: how the basketball star alienated loyal Hong Kong fans, *Hong Kong Free Press*, 16 August. https://hongkongfp.com/2020/08/16/lebronjamess-fall-from-grace-how-the-basketball-star-alienated-loyalhong-kong-fans

21   Bunyasi, T. P. and Smith, C. W. (2019) *Stay woke: A people's guide to making all black lives matter*, New York: New York University Press, p. 12.

찾아보기

[ㄱ]

가너, 에릭(경찰 때문에 사망한 사건) 124
「가비는 살아 있다」(희곡, 베컴) 63
가자, 알리시아('흑인들에게 쓰는 연애편지') 68
강도 귀족 275~277, 284~286, 289, 294
『검은 마르크시즘: 흑인 급진주의 전통의 형성』(로빈슨) 242
게이츠, 빌(MS CEO, 기빙 플레지) 103, 160, 295~297
게티, 존 폴(미술재단) 284
겐트, 윌리엄 J.(자본주의가 창조한 '자비로운 봉건주의') 89
결혼 평등 32, 43, 187~192, 194~199
경영진의 보수 120, 121, 309
경제적 불평등 54, 309
골든 글로브 시상식 77, 80
「공유가치 창출」(포터와 크레이머) 125
교도소 사망 231
구글 13, 161, 167, 187, 248
구델, 로저(NFL 위원) 229, 230
국민투표, 오스트레일리아(2017) 187~189
'권력 앞에 진실 말하기' 78, 183
그레그, 새뮤얼(기업의 부패에 관해) 139, 140
그로스, 프레데리크(부의 불평등) 103, 104, 106
그린, 스티븐 A.(피플스 컨소시엄) 207
그릴로, 프랭크(CEO 행동주의에 관해) 184
금권정치 148, 176, 187, 282, 284, 285, 297
금박시대(미국) 276, 277, 283, 284, 290, 294, 296
급진주의 242, 243, 309
기리다라다스, 아난드(민주주의의 실패) 172, 173
기빙 플레지 295~297
기업 사회주의 50, 134
기업 자본주의 28, 81, 85, 91, 94, 126, 143~145, 288, 302

기업 행동주의 45, 86, 186, 199, 247, 263
기업의 '윤리적 행위' 193, 198
기업의 도덕화 89, 107, 126
『기업의 미덕 과시』(새멋) 306
기업의 사회적 책임CSR 6, 32, 88~102,
　114, 121~124, 126, 127, 130, 133,
　134, 138, 140, 143, 166, 192, 198,
　235, 306
『기업의 사회적 책임』(보웬, 1953) 89
기업의 자기 이익 27, 91, 130, 162, 174,
　234
기후 변화 39~41, 43~46, 48, 135, 136,
　138, 142, 157~161, 167, 172, 174~
　176, 244, 262, 296, 312
정의를 위한 아마존 직원들 174
#깨어있으라 70, 72, 76
깨어있는 기업 24, 25, 54, 140, 244,
　245, 271, 309
깨어있는 억만장자 161, 162
「깨어있는 올림픽」 14
'깨어있는' 용어의 등장과 변화 12, 13,
　20, 22, 32, 61, 64, 72~74, 76
『깨어있으라: 모든 흑인의 생명을 소중하
　게 만들기 위한 안내서』(로페즈, 버
　냐시와 스미스) 80, 313

[ㄴ~ㄷ]

나이키 51, 73, 203, 204, 208, 209,
　211~216, 221~223, 239, 312
낙수 경제학 150, 151, 290, 297

남성성 23, 223, 251~258, 262, 265~267
네슬레 135, 137
넷플릭스 51, 105, 167, 239
노동환경 168
노예제 11, 228, 229, 243~246
농구 204, 212, 221, 309, 310
다보스 포럼(2020) 47~50, 128, 130
다우섯, 로스(『뉴욕 타임스』 칼럼니스트)
　85~88, 99
다이먼, 제이미(JP 모건 체이스 CEO) 42,
　183
단일 문자 티커 126
대량 수감(미국) 292~294
대중의 불만 152, 288
대처, 마거릿 111, 112, 114~117, 119,
　121, 124, 128, 130
대중 자본주의(대처) 115
더턴, 피터(앨런 조이스와의 언쟁) 191,
　192
던게이, 데이비드(교도소 내 사망) 232
데이비스, 키스(기업의 사회적 책임) 99,
　100
도웰, 에린(기업의 깨어있는 척하기) 304
독선 15, 28, 72, 75, 138
동성 결혼 15, 160, 164, 172, 188, 190,
　192, 193, 195
동성애 혐오 14(*), 189
듀크, 셀윈(질레트에 대한 반응) 257
드레허, 로드(깨어있는 자본주의 비난)
　25, 26, 140, 141
딜로이트 연구(결혼 평등) 195~197

[ㄹ]

라인하트, 지나(광산 재벌) 43
랜즈비, 바버라('흑인의 생명은 소중하다' 운동) 64, 65, 79, 246
레드먼드, 샤나 L.(《모두 목청 높여 노래하라》의 의미) 228
레빗, 시어도어(사회적 책임 비판) 93, 94
레이건, 로널드 113, 114, 119, 124, 130
레이먼, 버나드(주주 우선주의) 119
로빈슨, 시드릭 J.(인종 자본주의) 242, 243
로이드, 앤서니(수감 비율) 292
록펠러, 존 D.(강도 귀족) 277, 284
롤린스, 놀런 237
루이스, 헬렌 28, 29, 308, 309
루이즈, 미셸(메건 마클을 향한 인종차별에 관해) 18

[ㅁ]

마로니, 매케일라(성폭행) 261
마이크로소프트 53, 73, 103, 160, 167
마클, 메건(서식스 공작부인, 미디어의 공격) 16~19
마틴, 트레이번(총격 사건) 65~68, 238
막스 살러먼, 코리(CEO 행동주의에 관해) 185
매틀런, 조더나(도시사회학자) 222, 223
맥고리, 맷("베이스럽고 깨어있는" 배우) 71
맥도날드 238~242, 244
맥밀런, 더그(월마트 CEO) 42, 182
맥애덤, 더글러스 교수('사회 변화의 티핑 포인트') 232
머레이, 앨런(비즈니스 원탁회의에 관해) 150
머스크, 일런(테슬라 CEO) 53, 295
메이저리그야구MLB 24
멜론재단 275, 289, 291
멜론, 앤드류, W. 275, 276, 285, 286
멜론산업연구소 284, 285
모건, 피어스 78, 79
〈모두 목청 높여 노래하라〉 227~229, 235, 237
『모든 흑인의 생명을 소중하게 만들기』(랜즈비) 246
모레이, 대릴(휴스턴 로키츠 팀 단장) 310, 311
모리슨, 스콧(오스트레일리아 총리) 41, 42, 44
모바리디, 베루즈(자본주의의 자선활동 침투) 289, 290
모스, 브랜든(질레트의 광고에 관해) 265~267
'무도함의 시대'(그로스) 103
무릎 꿇기 시위(캐퍼닉) 205, 206, 209~211, 215, 227, 240
#미투운동 258, 261~264, 269, 271
미국방언협회('깨어있는'의 정의) 70, 71
미국을 다시 위대하게MAGA(트럼프의 슬로건) 208
미국내셔널풋볼리그NFL 51, 203, 208~

212, 214, 221, 227, 229, 230, 233~
238, 245, 252
미국프로농구협회NBA 309~312
미덕 과시 15, 24, 34, 306, 307
미덕의 시장 내 거래 194, 197
미카일럭, 데이비드 교수('단일 문자 티
커') 126
민권운동 62, 63, 66, 206, 218, 241
민주주의 28~31, 33, 35, 36, 56, 57, 64,
79, 80, 88, 96, 103, 105, 113, 114,
128, 130, 133, 145, 147, 148, 153,
158, 159, 173, 176, 177, 187, 190,
192, 200, 209, 269, 270, 282, 284,
298, 305, 307, 309, 313, 314
민주주의적 가치 314
민주주의의 실패(기리다라다스) 173
밀라노, 알리사(#미투) 260
밀라노비치, 브랑코 270
밀리언북 프로젝트(멜론의 기부) 292

[ㅂ]

바너지, 보비(CSR) 126
바두, 에리카("내내 깨어있어요") 61, 62,
70
바루파키스, 야니스(경제와 정치 관계의
변화) 269
반깨어있음 74
반자본주의 129, 141, 241, 289
배라, 메리 T.(제너럴 모터스 CEO) 182
백인 우월주의 70, 209, 220, 244

백인 인종주의('미국의 원죄') 210
『백인을 불편하게 만드는 것들』(베넷) 233
밴더빌트, 코넬리어스(강도 귀족) 277
밸런저, 제프리(아동착취 스캔들) 213
버드, 루돌프 P. 교수(《모두 목청 높여 노
래하라》) 229
버크, 타라나(#미투 창립자) 261, 262,
264
버크 화이트, 윌리엄 48
버핏, 워런 103, 160, 295~297
번스, 토미 219
법인세 감면 86, 105, 309
베너티스, 페니 교수 264
베넷, 마이클(『백인을 불편하게 만드는
것들』) 233
베니오프, 마크(세일즈포스 CEO) 186
베닛, 로버트 207
베이 71
베이조스, 제프 53, 103, 157, 159~161,
163~167, 171~177, 278
베컴, 배리(희곡 「가비는 살아 있다」) 63,
64
벤앤드제리스(피칸 레지스트 아이스크
림) 23
보걸, 데이비드('미덕의 시장') 193, 194
『보보스: 디지털 시대의 엘리트』(브룩스)
72
보여주기식 깨어있음(다우셋) 86
보웬, 하워드 R.(사회적 책임) 89~94, 99
보이어, 네이트(캐퍼닉에게 조언) 211
복싱 219, 221
볼드윈, 제임스("무관심이 사람을 눈멀

찾아보기 369

게 한다") 239
봉건주의 30, 89, 243
「부의 복음」(카네기) 278, 283, 284, 296
부의 불평등 32, 121, 283
『불평등의 이유』(촘스키) 208
브라운, 마이클(총격 사건) 69, 238
브라운, 웬디(민주주의에 관해) 29
브라운, 카라(깨어있는 남성에 관한 페미니스트 작가) 71
브랜드/브랜딩 15, 28, 33, 45, 51, 75, 87, 127, 184, 185, 192, 193, 212~214, 221, 234, 235, 240, 251, 258, 262, 266, 267
브룩스, 데이비드(『보보스: 디지털 시대의 엘리트』) 72, 73
『블랙 엔터프라이즈』(온라인 잡지) 247
블랙록 49, 133~139
블레싱턴, 마크(CEO 행동주의) 184
블룸버그, 마이클 161, 295
비즈니스 원탁회의 55, 97, 98, 148~150, 301~303, 308
빈얌, 마야(「깨어있는 올림픽」) 14, 15
빌앤드멀린다게이츠재단 51, 161

[ㅅ]

사와야, 프란체스카 교수(자본가들의 자선활동에 관해) 297
사회 정의 32, 33, 50, 54, 80, 92, 160, 199, 236, 238, 275, 286, 289~291, 296, 310
사회주의의 위협 92, 286
산불, 오스트레일리아 39, 40, 43~48
산업 자본주의 276, 277, 279, 280, 283, 294
샬러츠빌 집회(신나치 집회, 2017) 182
새뎃, 제러미(『기업의 미덕 과시』) 306, 307
성소수자의 권리 32, 195
〈성조기여 영원하라〉 205, 228
성희롱 32, 43, 251, 254, 255, 258~260
세금 회피 104, 105, 166, 167, 172, 198
『소년과 남성을 대상으로 한 심리 실습 지침』(미국심리학회) 256
소득 불평등 151, 198, 199
슈퍼볼(1989) 252, 253
스미스, 서리나('워크피싱') 13, 14
스미스, 애덤('보이지 않는 손') 95, 96
스미스, 토미 218
〈스위시의 이면〉(짐 키디의 다큐멘터리) 213
스웨거존(풍자적 티셔츠) 170
스타벅스 73, 181, 239
스탠퍼드, 릴런드(강도 귀족) 277
스티글리츠, 조지프(세금 회피에 관해) 105
『스펙테이터』(잡지) 138, 139, 257
CEO 행동주의 184, 185, 199
식민주의 244~246
신금박시대(현재) 294
신자유주의 32, 56, 112~116, 150~152, 269, 286~291, 293, 294, 296, 307, 312, 314

[ㅇ]

〈아마존 라이징〉(다큐멘터리) 168
아마존 77, 103, 105, 157, 159, 163, 166~172, 174~176
→ 베이조스, 제프
'아마존이 지불하라' 캠페인 171
『아메리칸 컨서버티브』(잡지) 25, 140
아메리칸드림 204, 208, 209, 228
아일랜드, 패디(주주가치와 CSR) 123
아프리카계 미국인 운동선수의 정치 행동주의 205, 207, 219, 221, 223
알리, 무하마드(베트남 참전 거부) 221
애플 56, 77, 167, 181, 187, 248
앵벨레치, 셀린('깨어있는'에 대한 소셜 미디어의 왜곡) 76
억만장자 36, 43, 46~49, 52~54, 105, 128, 133, 146, 150, 160~162, 164~167, 172, 173, 175, 289, 295~298
에어 조던(나이키 브랜드) 212, 216
에이스 메트릭스(마케팅 분석 회사) 239
NBA-중국 사태 312
『엘리트 독식 사회』(기리다라다스) 173
엘슨, 찰스(깨어있는 자본주의 비판) 134
엡스테인, 제프리 77, 263
예일 로스쿨(미국의 수감률에 관해) 292
오바마, 버락 20~22, 65~68, 227
오스트레일리아 원주민(경찰 구금 중 사망) 231, 232
옥스팜 52, 104
와인스타인, 하비 258~260, 263
왓슨, 일라이저 74

왕족 17, 19
우, 팀 128, 129
우즈, 제임스(질레트 제품 보이콧) 257
워너, 찰스 더들리('금박시대') 276
워런, 엘리자베스(미국 상원의원) 301~305, 307, 308
워츠먼, 릭(드러커연구소) 149
워커, 대런(포드재단 회장) 182, 183
워크 워싱 23, 24
월마트 42, 125, 161, 182, 187
'월스트리트를 점령하라' 운동 288
윌리엄스, J. 코리(정신과 의사) 220
윌리엄스, 서리나 216
윌슨, 러셀(NFL 선수의 소득) 238
유해한 남성성 광고(질레트) 23, 251, 254, 255, 262, 265, 267
윤리적 관습 26
이익 동기 130, 141
이케아 130, 141
인권 164, 172, 183, 195, 214, 218, 242, 311
인신공격적 주장 16
인종 자본주의 242~244, 247, 248
인종차별 14, 15, 17~19, 51, 61, 67, 72, 76, 133, 182, 183, 215, 216, 218, 219, 221, 222, 227~229, 231, 232, 234~236, 239, 242, 243, 247, 310, 313

[ㅈ]

자라, '언젠더드 의류' 23

찾아보기 371

『자본주의와 자유』(프리드먼) 100
자선 기부 52, 281
→ 자선활동
자선활동 33, 124, 160, 161, 164, 173, 275, 277, 278, 281~286, 289, 290, 294~298
→ 강도 귀족
잭슨, 말릿(개업의 깨어있는 척하기) 304
저베이스, 리키(골든 글로브 시상식 연설) 76~78, 80, 81
저커버그, 마크(페이스북 CEO) 51
전미유색인지위향상협회NAACP 227
전미총기협회NRA 85
정치 행동주의 157, 205, 222, 232, 240, 262, 263
정치적 올바름 56, 76, 78, 139, 256
제국주의 141, 221, 242, 244
제너, 켄달 42
제임스, 르브론 204, 310~312
제프리스, 제임스 J. 219, 220
조던, 마이클 212, 214, 216
조이스, 앨런(콴타스 CEO) 191~200
존슨, 보리스 162
존슨, 잭 219~221
존슨, 제임스 웰던(〈모두 목청 높여 노래하라〉) 227
존슨, 케빈(스타벅스 CEO) 181
존슨앤드존슨 56, 125
종교의 자유 188
죄수들에게 책 기부 294
주드, 애슐리(와인스타인 성 학대 피해자) 259

주주 우선주의 55, 119, 120, 123, 124, 301, 302
주주 자본주의 129
주주가치 116~125, 127, 128, 144, 145, 313
줄리나, 알리사(부자들에게 탈취된 공공정책) 284
지구기금(제프 베이조스) 157, 174
진보 정치 25, 31, 34, 74, 76, 80, 139, 141, 217, 306, 307
진보 행세 14
질레트 23, 251~258, 262~271
짐머맨, 조지(트레이번 마틴 총격 사건) 65~68

[ㅊ~ㅋ]

착취 106, 153, 172, 181, 213, 214, 222, 223, 237, 239, 240, 243~245, 247, 248, 262
채틀레인, 마르시아 240~242
촘스키, 노엄(『불평등의 이유』) 208
총기 규제 85, 86
카네기, 앤드류 277~286, 289, 290, 295, 296
카를로스, 존 218
칼슨, 터커(깨어있는 자본주의 비판) 161
캐넌 브룩스, 마이크 46
캐퍼닉, 콜린 51, 203~211, 214~218, 220~223, 227, 233, 237, 240
캔터, 조디(와인스타인 기사) 258~260

켈리, 윌리엄 멜빈 11, 12
코로나19 위기 48~56, 171
코츠, 로드니(NFL의 입장 관련) 236
코틀러, 필립('브랜드 행동주의'에 관해) 235
콴타스 항공, 결혼 평등 191, 194~196, 198, 199
쿡, 팀(애플 CEO) 181
쿰, 개리(질레트 CEO) 265~268
『퀼릿』(잡지) 306
크레이머, 마크 124, 125, 144
크로포드, 니런 207
클라인, 필립 24
클리프, 제러미(다보스 성명) 130
키디, 짐(나이키 다큐멘터리) 213
킴벌리, 마거릿 206
킹, 마틴 루터 62
킹 주니어, 마틴 루터 70, 241

[ㅌ~ㅍ]

타울러, 크리스토퍼 207
『타임』(잡지) 158, 262, 288
탄소 배출, 아마존 159, 174
탈민주화 30, 31
투히, 메건(와인스타인 기사) 258~260
툰베리, 그레타(기후 변화 행동가) 40, 77, 157~159
트럼프, 도널드 78, 85, 86, 88, 152, 158, 162~164, 181, 182, 185, 203, 206, 208~212, 214, 217, 233, 257, 310
트웨인, 마크('금박시대') 276, 277
트위터 15, 17, 69, 163, 203, 235, 238, 248, 257, 310
티파니앤드코(기후 변화 행동 광고) 44, 45
패로, 로넌(와인스타인 고발자들의 이야기) 260
페럿, 톰(억만장자 비판) 165
페이스북 68, 167, 248
펜더그래스, 테디(《모두를 깨워요》) 64
포드재단 182, 284
포레스트, 앤드류('트위기', 산불 구호 기부) 43, 44
포어, 프랭클린('민간 국가'의 등장에 관해) 175
포터, 마이클 124, 125
포퓰리즘 48, 54, 55, 76, 78, 130, 137, 147, 152, 162, 164, 185, 191, 206, 211, 217, 307
폭식증 효과 293
표현의 자유 78, 210, 312
푸코, 미셸 115, 116
풀러턴, 존(기빙 플레지에 관해) 296
『프랜차이즈: 블랙 아메리카의 황금 아치』(채틀레인) 241
프랭크, 토머스('쿨의 정복') 73
프레더릭, 윌리엄 C.(사회적 책임에 관해) 96~98
프록터앤드갬블, 질레트의 손상차손 264, 265
프리드먼, 밀턴 26, 27, 94~96, 98, 100,

117~119, 122, 192
플로이드, 조지(사망 사건) 230, 231, 238
피케티, 토마(불평등 확산의 효과) 89
필레이, 레진(주주가치와 CSR) 123
핑크, 래리(블랙록 CEO) 49, 133~139, 141~153

[ㅎ]

하리남, 빈센트(좌파 활동가에 관해) 306, 307
하이퐁, 대니 21, 68
할리우드 77~79, 257~259
해리 왕세자(미디어의 공격) 16~19
핼버스탬, 젝(남성성을 둘러싼 문화적 변화) 255
형사 사법제도 264, 293
호건, 티파니(흑인 고용자 착취에 관해) 247
홀트, 더글러스(이념적 기생충이자 전도자인 질레트) 269
홈스, 이먼(메건 마클에 대한 공격) 18
홍콩 시위 309~312

화이트아웃, 샘(깨어있음의 대중화) 75
화이트헤드, 필립(수감률) 292, 293
후이센, 데이비드(신금박시대) 294
휴스턴 로키츠 경기(CCTV의 방송 금지) 310, 311
'흑인의 생명은 소중하다' 시위/운동 42, 62, 64~66, 68~72, 75, 79, 235, 236, 239, 240, 243~248, 304, 312, 313
흑인의 생명을 위한 운동M4BL 243
힐디어드, 루크(자선 기부에 관해) 52

[약어]

CSR 122~124, 127 → '기업의 사회적 책임'도 참조
MLB 24 → 메이저리그야구
NACCP 227 → 전미유색인지위향상협회
NBA 215, 221, 309~312 → 미국프로농구협회
NFL 203, 208~212, 214, 221, 229, 230, 233~238, 245 → '미국내셔널풋볼리그'도 참조

깨어있는 자본주의
기업의 도덕성은 어떻게 민주주의를 저해하는가

2025년 11월 3일 초판 1쇄 발행

지은이 | 칼 로즈
옮긴이 | 오숙은
펴낸곳 | 여문책
펴낸이 | 소은주
등록 | 제406-251002014000042호
주소 | (10911) 경기도 파주시 운정역길 116-3, 101동 401호
전화 | (070) 8808-0750
팩스 | (031) 946-0750
전자우편 | yeomoonchaek@gmail.com
페이스북 | www.facebook.com/yeomoonchaek

ISBN 979-11-24088-00-5 (03320)

여문책은 잘 익은 가을벼처럼 속이 알찬 책을 만듭니다.